全程化大学生职业生涯规划
——大学生涯DIY

主　编　谭建伟
副主编　李　凌　李　丽
主　审　赵　毅　粟道平

重庆大学出版社

图书在版编目（CIP）数据

全程化大学生职业生涯规划：大学生涯 DIY ／谭建伟主编 . —重庆：重庆大学出版社，2016.8（2021.7重印）
ISBN 978-7-5689-0019-5

Ⅰ.①全… Ⅱ.①谭… Ⅲ.①大学生—职业选择—高等学校—教材 Ⅳ.①G647.38

中国版本图书馆 CIP 数据核字（2016）第 174145 号

全程化大学生职业生涯规划——大学生涯 DIY

主 编 谭建伟
副主编 李 凌 李 丽
策划编辑：唐启秀
责任编辑：李桂英　版式设计：唐启秀
责任校对：刘雯娜　责任印制：张 策

＊

重庆大学出版社出版发行
出版人：饶帮华
社址：重庆市沙坪坝区大学城西路21号
邮编：401331
电话：（023）88617190　88617185（中小学）
传真：（023）88617186　88617166
网址：http://www.cqup.com.cn
邮箱：fxk@cqup.com.cn（营销中心）
全国新华书店经销
重庆升光电力印务有限公司印刷

＊

开本：720mm×1020mm　1/16　印张：16.5　字数：293 千
2016年9月第1版　2021年7月第7次印刷
印数：42 701—52 700
ISBN 978-7-5689-0019-5　定价：39.80元

前言

　　从 1978 年恢复高考，至今已有将近 40 年，我国的高等教育得到了迅猛发展。在此期间，高等教育逐步完成了由精英教育向大众化教育的过渡，大学生也由"天之骄子"慢慢变成普通劳动者。

　　在这个过程中，大学生就业不论是形式、环境还是大学生自身的就业观念都发生了巨大的变化。20 世纪 90 年代中期之前，大学生就业是国家统一安排，计划经济的色彩浓厚，总体来讲是"卖方市场"，多数大学生都能够如愿进入"大名府"，1992 年"南巡讲话"后，社会主义市场经济体制逐步建立，双向选择开始流行。一方面，国家开始鼓励大学生和用人单位"自由恋爱，双向选择"；另一方面，越来越多嗅觉敏锐的大学生意识到了市场经济给就业带来的巨大变革，开始自主选择就业的方式、方向和类型。

　　进入 21 世纪后，受我国高等教育大众化、用人机制市场化、经济体制转轨和产业结构调整等因素的影响，大学生就业问题日益成为我国政治经济和社会生活中的一件大事。中国的迅速发展为大学生提供了无数的机会，当然也有严峻的挑战。就业市场已悄然变成"买方市场"，每到毕业季，大学生就业"没有最难，只有更难"似乎成为一种常态。大学生们发现，多数大学文凭不像 20 世纪八九十年代，是"高能力、高水平"的标志，好像正在变成只是"你不是那么差"的证明而已，仅凭一纸大学文凭就可以轻易就业的时代一去不回了，因此，政府、学校和学生都对职业生涯发展目标、职业能力提升和就业指导等问题越来越关注。

　　高校的职业生涯规划教育体系就是在这样的背景下逐步建立起来的。2003 年，国务院批转了《2003—2007年教育振兴行动计划》，明确提出"要加强对学生的职业指导和创业就业教育"。2008年，教育部要求高校逐步面向所有学生开设"大学生职业生涯规划"课程，并与GCDF(全球职业生涯规划师)中国项目中心（北森集团）携手深入合作，陆续推出"TTT""GCDF"和"BCC"等培训和认证项目，职业生涯教育在我国的高校得到了蓬勃的发展。

我们几位编著者也是从2008年左右开始进入到职业生涯规划教育领域的，几年的教学、辅导和管理工作，感触良多。结合这些年的经验和体会，我们提出了"全程化的大学生职业生涯教育体系"的理念，并在重庆理工大学进行了实践。经过近几年来的努力，已在重庆理工大学构建了涵盖大学新生角色转变、学业规划、职业生涯规划、就业指导、毕业校友生涯发展指导等内容，贯穿大学四年乃至毕业后，综合课堂教学、团队辅导，各类竞赛、工作坊、生涯系列讲座、个体咨询等形式的较为完备的全程化职业生涯规划教育体系。

我们认为，大学生职业生涯规划教育体系应该具备以下几个方面的特点：

●全程化：职业生涯规划教育应该贯穿大学四年乃至毕业后，而不只是在开设"职业生涯规划"和"就业指导"课程的学期进行；

●交互式：交互式指的是职业生涯规划教育学生是主体，教学和开展各类活动的过程中要特别强调学生的"体验"与"分享"，引起学生的"反思"与"感悟"，促进学生的"行动"与"发展"；

●系列化：系列化是指要构建了贯穿大学四年乃至毕业后，综合课堂教学、团队辅导，各类竞赛、工作坊、生涯系列讲座、个体咨询等形式的较为完备的全程化职业生涯规划教育体系，持续影响学生。

基于这样的思路，我们编著了这本《全程化大学生职业生涯规划——大学生涯DIY》。我们希望这本手册不仅是"职业生涯规划"和"就业指导"课程的教材，更希望它成为陪伴大学生四年甚至更长时间的"伙伴"，大学生在大学期间遇到学业规划问题、专业发展问题、职业生涯规划问题、就业选择问题，甚至情感问题都可以在书中得到启示和资源上的支持。

这本手册有以下特点：

●结构更加合理：在结构安排上，我们和一般教材相比较有一定的调整。第一章和第二章是中学生向大学生的角色转换和学业规划内容；第三章到第七章是职业生涯规划内容；第八章和第九章是就业指导、职场适应和生涯发展等内容。这样的结构安排应该说是更加合理完善了，也反映了职业生涯规划教育大学四年乃至毕业后的"全程化"特点；

●内容体例丰富：内容上弱化知识的传授，只介绍相关知识要点，并增加了"大师语录""热点要闻""生涯故事会""伟伟道来"等多种学生喜闻乐见内容形式；设计了"名作推介""生涯影视会""互动与分享""拓展阅读""学习收获""线上资源"和"课外实践"等多种需要学生参与的环节，强调学生体验—感悟—行动DIY，体现了"交互式"的职业生涯规划教育特点；

●形式资源多元：我们设计了众多课堂上课堂下、线上线下和校内校外的系列活动，并尽可能地链接各种资源，力求形成涵盖课堂教学、团队辅导，各类竞赛、工作坊、生涯系列讲座、个体咨询等形式的较为完备的立体化的全程化职业生涯规划教育体系，持续影响学生，体现"系列化"的职业生涯规划教育特点；

●理念理论融合：在编著这本书时，我们是试图融合生涯发展各种理论流派的观点，这当然是基于我们认为各种流派之间不是"取代"，而应该是"融合"的认识。比如在结构顺序上，先讲"职场认知"再讲"自我认知"就是后现代的建构理论视角。另外，行为经济学、信息经济学、教练技术、积极心理学等与生涯发展关系密切的交叉学科理论也在书中多有体现。

作为一种新的尝试，我们希望本手册的使用也有别于一般的普通教材，它应该被这样使用：

●大学生的DIY手册：首先，我们认为这本手册应该陪伴大学生四年的学习生活，也就是从新生入校开始直到大学毕业，大学生们都可以自主或在老师指导下完成书里面大量的DIY内容；

●"职业生涯规划"和"就业指导"课程的教材：这本手册的主体内容仍然是"职业生涯规划"和"就业指导"的相关内容，因此在开设"职业生涯规划"和"就业指导"课程的时间段里，本手册应该是学生的课程教材；

●生涯发展的资源库：手册中链接了大量与生涯发展相关联的各种资源，学生可以根据自己的情况去进一步了解、获取，这样就可以扩大学生的视野，获得更多生涯发展资讯；

●各种比赛和活动的指导手册：手册中介绍了大量的与生涯发展相关的比赛信息和生涯活动的开展指南，可以作为一个简单的比赛和活动的指导手册；

●生涯发展的普及性读物：本手册不仅是面向高校学生的手册式教材，我们也希望它是一本关于生涯发展的普及性读物。为此，我们力求以通俗易懂的语言、操作性强的练习（体验）、丰富的相关信息和较为前沿的理论，向读者传递最基本的生涯规划理念、知识和方法。无论是大学生，还是其他希望对生涯发展有所了解的人，都可以从中获得收获。

本手册的出版得到了重庆市大中专毕业生就业指导服务中心和重庆理工大学各级领导的大力支持。重庆市大中专毕业生就业指导服务中心长期重视重庆市"职业生涯规划"和"就业指导"教育体系的构建，在师资培训、大学生职业生涯发展相关研究、大赛组织等方面开展了卓有成效的工作。我们几个编写者在这个领域的成长与中心的这些工作密不可分。重庆理工大学招生就业处作为学校"职业生涯规划"和"就业指导"课程的行政主管部门，长期主导相关课程的开设、大赛及其他活动的组织，使重庆理工大学"全程化职业生涯规划教育体系"初步建成，本手册也是在重庆理工大学招生就业处积极策划、指导下完成的。重庆理工大学教务处对职业生涯规划课程的教学管理提供了大力支持，本手册的编写还获得"重庆理工大学教材出版资助计划"的专项资助。

本手册由谭建伟整体策划，李凌负责编写了第一章到第五章，李丽编写第六章和第七章，谭建伟编写第八章和第九章。书稿完成后由李凌、谭建伟进行总纂和修订，赵毅、粟道平审定。本书的完成还要感谢重庆大学出版社的唐启秀编辑，从本手册策划一直到出版，唐编辑不仅热情鼓励我们，宽容我们在编写过程中的拖延，还全程参与，对本手册的内容、风格和形式等方面提出了很多建设性的意见。另外，还要感谢重庆理工大学经济金融学院的陈星羽同学，她配画的精美手绘图为本手册增色不少。

从开始策划本手册到现在初步完成，面对书稿，我们真是百感交集。一方面，我们还是认为我们做了一次很有意义的尝试，也看到了一些效果；另外一方面，也总是觉得还有很多想法并没有得到很好的贯彻。也许，只要你是认真地做任何一件事情，它最后都会变成"遗憾的艺术"。但是，我们还是赶紧"抛砖引玉"，急切地将它出版，主要是希望各位同学、同行、相关领导对本手册提出宝贵意见，我们一起来完善它。

欢迎读者批评指正，我们的邮箱：tjwxxf@sina.com;82966175@qq.com。

作者

2016.7.12

目录 CONTENTS

第一章

大学生职业生涯规划导言

「**大师语录**」

> 　　如果你浪费了自己的年龄，那是挺可悲的。因为你的青春只能持续一点儿时间——很短的一点儿时间。
> 　　　　　　　　　　　　　　　　　　　　　　　　　——王尔德

「**推荐教学或学习时间**」

大一第一学期

「**热点要闻**」

佛山一高校 14 名大学生因"挂科"多被退学

　　考进大学后就"一劳永逸"了？非也！昨日记者从佛山本地一高校获悉，该校招生办在微信公众号上公示了一份处罚名单，14 名学生因在校期间"挂科"太多，被予以退学，另外有 59 名学生予以留级处理警告。校方老师表示，这 14 名大学生确实已被退学，而公示此份名单目的是希望给其他学生警示。

大学是个神奇的舞台，各路人马悉数登场，有学霸、学神、学弱、学渣，有高富帅、白富美，有奇葩、大神、软妹、伪娘，有人深情、有人呆萌、有人傲骄、有人腹黑……那问题来了，你想成为哪种人，你希望自己的大学生活过成什么样？或者说，你认为怎样的大学生活才是值得的？要回答这个问题，我们必须把视野打开，从生涯这一更广阔的视角入手。因为只有知道自己是什么样的，并且知道自己的现在和未来要选择和能选择什么样的生活，你才能清楚如何安排当下的大学生活。本章先从生涯讲起，主要介绍舒伯和埃里克森的理论，然后说明大学生如何做生涯规划，进而介绍中学与大学、专业与职业的区别，同时，还配以"我的生命之花""生涯转换之盾""专业初体验"等练习，希望你能够对当下的环境有一个清楚的了解。

一、生涯和生涯理论

（一）生涯

　　当看到生涯这两个字，你会想到什么呢？有的人可能觉得生涯像一条河，有源头，有终结；有的人会觉得生涯像一段旅程，有开始，有结束。在日常生活中，我们经常说一个人"职业生涯的……"或"在他的政治生涯中……"，那这个词的本意是什么呢，不同的文化对它有着不同的解释。

　　西方人对生涯的理解包含有未知、冒险，奋进、向上的含义。生涯这个词在英文中是"career"，来自罗马文 via carraria 和拉丁文 carrus，两者指的都是古代的战车。在希腊，career 有疯狂竞赛的精神，常用作动词，如驾驭赛马（to career a horse）。大家可以想象一下赛马是什么样子，充满刺激、激情，你得遵守规则，而过程中什么都有可能发生，你得注意自己的平衡、速度、方向，还要抵御来自四面八方的干扰，同时还要保持一个良好的身心状态，以免自己挂掉，或被别人干掉。（是不是有种步步惊心的感觉？）

　　而在中国人的观念中，生涯更多的是与"生计"和"志业"联系在一起（画风立刻变得温情起来）。如唐代的刘长卿在诗中写："杜门成白首，湖上寄生涯"，元朝马致远说："正式番家无产业，弓矢是生涯"，在他们眼中，生涯就是柴米油盐酱醋茶，琴棋书画诗酒花，酸甜苦辣咸香涩，锅碗瓢盆衣裤袜。而范仲淹说："先天下之忧而忧，后天下之乐而乐"，北宋大儒张载有言："为天地立心，为生民立命，为往圣继绝学，为万世开太平"。在这些知识分子和士大夫心中，生涯又不止那点人间烟火，还有鸿鹄之志与弘道之心。

（二）舒伯的生涯理论

西方学者对生涯有着不同的理解，目前被大多数学者接受的生涯概念来自于舒伯（1976）的观点：生活里各种事态的连续演进方向；统合了人一生中依序发展的各种职业和生活的角色，由个人对工作的投入而流露出独特的自我发展形式；它也是人生自青春期以迄退休之后，一连串有酬或无酬职位的综合，除了职业之外，还包括任何和工作有关的角色，如学生、受雇者、领退休金者，甚至包含了副业、家庭、公民的角色。生涯是以人为中心的，只有在个人寻求它的时候，它才存在。

1976—1979 年，舒伯在英国进行为期四年的跨文化研究，之后提出了一个更为广阔的新观念——"生活广度、生活空间"的职业生涯发展观。除了原有的发展阶段理论之外，加入角色理论，并根据职业生涯发展阶段与角色彼此之间交互影响的状况，描绘出一个多重角色职业生涯发展的综合图形。这个生活广度、生活空间的生涯发展图形，舒伯将它命名为"一生职业生涯的彩虹图"。

1. 横贯一生的彩虹——生活广度

在生涯彩虹图中，横向层面代表横跨一生的生活广度。通俗地说，就是你活多长，也许你觉得 80 岁自己还年轻，那你可以在 80 前面加个 1。如果你经常熬夜打游戏或早上不吃早餐，从来不锻炼，没有朋友，这一条就不用考虑了。

彩虹的外层代表人生主要的发展阶段和相应的大致年龄：成长期（相当于儿童期），探索期（相当于青春

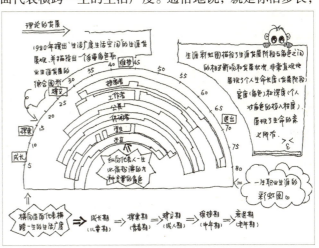

期），建立期（相当于成人前期），维持期（相当于中年期）以及衰退期（相当于老年期）。

当然，这年头，总会有一些老人用逆天的方式来告诉你：我们不服老！例如，Lloyd Kahn，已经70岁，滑板高手，因为小时候没机会玩滑板，在退休之后开始学习。Robert Marchand，102岁，现在还在参加各种自行车比赛。72岁的Ruth Flowers，68岁的时候决定去夜店应聘DJ，结果成功了。73岁还能轻松hold住各种柔术动作的中国老爷爷Duan Tzinfu。

2. 纵贯上下的彩虹——生活空间

在生涯彩虹图中，纵向层面代表的是由一组角色所组成的生活空间。舒伯认为人一生中必须扮演九种主要的角色，依次是：子女、学生、休闲者、公民、工作者、配偶、持家者、父母和退休者。比如开始的时候，我们是小孩，只知道吃和玩；长大后，我们读书，就有了学生的角色；后来我们走上工作岗位，就有了工作者的角色；接着我们还要成家立业，就有了持家者和更多的角色。

生涯彩虹图描绘了生涯发展阶段与角色间的相互影响和发展状况，我们也许无法改变生命的长度，但可以拓宽生命的宽度，以及加深对每一个角色的体验。

（三）埃里克森八阶段理论

在埃里克森看来，人一生的发展要历经八个阶段，每个阶段有相应的核心任务，当任务得到及时解决，就会获得较为健康的身心状况。核心任务没有得到关注或被拖延，就会出现发展不连贯的状态，影响人的一生。

1. 婴儿期（0—1.5岁）：信任 VS 不信任

婴儿从出生开始就时刻形成对世界的认知，在大人眼里，婴儿不懂事，但其实他们每一天都比昨天更懂事。在这一阶段，婴儿如果能够得到温暖、爱的抚摩以及足够的关怀，就会形成信任他人的倾向。反之，如果生理和心理上的需要没有得到关注，就会形成不信任他人的倾向，未来可能加深孩子的不安全感、猜疑，以及在与他人建立关系时出现困难。

2. 儿童期（1.5—3岁）：自主 VS 羞愧和怀疑

这一时期，孩子学会了大量的技能，开始自己探索世界，他们会爬上爬下，摸这摸那，走东走西，跑来跑去。当然他们也在笨拙地给大人们制造各种麻烦，甚至担心。

如果父母在这个阶段过于保护孩子，任何东西和事情都不让孩子去尝试和接触，就会使孩子怀疑自己的能力，如果父母对孩子造成的各种麻烦和笨拙表现出指责和不耐烦，孩子就会对自己的行为感到羞愧。而如果父母是通过积极鼓励的方式让孩子尝试新本领，就能培养孩子自主的意识。

3. 学龄初期（3—6岁）：主动 VS 内疚

这一时期的孩子不再满足于简单的动作，他们开始投入各种游戏，在玩乐中表现出主动精神，比如在地上和墙上画画，拆除东西，模仿与创造，想象与提问，这些都在增加他们对世界的控制感，这种感觉实在是太好了，如"看，爸爸妈妈，这是我干的，是我让这世界面貌焕然一新"。如果这种行为得到父母的鼓励，就可以强化孩子的主动性，而如果父母总是批评孩子，不让他们游戏，不允许他们提问，就会让孩子觉得自己做的都是让父母不开心的事，因而产生内疚感。

4. 学龄期（6—12岁）：勤奋 VS 自卑

这一时期的孩子开始从家庭走向学校，在生活的世界中又迎来了新的环境和新的任务，很多改变和成长也在这一时期发生。在学校，孩子开始学习那些在未来社会认为是重要的或不可或缺的技能，在这种环境中顺利与否直接影响着他们对能力的自信。如果孩子在阅读、绘画、唱歌、手工等活动中因为自己的作品而得到赞扬，他们就会形成勤奋的倾向。如果孩子的努力总是得不到关注，他们就会形成自卑的倾向。

5. 青少年期（12—18岁）：自我同一性 VS 角色混乱

青少年期通常是一个在情绪和心智上都不太稳定的时期，是一个从少年到成年过渡的时期。这一时期主体意识开始出现，伴随而来的就是在与外界、家庭、社会的冲突中直面一个问题：我是谁？我要成为谁？由于生活内容的增多、文化的学习、人际关系的变化，在这些生活事件中孩子形成了不同的角色，只有认同这些角色，并把这些角色整合形成统一的自我，孩子才能建立自我同一性，如果没能将这些角色很好地整合，无法确定自己是谁、要成为谁，就会陷入角色混乱的痛苦。

6. 成年早期（18—35岁）：亲密 VS 孤独

在这个时期，一个人开始走向社会，个体感到个人力量的渺小，在生活中有了亲近他人的需要，需要朋友，需要交流，需要认同，需要支持，需要情感，需要分享。在这个沟通距离越来越短的时代，人们越来越需要并随时准备与他人分享生活中的点点滴滴，为的就是在任何时候都要营造一个亲密的氛围。在这个时候，如果个体无法与他人建立亲密关系就会陷入深深的孤立感。

7. 成年中期（35—65 岁）：普遍关注 VS 自我专注

在埃里克森看来，一个成熟的成年人的主要标志在于指导下一代的兴趣，也就是我们所说的，能力越大，责任越大。责任越大，关注的范围就越大。不仅关注自己，更多的是通过关注自己的孩子和他人的孩子来实现。无法做到这一点的人将处在一种专注于自我狭小空间的状态，生活就会缺少很多的乐趣和成长，个体会感到痛苦和无聊，找不到生活的意义。

8. 成年后期（65 岁以上）：圆满感 VS 绝望感

成年后期就要进入我们所说的老年时光了。夕阳无限好，只是近黄昏。这时人生的大部分时光已经走完了，无论风光也好，平淡也好，欢乐也好，难过也好，过去已付谈笑中。在对这一路走来的回顾时，有的人会看到自己积极和认真的身影，在每次挑战和机会面前不断提升自己，虽然很艰辛，但也很充实，这样的人就会对自己、对生活产生圆满感，而有的人可能看到自己一事无成，在过去想做的事很多，动手做的事很少，觉得自己失去了很多机会，一切都已经来不及了，他们就会对自己有一种绝望感、恐惧死亡的到来。

生涯故事会

每个人都要敢于"做梦"

谈起梦想时，杨迪表现出了极大的兴趣。他说自己特别喜欢北大拍的《星空日记》："这个微电影，我自己看了十几遍。"

杨迪回忆说自己在高中的时候特别贪玩，浪费了很多学习时间。学习成绩落后的他一直很自卑，直到高二下学期，他突然意识到："我要变得优秀，我要让大家都知道我是一个有能力的人。"于是他开始努力地学习，而考上一所好的大学则是他证明自己实现梦想的第一步。

然而，两次高考的成绩都不尽如人意，仅仅超出重本线五六分，那段时间是他的人生低谷，付出了努力却得不到回报的感觉对他来说是刻骨铭心的。再加上家庭经济条件的因素，杨迪一直觉得梦想总是很遥远，很难实现。不过进入大学以后，老师和同学改变了他，让他走出自卑找到了自信，继续为实现自我目标而努力。"他们一直默默地支持我包容我，包括美国数学建模大赛，也是他们鼓励我去参加的，我很感激他们。"

在杨迪看来，大学就像是一把梯子，能帮助他越过现实，触摸星空。毕业时能顺利找到工作是每个大学生的理想，但如果对于一名优秀的大学生来说，不应该仅仅停留于此，而应该站在一个更高的台阶去树立理想。每个人都有权利"做梦"，每个人也要敢于"做梦"。"也许那些梦想现在看起来很可笑，但是很多东西你要敢想最终才可能拥有。"杨迪坦言道。

（杨迪：重庆理工大学数学与统计学院2012级应用数理统计专业学生，被评为2015年重理工"十佳大学生"）

名作推介

生命的可能性

新精英总裁古典说过，我们的生涯有四个维度，即高度、深度、宽度和温度。除了追寻功成名就这条路之外，还有三种可能：追寻智慧、爱与关系和自由。人们陷入生涯困境，往往是因为他们匆匆忙忙，而只能看到一个人生方向。而当你看到每个维度都有自己的方式时，生命就有了无限的可能。

从高度来说，你可以尝试进入更好的公司，谋求更好的行业与职位，又或者沿着职业金字塔向上走。

从深度来说，你可以尝试成为某一方面的专家。

从宽度来说，你是否可以考虑好好地谈一次恋爱，组建一个家庭？是否尽到了对父母的孝心？是否可以拥有一项自己的爱好？

从温度来说，你是否理解自己何时快乐，又何时沮丧？你是否有一个未灭的童年梦想，一个想去的地方让你启程？

（选自古典的《你的生命有什么可能》第154-156页）

你的生命有什么可能

作者：古典
出版社：湖南文艺出版社
原作名：古典
出版年：2014-5-1
页数：315
定价：35
装帧：平装
丛书：新精英丛书
ISBN：9787540466794

豆瓣评分
8.5 ★★★★☆
1557人评价

5星		48.9%
4星		36.5%
3星		12.1%
2星		1.9%
1星		0.5%

我的生命之花 1——一生的目标

说明：

请在下面的生命之花里写下你这一生想要实现的目标，如果把这些目标分成八个部分，你会如何划分呢？比如你可以分成以下八个部分：职业发展、财务状况、个人健康、娱乐休闲、家庭、朋友和重要他人、个人成长、自我实现。在这八个部分，你的梦想分别是什么？

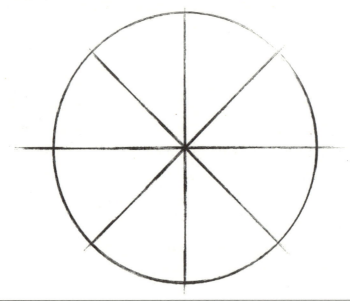

二、中学和大学的区别

《大学》开篇：大学之道，在明明德，在亲民，在止于至善。

北宋张载：为天地立心，为生民立命，为往圣继绝学，为万世开太平。

陈寅恪：独立之精神，自由之思想。

蔡元培：大学者，囊括大典，网络众家之学府也。

梅贻琦：所谓大学者，非谓有大楼之谓也，有大师之谓也。

可是有人说：大学就是，大概学学。有人说：大学就是，大了没学。有人说：大学就是，校园很大没有学习。有人还说：大学就是，大不了我自己学。

有人模仿小沈阳创作的大学版《不差钱》写道："眼睛一闭一睁，一堂课过去了；眼睛一闭不睁，上午就过去了。人生最痛苦的事你知道是什么吗？是下课了，但人没醒。人生最最痛苦的事你知道是什么吗？是人醒了但没下课。最最最痛苦的事你知道是什么吗？是上课了，但睡不着。"

那大学到底是什么，它与高中有什么区别呢？

（一）中学文化与大学文化

中学校园文化尤其注重学校精神和风气，包括：体现本校特色的校训、校纪、校歌、校服；良好的校风、教风、学风；培养学生具有文明的言谈、举止、行为、礼仪。

大学文化是以大学为载体，通过历届师生的传承和创造，为大学所积累的物质或者精神成果的总和。

（二）中学老师与大学老师

从态度上来说，中学老师面对的是未成年人，所以中学老师对你学习上的指导会更多，而大学老师面对的是能够独立处理生活和学习的成年人，所以，我们不能期待大学老师还像中学老师那样管你的学习和生活。

从教学内容上看，中学老师教的主要是为高考作准备的，而大学老师教的主要是为未来的职业发展和个人成长作准备的，所以，大学老师讲的内容会更多，涉及面会更广。

从教学形式上看，中学老师偏重于知识的传授，教学过程较为模式化，而大学老师偏重于能力和人格的塑造，教学过程较为个人化。

（三）中学学习与大学学习

在学习方式上，中学阶段的主要课程以基础课为主，涉及的范围和内容相对有限，主要目标是掌握基础知识，满足高考升学需要。大学阶段的学习以专业学习和综合素质提高为主，课程众多，通识和专业知识相结合，科学和人文并重，范围更广，程度更深。高中学习以升学为目标，学什么、如何学完全以教师指导为标准，学习任务和步骤明确紧凑，课余时间少，自主学习时间更少，而大学阶段学习的自主程度高，组织方式和评价方式灵活多样，以自主学习为主。

（四）中学生活与大学生活

日常生活方面，中学生生活较单调，可参与的校园文化活动较少，以学习为主。而大学生则不一样，大学生的生活要丰富多彩些，如上课、去图书馆阅读，或者参加各种社团、组织以及校外社会工作。在作息方面，中学生的作息较规律，按时按点吃饭休息，但大学生的日常作息大多极不规律，熬夜是常见现象。

（五）中学生角色与大学生角色

中学阶段，学生主要的角色为子女、学生。中学生大多精力放在学习上，大多父母也不愿其接触太多与学习无关的事。而大学生所扮演的角色除学生、子女之外，还有社团组织领导人、班级负责人、社会工作者等，每一个角色都有不同的责任。

生涯故事会

只有向上走，人才会有进步

李方珍是江西赣州人，家住普通的农村，本科就读于山东菏泽学院。当学生记者问到为何选择考取研究生继续深造的原因时，他谈到，其一是工作原因，和所有大学生一样，大家面临实习就业的问题，但当他得知将来的工作很有可能将会是进化工厂时，他选择改变自己的目标继续研究；其次是他的梦想，来自农村的他想要改变自己的命运，他要走出山村独当一面，而研究生的学习将会让他学到更多知识也会增加就业的竞争力，选择更好的工作。"功夫不负有心人"，最终他来到重庆理工大学进行研究生的学习。

现如今的各项成就足以证明他的选择是对的。在这三年间，李方珍不仅在学习方面做得有声有色，在管理方面也不甘示弱。他赢得了2013年9月"研究生新生A类奖学金"，2014到2016年共获得4次"综合优秀奖学金"，2015年10月还夺得了"研究生国家奖学金""西南兵工奖学金"。在管理方面，他先后担任重庆理工大学化学化工学院实验室运行助管、老师助教以及2013级化学化工学院研究生班团支书等职务。但是在成功的背后，他付出的努力也不计其数。李方珍介绍说，"最困难的日子是在研一，对科研还什么都不了解，最基本的论文也搞得手忙脚乱"。一篇论文，包括查找文献资料、确定研究方向、制订研究计划、实验、收集数据、完成论文这些过程可能会花费他的一年时间来完善。他说，无论怎样，只有向上走，人才会有进步。

（李方珍，重庆理工大学 2013 级化学化工学院材料化学工程专业硕士研究生，他在 3 年时间，参与 4 项科研项目，获得 4 次综合优秀奖学金，在国内外期刊公开发表学术论文 16 篇，多次参加"开拓杯"、学术论坛等竞赛并取得优异成绩，更是在 2015 年获得研究生国家奖学金。）

名作推介

新生如何排遣孤单

问：虽然高考结束两个多月了，但我是越来越怀念我的高三，特别是我的老师，我很不舍得我的老师啊怎么办？

答：小鹰总要被推出巢才能独享一片天空。

问：总觉得每天都很浑浑噩噩，我该怎么办，要怎么尽快适应并给自己定位呢？

答：大学第一课：失望；大学第二课：重新找目标。

问：该怎样给自己找安全感？该怎么克服这种心理？

答：这个世界你怕它它也不会爱你，你爱它也许它会给你惊喜。

问：我感觉这专业好像不太适合我，也好像很不喜欢、没兴趣，况且感觉以后就业很困难。可是不读不行，我该怎么做才能让自己不讨厌它？

答：接受不能改变的现实，并努力把它变得更好。没有什么路通往绝望，除非你已经不抱希望。

（选自张志等《不要等到毕业以后：答疑篇》第 310-311 页，有删减）

不要等到毕业以后：答疑篇

作者：张志 / 黄鑫 / 卢红振 / 白春雷 / 苏航
出版社：九州出版社
出版年：2014-7
页数：339
定价：32.00
装帧：平装
丛书：不要等到毕业以后
ISBN：9787510829239

豆瓣评分

8.5 ★★★★☆
45人评价

5星 ▓▓▓▓▓ 51.1%
4星 ▓▓▓▓ 35.6%
3星 ▓ 8.9%
2星 ▏2.2%
1星 ▏2.2%

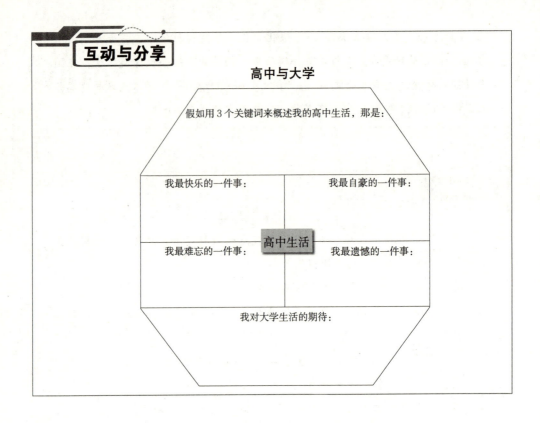

互动与分享

高中与大学

假如用3个关键词来概述我的高中生活，那是：

我最快乐的一件事：

我最自豪的一件事：

高中生活

我最难忘的一件事：

我最遗憾的一件事：

我对大学生活的期待：

三、专业与职业

分专业学习是大学学习的特色，即以某一专业为主，通过系统的专业学习，大学生能掌握一门专业知识，而且具有能较好地运用专业知识来解决本专业领域内的实际问题的能力。因此，理性地思考自己所学的专业和职业的关系，能够坚定自己的专业方向，调动自己的学习热情，培养积极的学习态度，避免出现认识上的误区。

（一）大学的专业

大学的专业门类有12大类，具体包括哲学、经济学、法学、文学、理学、工学、医学、管理学、历史学、农学、军事学、教育学。

在专业门类下，还分一级学科和二级学科。目前在12个专业门类里，有89个一级学科，在这之下，又包含了385个二级学科。比如说哲学一级学科下就有8个二级学科：马克思主义哲学、中国哲学、外国哲学、逻辑学、伦理学、美学、宗教学和科学技术哲学。

大学生要清楚自己所学的专业属于哪一学科门类和哪个一级学科，然后要对一级学科的基本特色有所了解，把握本学科与相近学科的前沿知识和发展动向，以及本专业在学科中的位置和生存发展空间。

大学生还要对所在学院的专业人才培养方案有所了解。不同的院校会根据自己的学术水平、服务对象、社会影响等对培养的人才有一个基本的模式，比如这些专业人才都具备哪些能力，一般会进入哪个行业领域工作，是走研究型道路还是走应用型道路，或是走复合型道路，是去做技术工作、设计工作、管理工作，还是其他。

专业学习的过程是培养学习能力和思维能力的过程，通过专业学习培养起来的综合素质比掌握专业知识本身更重要，这些素质和能力将终身受用，因此，以"不喜欢所学的专业"和"以后肯定不做与专业对口的工作"等为理由一味地抱怨专业，为自己的懒惰、不思进取找借口都是不可取的。

（二）专业与职业

大学的专业包括专业背景和专业素养，专业背景就是你所学的专业知识，而专业素养是指你所具有的专业能力。比如一个学生，她学的不是新闻专业，但在大学里，她进入了学校的宣传部做学生助理，参加了校园广播站做记者，在这些活动中培养了新闻专业的素养，因此未来她很可能去传媒行业就业。这就是专业背景与专业素养的关系。专业与职业的对口更多的指专业背景的匹配，专业与职业无关更多的指专业素养的匹配。相对于专业对口来说，当今社会中大学生的跨专业就业趋势越来越普遍。因此，专业和职业不是简单的对应关系。它们的关系有以下三种：

（1）一对一的关系。也就是一个专业对应着一个职业目标，这种情况一般存在于高职或中职学校，培养目标较为单一和明确。此类专业主要对应的是技术性的岗位，比如数控机床专业毕业生一般会在企业中做数控机床的操作与维护人员，或者成为技师和高级技师。

（2）一对多的关系。这类专业一般存在于普通高校里，就是人们常说的宽口径、厚基础的专业。一个专业可以对应一个较为宽泛的职业群，这个职业群由通用的职业技能、工作内容、社会功能和从业者所具备的素质都较为接近的若干个职位所构成。比如人力资源专业所对应的职业群就广泛分布于国民经济的各个行业和产业中。

（3）多对一的关系。就是多种专业都可以流向一种职业的形式。比如高校教师、企业管理人员、科研人员等，它们可以接收哲学、历史、经济学、管理学等许多专业的学生。

正公正"的事情。

　　同传行业以精英云集、收入高而著名，但是因为精神压力很大，超过35岁继续干下去的人不多。考虑到同传最佳受训阶段是30岁以前，如果你今年28岁，由于对英语的热爱而刚刚准备入行，则要冒着只有几年时间工作的风险。

　　著名的四大会计师事务所你一定听说过，并且羡慕不已。普通大学生刚进入一个月的薪水是4 000～5 000元，加班还能加出3 000元来。但是请注意，他们的新人每周平均工时经常是60～90小时，平均出差时间是全年170天。如此算下来，他们的时薪甚至比一般的外企还要低。更重要的是，由于不停地工作，你几乎丧失了参加外部学习、了解和进入其他行业的机会。

　　（选自古典《拆掉思维里的墙》第97页）

拆掉思维里的墙

作者: 古典
出版社: 中国书店
副标题: 原来我还可以这样活
出版年: 2010-9
页数: 202
定价: 29.80元
装帧: 平装
丛书: 新精英丛书
ISBN: 9787806638866

豆瓣评分
8.0 ★★★★☆
23536人评价

5星 33.5%
4星 41.1%
3星 21.0%
2星 3.2%
1星 1.2%

互动与分享

专业初体验

专业名称	
培养目标	
专业价值	
核心课程	
专业知识	
专业技能	
相关专业	

续表

近年就业状况	
近年升学状况	
对口行业状况	
可能适合职业	
专业相关名师	
名校学习达人	

四、大学生职业生涯规划

（一）职业和职业生涯

从生涯的概念中可以发现，我们大部分的幸福感和成就感来自于我们的职业，因此，了解职业和职业生涯是我们在未来的生活中获得幸福感、成就感、意义感的非常重要的准备工作。

在课堂上，当学生被问到，你觉得职业是什么？有如下回答：

职业是一份不可避免的责任，需要我们努力去捍卫。

职业是一种爱的传递。

职业是让整个世界运转的动力。

职业是精神世界的折射。

职业是养家养狗养自己的钱途。

职业是打磨棱角的磨刀石。

可见，在今天的学生看来，职业除了满足生存以外，还被赋予了更多的意义。

职业，是参与社会分工，利用专门的知识和技能，为社会创造物质财富和精神财富，获取合理报酬，作为物质生活来源，并满足精神需求的工作。

职业生涯就是一个人的职业经历，它是指一个人一生中所有与职业相联系的行为与活动，以及相关的态度、价值观、愿望等连续性经历的过程，也是一个人一生中职业和职位的变迁，以及工作与理想的实现过程。

从总体上看，人的职业生涯表现出以下特征：

（1）独特性。每个人由于不同的性格、兴趣、能力和价值观，都有自己独特的职业理想，从而走上一条属于自己的职业发展道路。

（2）发展性。每个人的职业生涯都是一种变化发展的过程，在30岁以前我们可能一直在探索，在30岁到40岁我们的工作已经有了一定的基础，40岁到50岁工作不断取得新的成果，50岁以后工作、事业越来越稳定，开始思考如何回报社会，这就是职业生涯的发展性。

（3）整合性。职业生涯是个人与他人、个人与环境、个人与社会互动的过程，个人所掌握的资源、技术和信息对其职业发展有着重要的影响。

（二）大学生职业生涯规划

大学生职业生涯规划是指学生在大学期间进行系统的职业生涯规划的过程，它包括大学期间的学业规划、职业规划和生活规划，此阶段主要是职业的准备期，主要目的在于为未来的就业和事业发展作好准备。

（三）大学生职业生涯规划的意义

（1）自我认知。职业生涯规划能够引导学生对自己职业生涯的主客观条件进行分析、总结，对自己的兴趣、爱好、能力、特点进行综合分析与权衡，结合时代特点，根据自己的职业倾向，确定其最佳的职业奋斗目标。引导你正确认识自身的个性特质、现有与潜在的资源优势，帮助你重新对自己的价值进行定位并使其持续增值。

（2）角色平衡。很多大学生为了学习，放弃了恋爱；为了学习，放弃了社团活动；或者为了打游戏，放弃了学习；为了打游戏，放弃了与人交往；为了打游戏，放弃了社会实践，这些都是角色失衡的表现，无法做到全面发展。职业生涯规划能够帮助你实现角色之间的平衡发展。

（3）自主决策。生活中充满了大大小小的选择，而在中国式的家庭中成长起来的孩子往往容易出现决策困难的现象，因为在过去的生活中，他们的很多决定都是家长为他们作好的，包括高考志愿填报，因此，到了大学，当自己必须独立面对生活的诸多选择时，常常会不知所措，甚至害怕选择和拖延不作选择。职业生涯规划不会给你现成的答案，但能提高你自主决策的能力。

（4）环境适应。大学与高中不同，在生活和学习等各个方面对大学生来说都是全新的，这里有更多的知识要学习，有更多的活动可以参与，有更多的社团可以加入，有更多的时间由你把握，有更多的能力需要培养，有更多的问题需要面对，如果我们不能尽快适应大学的环境，融入校园文化，就会表现出学习障碍、沟通障碍、缺乏目标等问题，给你的生活带来极大的不便。生涯规划能帮助我们认清环境对我们的要求，从而积极地面对现实。

（5）自我管理。在大学期间，大学生要对自己的目标、思想、心理和行为等进行有效地管理。在课堂和课外的时间里约束自己和激励自己，因为大学学习靠自觉，家长不在身边，班导师不在身边，老师不在身边，一切都得靠自己，唯有良好的自我管理，才能过得充实，实现自己的目标。生涯规划的工具都能帮助我们进行有效的自我管理。

（四）大学生职业生涯规划的内容

根据舒伯的理论，我们认为大学生职业生涯规划的内容应包括三个部分：学业规划、职业规划和生活规划。也就是学会做学问、做事、做人。

第一，学业规划。学习永远是学生的主业，但是在大学期间，学习不仅是从书本中学，还要从社会中学，从工作中学，从活动中学。人生很长，但只有大学这几年是可以让人充分、自由学习的时期，过了这个阶段就再也难找了。参加工作后，要么有心情没时间，要么有时间没心情。因此，不要为学的东西暂时没有看到作用，或者自己不喜欢这个专业而不去学习。大学生要根据社会需要、社会发展趋势和个人的兴趣、特长及所学专业等确立自己大学期间努力的目标。并根据确立的目标，做好切实可行的学业规划。也就是说，大学生要明确学什么、怎么学、什么时候学等问题，以确保自身顺利完成学业，为成功实现就业或开辟事业打好基础。

第二，职业规划。是指个人与组织相结合，在对一个人职业生涯的主客观条件进行测定、分析、总结的基础上，对自己的兴趣、爱好、能力、特点进行综合分析与权衡，结合时代特点，根据自己的职业倾向，确定其最佳的职业奋斗目标，并为实现这一目标做出行之有效的安排。可见，职业规划是以职业为导向的，也就是说，大学生在校期间就要对未来职业世界的状况有一个清晰的认识，并为一生的职业理想而奋斗。

第三，人生规划。人生的内容不仅包括学习和工作，还有家庭、亲情友情爱情、健康、理财、休闲等。顾此失彼的人生都不完整，而且这些内容与我们的学习发展和职业发展有着十分紧密的联系，合理的计划和安排是生涯规划必不可少的内容。

（五）大学生职业生涯规划的步骤

1. 有什么

合理规划的前提是你清楚地知道自己身处的时代和社会大背景，以及你自身的资源。比如时代的特征、社会的发展趋势、行业与职业的变化、你所学专业的就业方向等，要对自己想从事的职业进行深入综合地分析，了解该职业所需的专业训练、能力、年龄、性格特点等要求，职业的性质、工作环境、福利待遇以及发展空间和就业竞争机会。

2. 要什么

必须明确自己的职业价值观，即确定自己在职业中最看重什么。通过工作，是为了赚钱，还是希望有个良好发展空间，或是为将来的长远发展积累经验和技能？在搞清楚阶段性需要和价值取向之后，才会有一个相对明确的求职方向和目标。

3. 凭什么

要认识自我，了解自己的性格、气质以及能力、兴趣、特长，给自己恰当的认知和定位，搞清适合干什么，能干什么，也就是你的核心竞争力在哪，从而确定大致的选择方向和范围。

4. 选什么

通过前面三个步骤后，需要根据自己的特点和现实条件，确立生涯目标。也就是说顺利找到职业定位后，需要对自己过往的实习经历或工作经验进行认真地梳理，在此基础上，你的职业范围便能够进行锁定，比如在哪些行业什么职位上，自己的能力将得到最大最顺利的展现和发挥。当你的职业目标变得"有的放矢"时，你的求职行动就会变得更加有成效。

5. 怎么办

确认了职业范围，还需要为自己制订一个可操作的短期目标计划。对于缺乏工作经历的大学生，找到进入职场的机会是当前的首要任务。这时要学会积极主动地寻求帮助，用好身边的人脉资源，尽早接触社会，寻找各类工作机会，同时要注重自己学习能力的培训与提升，不单单是专业领域的技能，而是多个领域都可能用到的技能和素质，包括自信心、沟通能力、团队合作、分析问题、解决问题、挫折应对、时间管理等方面的能力。

哪个人的青春又是容易的呢

今年大四的潘洪在谈及未来的时候，表现得很兴奋。他有和同学合开的微企业，同时也拿到了三个国企单位的求职 offer。他说自己会选择先在国企中充实自己，提升自己的能力。但他没有放弃自己创立的微企业，"我希望把我在大学四年中的科研项目变成易销售的东西卖出去，也让自己的专业能发挥所长"。

在记者感慨他的辛苦而充实的大学时，他只是十分平静地说，"哪个人的青春不是苦过来的"，这句话是他第一次入党失败时年级辅导员对他说的话。从那以后，每当他遇见困难的时候，就会对自己说这句话。他说，哪个人的青春不是苦过来的，我不能辜负我所遭受的苦难，所以我要做得更好。潘洪对未来始终敢闯敢拼，满怀一腔热血，朝着所愿一路向前。

这个对未来有着无限期望的少年，他的追求既是为了家人的期望，也是为了自己的梦想。这个自立自强、坚韧执着的人，在青春的奋斗路上一路向前，奔向梦想的地平线。

（潘洪，重庆理工大学电子信息与自动化学院 2012 级电气工程及其自动化专业学生，被评为 2015 年重理工"十佳大学生"）

职业生涯规划

的确很多成功人士和名人可能并没有做过职业规划，甚至还没听过职业规划，但他们的行为提示了职业规划的内涵。如王宝强，他从小就向往演电影，然后就去试试，去少林寺练武，去北影门口等待机会，演《盲井》……这个过程并非一般人能坚持的，最后他凭借《士兵突击》红得让人难以置信。其实他的傻子形象是其成功重要的因素之一，尽管这个可能是以前别人打击他从事影视业的绝对理由，但这就是职业发展，需要个性和与众不同。

你可以不信职业规划，你可以不做职业规划，但若干年后你会发现你的职业行为和思考都会围绕着这些去做。因为你会规避自己不喜欢的，抛弃自己不想要的，纠结自己不擅长的……这些都是职业规划的内涵。

2010 年有个毕业生，他那时没有上过职业规划课，是学院第一个找到工作的人，工作是广州某大型国企的市场销售。当时我问他，你的兴趣是什么？他说是喜欢挑战，喜欢与人打交道。你的个人优势是什么？他说是沟通和表达。你的性格是怎样的？他说是外向的。嗯，我当时就明白了，他一定适合这个职业。

（选自鲍金勇《原来大学可以这样读》第 30-31 页，有删减）

原来大学可以这样读

作者: 鲍金勇
出版社: 上海交通大学出版社
副标题: 职业规划师教你如何成为职场绩优股
出版年: 2013-8
定价: 29.00
装帧: 平装
ISBN: 9787313100450

互动与分享

我的生命之花 2——大学的目标

说明：

请在下面的生命之花里写下你大学里想实现的目标，如果把这些目标分成八个部分，你会如何划分呢？比如你可以分成以下八个部分：职业发展、财务状况、个人健康、娱乐休闲、家庭、朋友和重要他人、个人成长、自我实现。你在这八个部分准备做点什么？

"伟伟"道来

女怕嫁错郎，男怕入错行

中国古语云：女怕嫁错郎，男怕入错行。这大概是指找一个什么样的人结婚和找一个什么样的工作，是关系人生幸福的两个最重要的决策。有关婚姻和恋爱幸福的秘籍宝典可谓是"汗牛充栋"，而关于职业发展方面的却"语焉不详"。在这里，我们将一起分享几个关于职业发展的思考，您会惊喜地发现，原来找工作和谈恋爱是"一样一样的"。

1. 兴趣、乐趣和志趣与一见钟情、两情相悦和白头偕老

有些人一生都在等待遇到一个自己真正感兴趣的工作，然后才开始全力以赴，以为这样才不至于浪费时间。其实兴趣有三个层次：兴趣、乐趣和志趣。兴趣是让你好奇的东西，觉得可以尝试一下。如果在尝试的过程中你获得了真正的快乐，兴趣就会变成乐趣，让你快乐地进入其中。如果你不仅感觉到乐趣，而且还从中找到你坚守的价值，乐趣就会变成志趣，让你觉得可以投入一辈子。

这种心态就像是谈恋爱，年轻时你可以"一见钟情"很多人，到了一定的年纪你就应该"两情相悦"几个人，最后选择"白头偕老"一个人。千万不能年轻时遇见谁都想"白头偕老"，年老后却见谁都"一见钟情"。职业发展也是一样，年轻时，可以按照自己的兴趣多尝试和体验一些工作，慢慢在其中寻找自己感到乐趣的几个，最后专注地投入其中一个，实现自己的人生价值。

2. 职业的价格和价值

经常做媒的人有时也会非常困惑，比如给一个美女介绍男朋友，在媒人看来这个男孩子是"高富帅"，事业有成，有车有房，但女孩就是不满意。于是媒人就非常郁闷，不知道在他（她）看来的"天生一对"为什么就是不登对？这是怎么啦？这个男

孩子这么年轻就有车有房，事业有成，有很多人追，你怎么就是不识货呢？人家可是"公认"的"国民好老公"啊！

古典老师在《拆掉思维里的墙》一书中说，也许我们常常混淆两个概念：

来自于社会系统的价格和来自于内心系统的价值。价格是社会化的，来自于统一的规定，每一个体系（大至国家社会，小至组织团体）都有自己的价格体系，价格让社会进步。而价值是个人化的，来自于每个人内心的真实感受，每一个人都会有自己的价值系统，价值让人感到生活的意义，让人活得幸福。在很多时候，价格和价值并不总是对等的，就像贵的饭店并不一定好吃，名牌的衣服不一定好看，"高富帅"或"白富美"并不一定是你的菜一样。

任何一个东西好不好，评价的标准应该是它的价值，要看它是不是适合你的内心，是不是符合你的价值观。我们常说，职业选择要追寻内心的召唤，实际上就是要按照自己的价值体系来寻找真正适合自己的职业，那些社会价格高（比如工资高、待遇好、工作轻松等）的职业未必是适合你的职业。随着社会的进步，工作作为一种谋生手段的职能不断弱化，我们更应该追求那些能够让你从中找到生活的意义、有强烈的被认同感的职业，这样的职业才是真正有价值的职业，才是值得你终生追求的事业。另外，当你按照内心的召唤选择职业时，往往也更能够把工作干好，取得事业的成功。

每一种职业，除了有职业的高度（事业的成功、行政职务的升迁）外，还有职业的温度（你内心的感受）。还记得那句话吗？婚姻的幸福就像穿鞋，合不合适只有脚知道。我想把这句话改一下：行走人生路，重要的是我们穿的一双鞋，左脚是婚姻，右脚是职业，关键不是鞋的价格高低，而是合脚与否。遵循你心灵的方向，你的人生路就会走得更加坚实和幸福。

3. 职业艺术照

在高校工作的老师大都有一个体会，每次被介绍给新朋友时，都会换来啧啧称赞：大学老师多好啊，工作自由，一年有两个假期，工作压力不大，收入还高等。每每听到这样的说法，很多大学老师都想大声地告诉对方：不是这样的，你们看到的是大学老师的"艺术照"。大学教师上下班的界限不明显，搞得工作和休息分不开；大学老师除了上课外，还要备课，搞科研，带学生，写论文，还有各种你永远意想不到的各种表格需要填写，各种琐碎的杂事需要处理……比如寒暑假，很多老师其实都有很多事需要处理，很难完整地休息一个假期。另外，高校的竞争压力很大，不管是职称还是职务方面的竞争，你的对手都是百里挑一的精英。至于收入，除了少数的明星教授外，大多数的老师，尤其是青年教师，不仅没有赶上福利房等末班车，收入也并不高。

大学生毕业后都喜欢去大公司，如果一家跨国公司一个月的薪水是5 000～6 000元，加班还可以再增加3 000～4 000元。也就是说，一个新人每个月能够拿到10 000元左右的工资，怎么样，够高的吧？但是请注意，也许他们的新人每周工作时间通常为80小时左右，一年平均出差时间为160～180天，如此算来，他们的时薪并不高，甚至比一般的外企低。更重要的是由于不停的工作，这些职场新人还几乎丧失了参加外部学习，了解和进入其他行业的机会。

其实每一个职业都不像你想象的那样美丽，找工作就像谈恋爱，你不能仅凭媒人交给你的"艺术照"就作出判断和决定，你需要看看"卸妆照"，比如找在职人士进行职业访谈，又或是尝试参加与目标职业相关的培训，还可以泡一泡目标职业论坛或者博客群。总之，不管用什么方法，都一定要看清楚职业的最原始面目，尤其是你想跳槽的时候。

美国心理协会主席、积极心理学之父马丁·塞利格曼说："美好的生活来自每一天都应用你的突出优势，有意义的生活还要加上一个条件——将这些优势用于增加知识、力量和美德上，这样的生活一定是孕育着意义的生活，如果神是生命的终点，那么这种生活必定是神圣的。"我想，如果我们找到了适合自己的职业发展的路径和方向，就可以过上神圣而有意义的生活。

（本文部分内容参考了古典老师《拆掉思维里的墙》的相关内容）

学习收获

1. 生涯和生涯理论

（1）_____

（2）_____

（3）_____

2. 中学与大学

（1）_____

（2）_____

（3）_____

3. 专业与职业

（1）_____

（2）_____

（3）_____

4. 大学生职业生涯规划

（1）_____

（2）_____

（3）_____

生涯影视会

1. 本杰明·巴顿奇事（返老还童）（The Curious Case of Benjamin Button，2008）

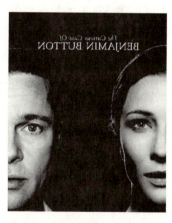

剧情简介：1919 年，全世界的人民刚刚从第一次世界大战的阴霾中走出之时，美国巴尔的摩发生了一件怪事。一个叫本杰明·巴顿（布拉德·皮特饰）的奇异婴儿在降生之后，母亲难产而死，自己被亲生父亲遗弃在街边。因为，这个前所未有的怪胎竟然一出生就是古稀老人的模样。幸运的是，一位好心的黑人妇女收养了巴顿这个怪异的婴儿，并在随后的岁月里，带他一起生活，教育他成长。尽管本杰明·巴顿老弱的身体和看似即将先于养母辞世的长相常常让他在"同龄"的同学当中成为被嘲笑的话柄。但养母的不离不弃，时刻给予着他继续生存下去的理由。终于，本杰明迎来了自己在人世上生存的第 11 个年头，此时的他看起来也似乎健康年轻一些，但依旧老态龙钟。巴顿在学校里遇到了彻底改变他一生的第二个女人——当时还仅仅 6 岁的小姑娘黛茜（凯特·布兰切特饰），她的可爱和纯真彻底征服了"老男人"巴顿的心。而巴顿同样真诚、清澈的心也感动了小黛茜，两人之间的爱慕之心开始萌芽。

十几年后，第二次世界大战的战火更加猛烈地燃烧着整个世界。动乱局势中，本杰明·巴顿和许多美国人一样，坐船从美国来到英国为反法西斯战争作出贡献。这期间他遇见了各种各样的人，遇到了英国贸易公使夫人伊丽莎白·阿伯特（蒂尔达·斯温顿饰），品尝到第一段人生爱情；参加了真正的战争，见识了战争的惨烈，目睹到了真正人生的悲剧，也体验到人性最伟大的光辉。

第二次世界大战结束后，本杰明重返美国。此时的他已然摆脱了儿时老态的模样，渐渐成长为帅气且魅力十足的中年人，并且命中注定般地在纽约与儿时的梦中情人黛茜重逢。而此时的黛茜是一位风姿可人、事业成功的漂亮舞者。两人经过成熟的交往之后，终于在年龄和外表都完全匹配的情况下一同度过了幸福美好的几年时光。就在所有人都苦于岁月带给他们的衰老之时，本杰明·巴顿却犹如返老还童一般逆行而上，就像这个经历了两次世界大战洗礼过的世界一样，愈发地显现出青春活力。与此同时，巴顿与爱人们的关系也遭遇了种种难以逾越的障碍。

推荐理由： 把人生倒过来活会怎样？既然不能颠倒，就应该珍惜当下，规划好人生。我们像婴儿一般来到这个世上，又像婴儿般安详地离去，留下的，也许是最后从眼前飞逝而过的所有故事吧。

推荐指数： ☆☆☆☆☆

2. 怪兽大学（Monsters University，2013）

剧情简介： 麦克（大眼仔）在参观怪兽电力公司之后，下定决心要考进怪兽大学学习惊吓技能，成为一名惊吓专员。后来他如愿以偿考入了怪兽大学。开学不久的一天晚上，一个体型巨大

的叫作苏利文的怪物闯进了麦克宿舍。当时，苏利文（毛怪）打算把怪兽大学的竞争对手、恐怖科技学院的吉祥物藏在自己的房间，却误打误撞跑进了麦克的宿舍（当时他是爬窗进去的）。

这个吉祥物后来使得两人成为了冤家。两人在学院开设的恐吓课上，相互较量，看谁的恐吓本领更强。到了这门课程期末考试的时候，发生了一点儿意外，使得他俩都被惊吓学院的院长开除，去了别的学院，同时苏利文也被自己的社团开除。麦克为了证明自己是有能力成为出色的惊吓专员、而当初院长开除他的决定是错误的，他加入了一个二流怪物组成的社团，与队友一起参加惊吓大赛。但这个二流怪物的社团实在是缺兵少将，他们还需要一个参赛者才能达到最低报名人数。为此，麦克不得已选择自己的死对头苏利文。在大赛的报名现场，他向院长保证，如果他输了，就离开怪兽大学。同时院长也答应了他，如果他赢了，他和队友能重回惊吓学院。在比赛的过程中，苏利文和麦克渐渐地解开心结，成为好朋友。

推荐理由：本片有一个不落俗套的结尾，他们离开大学，从怪物公司的收件员做起，向自己的梦想进发，最后也能抵达。作为惊吓这么一个主要与人互动的工作（销售、市场与公关、客服、行政、HR等也是），技能和才干占到大部分的作用，实践更是首要途径！

推荐指数：☆ ☆ ☆ ☆ ☆

拓展阅读

1.《如何阅读一本书》，莫提默·J.艾德勒著，商务印书馆

内容简介：每本书的封面之下都有一套自己的骨架，作为一个分析阅读的读者，责任就是要找出这个骨架。一本书出现在面前时，肌肉包着骨头，衣服包裹着肌肉，可说是盛装而来。读者用不着揭开它的外衣或是撕去它的肌肉来得到在柔软表皮下的那套骨架，但是一定要用一双X光般的透视眼来看这本书，因为那是了解一本书、掌握其骨架的基础。

一句话书评：读书的方法都在这里。

2.《生涯咨询与辅导》，金树人著，高等教育出版社

内容简介：《生涯咨询与辅导》系统介绍了生涯咨询与辅导的相关理论与实践方法。首先，从中、西方观点理清生涯的概念，以及生涯辅导活动的演进，详细说明生涯辅导的实施历程，包括生涯辅导服务的对象、服务的方式、咨询

的历程、咨询师的能力与资格等。然后，分别以专章的方式介绍霍兰德类型理论、生涯发展理论、社会学习理论、生涯构建系统、故事叙说取向的生涯咨询、生涯决定理论、认知信息加工模式，以及运用荣格同时性概念的新兴生涯咨询取向。最后在实践的部分，分别以专章说明生涯咨询的不同干预方式，详细说明这些方法的源流以及实施方式。

一句话书评：生涯辅导的本土化典范。

3.《读大学，究竟读什么》，覃彪喜著，南方日报出版社

内容简介：这本书的作者以一名成功的创业者，同时也是一个大学毕业不久的过来人的身份，结合自己在求学、求职和创业过程中的经历，向大学生深入、全面地谈论了大学生在学习、生活、考研、留学、求职、创业等方面要注意的问题，观点新颖、全面、深刻、实用。书中的很多观点跟目前一些主流的观点完全背道而驰，对于那些信奉金科玉律的人来说，作者完全就是一个颠覆传统的另类。作者说，请原谅我无法让你摆脱这种平凡的模式，我所能做的，只是让你在这条平凡的路上走得更快、更稳、更坚实。

一句话书评：对大学做一个预览百利而无一害。

4.《大学之理念》，卡尔·雅斯贝尔斯著，上海人民出版社

内容简介：本书全面阐述了科学与学术的本性、精神、人的存在，理性、研究、教育与传授、交流、大学作为一种制度等内容。

一句话书评：一个哲学家眼中的大学。

5.《完美大学必修课》，任羽中、张锐著，人民出版社

内容简介：大学时我们应该有这样一种准备，现在做的每一件事情，都是为了下一步的成功在努力。认准方向，不达目标就不能放手，不要让自己总生活在遗憾中，读天下文章，看天下风景，交天下朋友，清楚自己的分量，有一种建设性的态度，而不是愤世嫉俗。感谢失败，没有尝试过失败的大学生活是不完整的，清楚地知道自己要什么，怎么做，怎么做更好，记住：我们永远年轻，永远有责任。

一句话书评：所有的教育最终都是自我教育。

6.《大学之道》，刘军宁编著，天津人民出版社

内容简介：本书所选的北大诸位校长、学长的经典文献，是老一代北大人

给我们留下的珍贵遗嘱。北大的精神性格应该是未来中国的精神性格。今天的中国，比任何时候都需要北大的精神传统。我们应该珍视、铭记这些传统，以此纪念北京大学建校110周年。

一句话书评：自由与民主的梦想。

生涯读书会

《如何阅读一本书》

一、活动主题：阅读人生

二、活动时间：_____

三、活动地点：_____

四、活动负责人：_____

五、活动的参与者：_____

六、活动感悟：_____

线上资源

一、网站

1. 大学生必备网 http://www.dxsbb.com/

2. 中国教育在线 http://www.eol.cn/

3. 南方周末 http://www.infzm.com/

4. 学信网 http://www.chsi.com.cn/

二、微信公众号

1. 罗辑思维

2. 大学生征途

3. 大学助手

4. 中大青年

5. 精读

"瞳孔视界"全国大学生征文比赛

1.活动对象：全国在校大学生（包括专科生、本科生及研究生）

2.比赛简介：

为推动全国高校文学社团发展，活跃和繁荣高校校园文学创作，提高当代大学生文学素养和整体素质，推进全民阅读进程，倡导青年大学生自觉践行社会主义核心价值观，弘扬中华民族优秀传统文化；同时响应共青团"三走"号召，鼓励当代大学生"走下网络，走出宿舍，走向操场"，创新"三走"品牌性活动的形式和载体；鼓励大学生积极接触外界环境，勇于探索，敢于发现，同时为当代大学生树立正确的价值观、人生观，弘扬积极向上、努力奋斗的精神，提高自身涵养，故举办此次征文比赛。此次征文比赛将以"瞳孔视界"为主题，旨在引导当代青年对身边的点滴记录与生活感悟。

3.大赛流程：报名参赛，通过大赛官网提交作品——初审——初审结果公示——通过网络平台进行投票，评选出最佳人气奖——大赛组委会及专家对复审结果进行评定——获奖名单公布。

4.征稿要求：

（1）主题：瞳孔视界。

（2）体裁：诗歌、小说、评论、散文等文体不限。

（3）篇幅：新诗以 30—70 行为宜，古体诗不限；散文要求 3 000 字以内；评论 5 000 字以内；小说等其他体裁字数控制在 20 000 字以内。每人限投三篇。

（4）必须为原创作品，本人拥有所有版权，未经发表或获奖，且未与任何第三方签署相关电子、出版、影视等版权。

5.大赛官网：http://www.52jingsai.com/zhengwen/

第二章

学业规划

「大师语录」

> 要热爱书，它会使你的生活轻松，它会友爱地来帮助你了解纷繁复杂的思想情感和事件，它会教导你尊重别人和你自己，它以热爱世界热爱人类的情感来鼓舞智慧和心灵。

——高尔基

「推荐教学或学习时间」

大一第一学期

「热点要闻」

"考证热"风靡大学校园

最新数据显示，2015年全国大学生毕业人数达到749万，再创历史新高，被称为史上"最难就业季"。如何在这一就业困境中突出重围，成为大学生思考的重点。之前有媒体报道，河南一名大学生为应对就业难，大学四年狂揽65个有含金量的证书，却仍然找不到一份称心的工作，这从侧面反映了当今大学生的一种普遍心理，那就是将各类证书作为自己能力的表现和就业时的砝码，力求找到满意的职位。

有一幅对联是这样写的，上联是：十个学生，九个忙考试，八天备考，七点起床，背得六亲不认，五官不整，为的是四页试卷，三道大题，最后蒙得二不拉儿，一塌糊涂；下联是：一所学校，二个考试周，三餐无味，四面寒风，记得五脏耗竭，六腑不全，为的是七周寒假，八科不挂，最后落得九蒙一中，十分命苦。横批：大学欢迎你。于是，"university"除了被翻译成"大学"外，还有"由你玩四年"或"由你玩世界"。那问题就来了，如何在大学里好好地玩呢？所谓好好地玩，就是玩得投入，玩得认真，玩出优势，玩出水平，而不是玩得迷失，玩得痛苦，玩到颓废，玩到失控。只有好好地玩，才能在大学收获真实的幸福，而要玩得好，就得好好规划一下自己的学业发展，第一章提到，每个生涯阶段都有不同的生涯任务，只有完成这一任务才能为下一阶段做好准备，大学阶段的学习与中学的学习大不相同，因此，做好学业规划是大学生涯非常重要的任务。本章将从学业规划的内容说起，然后说明我们如何做好自己的学业规划，同时，我们再配以学业九宫格、采访身边的榜样、寻找你的成长顾问等练习，让你开启健康玩耍的模式。

一、学业规划概述

（一）学业

　　从狭义上说，学业指的是专业学习的课业。

　　从广义上说，学业指除专业学习以外，还包括对学习能力与潜能、学习态度、学习兴趣、学习动机、学习方法的自我管理。

　　本书所说的学业是广义上的理解，因此，大学生的学业规划就是要解决自己学什么，为什么学，怎么学的问题，从而更好地完成生涯任务，顺利走向职场。

　　大家还记得在第一章我们讲到的大学生生涯规划的三大内容吗？是做＿＿＿＿，做＿＿＿＿，做＿＿＿＿。这些都是大学学业的内容。

（二）学业规划的内容

　　从学业规划的概念可以看出，大学生学业规划主要有三大部分：

1. 掌握学习的内容

大学教育既是通识教育，又是专业教育。

通识教育，又叫博雅教育，目的是培养学生养成独立思考的能力和批判性思维，能够有效地思考问题并清晰地表达思想，作出理性的判断。正如《中庸》主张，做学问应"博学之，审问之，慎思之，明辨之，笃行之"。古人一贯认为博学多识就可达到出神入化、融会贯通的境界。从博览群书中杀出一条血路，形成自己的广阔视野和灵活多变的视角，能够与古往今来的思想家和哲人互相交流，从而能够以宽广的心胸欣赏和拥抱这个多元的世界。唯有思维的多元与灵活，才能让生活变得开放与丰富。认真学习每门大学课程，都可以提升独立思考的能力。

专业教育是就人才培养的方向而言的，它是根据现有的社会职业分工和市场对人才的需求，将某一领域的相关知识以系统的方式传授给学生，使学生能够通过学习掌握这方面的基础理论和实践技能。专业教育不仅能够给我们专业的知识，还能教给我们专业的态度和专业的技能，这些在未来社会都是我们安身立命之本。在擅长的领域里不断精进，成长为不可替代的专家，是你在未来社会中最核心的竞争力。

2. 善用学习的资源

◎书籍：在大学期间应该合理地搭配这三类书籍。

第一类：经典类。比如商务印书馆出版的"汉译世界学术名著丛书"，这套丛书将国外丰富精深的学术思想引入中国，开阔了几代读者的视野，滋养了几代学人的情操，被陈原赞许为"迄今为止，人类已经达到过的精神世界"。丛书内容丰富，包括哲学类、历史地理类、政治法律社会类、经济类、语言类。

第二类：专业类。不同的学科都有这门学科"奠基石"式的教材，比如学心理学就要看理查德·格里格和菲利普·津巴多的《心理学与生活》，学经济学就要看曼昆的《经济学原理》，学法学就要看博登海默的《法理学：法律哲学与法律方法》，学管理学就要看斯蒂芬·P.罗宾斯的《管理学》，学营销学就要看菲利普·科特勒的《营销管理》……专业类的书籍值得长期持有、反复阅读，甚至在工作之后，不同时期看都会有不同的收获。

第三类：兴趣类。比如一些畅销书、小说、名人传记、随笔、杂文等，这些书可以让我们紧随时代、与时俱进。比如路遥的《平凡的世界》、柴静的《看见》、刘瑜的《民主的细节》、费孝通的《乡土中国》、凯文·凯利的《失控：机器、社会与经济的新生物学》等。

◎课程：课程不仅包括校内的课程，还包括线上丰富的资源，世界是平的，我们可以不出国门就能够看到国外大学的精品课程。

◎活动：大学的学习不再是单纯的书本的学习，更为重要的是在实践中学习、在社会中学习，因此，校内校外的活动也是学习的一个重要场所。这些活动主要分为三大类：

1）学科竞赛与创新创业类：当前，在高校中有多种类型的国际性、全国性或区域性的比赛，比如"挑战杯"、数学建模竞赛、"创青春"全国大学生创业大赛、全国大学生英语竞赛、重庆市大学生物理创新竞赛、重庆市大学生单片机竞赛、全国大学生金融精英挑战赛等。

2）社团文化类：社团活动是锻炼大学生各项技能的平台，这些活动极大地丰富了大学生的课外生活，也营造了良好的校园文化。这些活动主要分为两类：一类是学术活动，如学子百家讲坛、研究生学术论坛、励志讲坛、大学生辩论赛等；另一类是文艺体育活动，如十佳歌手、"青春杯"、主题征文比赛、大学生运动会等。

3）志愿服务类：大学生可以参加的志愿服务活动的内容是非常广泛的，主要有为偏远山区和贫困地区提供教育服务、为困难家庭的子女提供补习功课服务、到社区或敬老院提供助老助残等服务、到大型的体育比赛或国际会议提供志愿服务、到环保组织开展绿色环保服务等，中国志愿者网（http://www.zgzyz.org.cn/）上有关于全国志愿者活动的消息和报道，各地也有许多志愿者的组织，如果你想做一名志愿者，可以有很多方法实现愿望。

3. 培养学习的习惯

大学里每个人自由支配的时间较中学有所增加，学习的自主性也大大加强，因此，养成良好的学习习惯对顺利完成学业来说至关重要，良好的学习习惯包括：合理安排时间、学会预习、学会做笔记、学会创造学习环境。

1）合理安排时间：首先你要清楚自己一周内所要做的事情，然后制定一张作息时间表。在表上填上那些必须花的时间，如吃饭、睡觉、上课、娱乐等。安排好这些时间之后，选择合适的、固定的时间用于完成正常的阅读和课后作业。当然，学习不能占据作息时间表上所有的空闲时间，因为我们还要给休息、业余爱好、娱乐留出一些时间，这一点也很重要。适当的放松对保持良好的学习状态有着积极的影响。

2）学会预习：预习总的任务是先感知教材，初步处理加工，为新课的顺利学习打下基础。具体任务，要根据不同科目、不同内容来确定。一般有：①巩固复习旧概念，查清理解新概念，查不清、理解不透地记下来。②初步理解新课的基本内容是什么？内容与内容之间的关系是什么？在原有知识结构上向前跨进了多远？③找出书中重点、难点和自己感到费解的地方。④把本课后面的练习尝试性地做一做，不会做的可以再预习，也可记下来，等教师授课时注意听讲或提出。

3）学会做笔记：学习成绩好的学生很大程度上得益于在课堂上充分利用时间，这也意味着在课后少花些功夫。课堂上要及时配合老师，认真做好笔记来帮助自己记住老师讲授的内容，尤其重要的是要积极地独立思考，跟上老师的思维。

另外，课外阅读也要养成做笔记的习惯。不管阅读哪一类书籍，做笔记都是你深入思考，获得收获最有效的方式。

背景知识：5R 笔记法

5R 笔记法，又叫作康奈尔笔记法，是用产生这种笔记法的大学校名命名的。这一方法几乎适用于一切讲授或阅读课，特别是对于听课笔记，5R 笔记法应是最佳首选。这种方法是记与学、思考与运用相结合的有效方法。它的步骤包括记录、简化、背诵、思考和复习五步。

第一步：记录（Record）。在听讲或阅读过程中，在主栏（将笔记本的一页分为左小右大两部分，右侧为主栏，左侧为副栏）内尽量多记有意义的论据、概念等讲课内容。

第二步：简化（Reduce）。下课以后，尽可能及早将这些论据、概念简明扼要地概括（简化）在回忆栏，即副栏。

第三步：背诵（Recite）。把主栏遮住，只用回忆栏中的摘记提示，尽量完满地叙述课堂上讲过的内容。

第四步：思考（Reflect）。将自己的听课随感、意见、经验体会之类的内容，与讲课内容区分开，写在卡片或笔记本的某一单独部分，加上标题和索引，编制成提纲、摘要，分成类目，并随时归档。

第五步：复习（Review）。每周花十分钟左右时间，快速复习笔记，主要是先看回忆栏，适当看主栏。

4）学会创造学习环境：选择某个地方做学习之处，这一点很重要。它可以是你的宿舍或教室或图书馆，但它必须是舒适、安静的。当你开始学习时，应该全神贯注，不能在情绪波动的时候学习。科学研究表明，在学习数学等理工学科的时候注意力非常难集中，所以在学习之前绝对不能有和同学争吵，或者兴奋的剧烈运动等情绪，否则就会无法集中注意力进入学习状态。所以在学习之前要平静心态，集中注意力，才可以达到事半功倍的效果。

生涯故事会

学习永远是第一位

"晚上 11 点后的校园有些安静了，我可以听到自己的脚步声，看到路灯下自己的影子，很辛苦但也很满足，因为抓住一点一滴的时间，慢慢的积累，就一定会有收获。"肖瑶回忆自己的大学学习生活说道。

"每一节课她都抢坐第一排的位子；学不懂的，看到老师就问；学习时间不够，就用休息时间来凑"，肖瑶的同学谈及她说道。三年多来，晚上在通宵自习室里自习到 11 点已成为她的惯例。一个人的成绩总是与努力成正比，肖瑶凭着自己不懈奋斗的数个日夜，连续三年获得甲等奖学金，综合绩点每年都达 4.0 以上，成绩名列专业前茅，并获得过国家奖学金以及"三好学生"等荣誉称号。

肖瑶在完成本专业课程的同时，还考取了会计师从业资格证和证券从业资格证。肖瑶认为，"不管怎么都不要停止学习，不要虚度光阴。在自己有余力的时候做一些对未来有帮助的事总比浪费光阴要好"。

曾当过学生干部的肖瑶认为，学习永远是第一位的，同时注意工作和学习的方式方法，提高效率，必要的时候牺牲娱乐时间和休息时间。这也是肖瑶对现任学生干部的一点建议。

（肖瑶：重庆理工大学化学化工学院 2012 级化学工程与工艺专业学生，被评为 2015 年重理工"十佳大学生"）

名作推介

在大学获得成功的最佳策略

（1）上每堂课。上课可以让你学到东西，与老师、同学互动，想想你付的学费以及缺课的代价。

（2）成为积极的参与者。准时上课坐在前排，积极参与，提问，全神贯注。

（3）知道期望。阅读每门课的教学大纲，知道每门课的要求。

（4）加入学习小组。你可以与小组成员共同测验、总结，相互学习。

（5）尽早寻求帮助。利用所有可用的校园资源。

（6）随时随地学习。在课前复习笔记，等待上课时，排队时、上床前随时进行复习。

（7）在精神状态最好的时候学习。知道自己的精力水平与学习倾向。

（8）寻求反馈。问自己："从中学到了什么？我是如何学习的？"

（9）养成积极素质。想一下，哪些是克服障碍最需要的素质，努力培养。

（选自费里特《卓越表现：从大学到社会》第317页）

卓越表现

作者：沙伦 K.费里特(Sharon K.Ferrett)
出版社：机械工业出版社
副标题：从大学到社会
出版年：2011-3-1
页数：317
定价：48.00元
装帧：平装
ISBN：9787111328964

豆瓣评分

7.0 ★★★★☆
15人评价

5星 ▇ 13.3%
4星 ▇▇▇ 33.3%
3星 ▇▇▇▇ 46.7%
2星 ▌ 6.7%
1星 0.0%

互动与分享

学业九宫格

请在九宫格的每一处写上你四年的计划。

学习进修	职业发展	人际交往
个人情感	身心健康	休闲娱乐
财务管理	家庭生活	服务社会

二、大学生学业规划的类型

（一）学霸型学业规划

大一阶段：规划。应该进行大学四年的规划。规划的方法，可以根据自己的兴趣特长，但可不完全依据此，因为很多人的兴趣目标是不明确的，除非你有特殊能力，否则建议你进行一个常规的规划。最实用的是，找本校学生标兵的信息作为标榜。参照他获得的执业证书、英语证四六级、托福雅思、参加的社会活动类型及获得的荣誉等，这些证书一般来讲社会公认度较高，以此为出发点，再去找实现途径。保持成绩为前提，趁高中英语热度未减，轻松通过12月的英语四级，否则会感觉越来越难，选择性地参加一些喜欢的社团或者学生组织。

大二阶段：坚持。因为有很多诱惑：恋爱、游戏、兼职。学霸注定孤独！如果你铁定了做学霸，就应该坚持，坚持就是大学致胜的法宝。因为大学真正去学习的人相比高中会少很多。所以，当学霸就是一个孤独的过程，但是可以找到处理孤独的方法，比如边听轻音乐边背单词就很有效。每天比别人早点去自习室，晚点回寝室。要耐得住孤独寂寞，再比如大家都玩，你就可以准备计算机二级以及托福考试了。

大三阶段：分流。每个人都大致有了自己的人生方向，或是进入社会工作，或是继续深造读研，或是考公务员，或是争取选调生。这时候有了前面的基础，选择什么都是优势！当今就业形势严峻，多数学霸选择深造，如果你打算读研，可以有两种途径——一是保研，二是考研，根据你的准备情况，发表论文，积极联系导师来保研。科研是导师很看重的，应该从大二就开始准备。如果是进入社会工作，那就可以去实习，同时考取相关专业职业资格证，如建造师、注册会计师(CPA)、CAD工程师认证证书、导游资格证等。

大四阶段：收获。学霸的毕业设计一般会提前完成的，这时候一般都会得到研究生导师的青睐，直接进入导师的团队，跟随导师做学术研究。提前结识新环境的师兄师姐，无疑优势巨大。或者用一年的时间去社会锻炼，然后继续深造。

（二）职场达人型学业规划

大一阶段：适应。完成从中学生到大学生的角色转变。虚心请教师兄师姐，积极参加集体活动，建立新的人际关系圈。熟读学生手册，关注辅修专业和第二学位的申请条件，保证较好的学习成绩。

大二阶段：活动。建立合理的知识结构，注重专业能力的培养，参加英语、计算机等工具性证书的考试，积极参加学生会或社团工作，培养自己的组织协调能力和团队合作精神，提升自己的综合素质。

大三阶段：提升。加强专业知识学习的同时，取得与职业目标相关的职业资格证书。增强兼职、实习的职业针对性，积累对应聘有利的实践经验。扩大校内外交际圈，加强与校友、职场人士的交往，提前参加校园招聘会，与用人单位招聘人员进行沟通。学习求职技巧，学会制作简历、求职信，了解面试技巧和职场礼仪。

大四阶段：转变。充分掌握资讯，实现毕业目标。留意学校就业中心的通知和其他重要的招聘渠道，不要遗漏关键的招聘信息。为面试作好充分的准备。选择实用性高的毕业设计题目，以证明自己的应用研究能力。

（三）创业型学业规划

大一阶段：规划。尽管越来越多的大学生加入到自主创业的大军中，但创业对大学生来说，挑战与困难都是非常大的，若要选择走这样的道路，在大一阶段就要清楚地了解自己是否适合创业，适合进行什么类型的创业，家庭和朋友是否支持创业，身体和精神状态能否适应创业的压力，如何保证创业不影响学业。所有这些问题都要在开始时做清晰的规划。

大二阶段：学习。创业者也是强大的学习者，不仅要了解其他人的创业经历，总结别人失败的教训，让自己少走弯路，同时，最重要的学习是通过自身创业来学习。学会挖掘商机，找到客户，学会团队合作，与人沟通，学会构建商业模式，合理节约成本。总之，创业要学的东西太多了，善于学习才能把握机会。

大三阶段：坚持。运营一个企业有时能把你的意志耗尽，尽管有些创业者感觉自己被肩上的责任重担压垮了，但是强烈的创业激情和坚强的意志，却能够使企业成功，并且在遇到经济困难的时候顽强地生存下来。因此，创业的热情需要坚持。

大四阶段：分流。创业教给我们不因循守旧，不故步自封，而是脚踏实地，积极进取，成就自我。怀揣这种精神，我们就一直走在创新创业的道路上，因此，在毕业的时候，合理地评估自己的创业状况，理智地决定是继续创业还是就业，才是对待创业正确的态度。

多角色发展

"在大学，你可以同时身兼数种角色，但从本质上来说，作为学生，首要任务一定是学习。"——这是胡玮钰初入大学时的感慨，也正是这句话，在今后的学习生活中不断提醒着她：即便再忙，也要紧抓学习，不能懈怠。从那时起，图书馆成了她最爱的地方。她用热情和思考对待每一门课：课前认真预习，课堂上专心听讲，课后谨记温故而知新。在她看来，学习是对科学真理的探索，是对世界本质的理解过程，是一门关乎"求真"的艺术。怀揣着这份对"真"的渴求，她在学习的路上不断前行，先后获得国家励志奖学金，潼南奋进奖学金，校级综合甲等奖学金等一系列荣誉，并一次性通过英语四、六级和计算机二级。作为校游泳队的主力队员，她每年暑假提前返校，顶着烈日和曝晒，坚持集训，只为在市级比赛上为校争得荣誉——她连续三年随队参加重庆市大学生游泳比赛，均取得优异成绩。她喜欢文学，爱好写作，在参加学院写作大赛并获得三等奖后，她认为比赛的意义，不在于获奖，而是挑战自我，不断超越。于是，她换上跑鞋，参加校运动会；拿起话筒，走上十佳歌手的舞台；组建团队，竞赛挑战杯；早起晨读，备战口语大赛。大二时，顶着繁重的学业压力，她参加了学校第二届职业生涯规划大赛，获得了校级第一名。作为第一个代表学校进入重庆市职业生涯规划大赛决赛的选手，她获得了重庆市三等奖。而后她又参加了学校的"学子百家讲坛"，靠着平和的心态和出色的发挥，再次获得全校第一名。

（胡玮钰：重庆理工大学材料学院 2012 级材料科学与工程专业学生，被评为 2015 年重理工"十佳大学生"）

大学里做了四件事，毕业求职对我来说非常容易

我是 1999 年从重庆一个县城考入重庆教育学院中文系的。对于未来，我有两个选择：一是努力学习课堂的知识，三年后，回到那生我养我的乡镇，然后做一辈子的老师；二是另寻出路，留在城市。我选择了后者，大学里我

只做过四件事情。

第一件事情是，我对自己说，再也不想回到那小山村了，我既然来到了重庆，就一定要留下来。

第二件事情是，我重新审视了一次自己，我发现，我的长项和爱好并不在于教书，相反，比较喜欢搞一些文字工作，比如写新闻。

第三件事情就是角色定位，我思量了自己未来会扮演一个什么样的角色。在一个大家都往老师这条道路上行走的高校里，搞新闻工作，我想一定会引起重视，同时学校的院报、广播台等很多资源都可以被我利用。

第四件事情就是，做了一次早起的鸟儿。我是从大一开始去报社实习的，我读了三年大学，实习了五次。积累了大量的人脉资源，后来《重庆法制报》招聘，我就被我的实习老师推荐过去了。大学做的这四件事情，让我顺理成章地找到了工作。

（选自朱若霞《如何掌握自己的人生》第134—135页，有删减）

如何掌控自己的人生

作者：朱若霞
出版社：新世界出版社
出版年：2010-4
页数：247
定价：28.00元
ISBN: 9787510408670

豆瓣评分

7.7 ★★★★☆
63人评价

5星		33.3%
4星		34.9%
3星		25.4%
2星		6.3%
1星		0.0%

互动与分享

采访身边的榜样

采访时间：

采访目的：

1. 你是如何规划你的大学的？

2. 大学里你最值得骄傲的一件事是什么？

3. 如果我以你为大学榜样，你觉得你可以提供的帮助是什么？

三、制定学业规划

（一）制定学业规划的基本步骤

1. 学业规划的目标选定

首先，分析自己的兴趣爱好，认定自己想干什么，兴趣是理想产生的基础，要择己所爱，选择自己喜欢的专业方向和研究领域进行钻研学习。

其次，分析自己的能力、特长，确定自己能干什么。能力是人的综合素质在现实行动中的表现，是实现人的价值的一种有效方式，也是支配人生命的积极力量。因为任何一种职业都要求从业者掌握一定的技能，具备一定的条件，所以要结合自己的兴趣爱好，在认定自己想干什么的基础上确定已经具备的能力和应该培养的能力。

再次，分析未来，确定社会需求是什么。着眼未来，预测趋势，立足于社会不断变化发展的需求，避免盲目跟风，因为最热门的并非是最好的，选择社会需要又适合发挥自身优势的专业方向和研究领域才是最好的。要把自己的兴趣爱好、能力特长同社会需要结合起来，把想干什么、能干什么、社会需要干什么进行有机结合，才是我们学业规划的关键所在。

2. 学业规划的计划分解

一个规划要想具有可行性，就必须将学业规划目标做成年度分解，这样才能循序渐进，一步一个脚印，最终实现学业规划的总目标。

具体来说，大学一年级的年度目标主要是熟悉环境和人，弄清专业性质和课程体系，打好外语、数学和计算机基础。大一由于时间充裕，不开设专业课，这段时间应该好好利用，形成正确的世界观和价值观，为后来的学习生活打下坚实的基础。

大学二年级的目标是打好"学科基础"，做到宽口径，厚基础，博览群书，扩大知识面。这需要在认真分析和总结大一缺点和不足的基础上，更加明确自己的目标和方向，努力学好各门必修课和选修课。积极参加社会实践活动，不放过任何一个锻炼的机会，培养良好的学习和生活习惯。

大学三年级的目标是打好"专业基础"，大量阅读专业书籍，提高写作能力，完善和修正学业目标。大三要开始为就业积极准备了，要把所学的专业知识与现实相结合，同时锻炼自己的工作能力和应聘能力。

大学四年级的目标分为备战考研或出国，毕业论文写作，求职就业三个方面。对于考研和出国，都要作好充分而长期的准备。对于毕业论文，要充分收集材料，进行资料的整理和分析，保持与导师的良好沟通与交流。对于求职就业，要充分了解劳动力市场的信息，掌握各种面试技巧，积极面对求职压力。

3. 学业规划的评估修正

对于规划而言，评估是相当重要的。一个规划是否完整，是否具有可实施性需要对其进行正确的评估。所以，在实施过程中，应采取自我评估和他人评估相结合的方式，坚持每月对规划评估一次，保证其合理性和可实施性。

学业规划是一个有机的、持续不断的探索过程，随着自身条件和外部环境的变化而变化。规划是在客观现实的基础上合理地进行逻辑推理，所以应具有一定的弹性，在实际操作过程中，把合理的规划与实际相结合，坚持原则性与灵活性相结合，才能使规划的目标真正实现。

在实施过程中，及时对环境和条件作出评价和估计，对自己的执行情况作出反馈。由于现实生活中种种不确定因素的存在，我们应该及时反省和修正学业目标，变更实施措施与计划；分析原因和障碍，找出改进的方法和措施。

（二）学业规划的动态管理

在学业规划执行的道路上有几个小鬼，经常成为我们难以坚持计划的绊脚石，看清这几个小鬼，保持良好的心态，是保证学业规划完成的重要手段，这几个小鬼是游戏、睡懒觉、不运动、没目标。

第一个小鬼：游戏。许多大学生对游戏的态度很矛盾，明知道沉溺其中无益，却又无法抗拒游戏的诱惑，以致出现一些有趣的现象：上午刚把游戏从电脑中卸载掉，发毒誓不再玩，下午又忍不住重装游戏，如此反复。一次又一次痛恨自己没出息，没勇气，一次又一次后悔自己浪费时间，越玩越无聊。感觉自己不是在玩游戏，而是被游戏"玩弄于股掌之间"。

第二个小鬼：赖床。大学里生活和学习"节奏"骤然变缓，大学生赖床已不是什么秘密，早上睡懒觉也成为司空见惯的事情。有一项对在校大学生关于"周末起床时间"的调查，在调查的30名学生中，起得最早的是七点二十，最晚的竟然到下午三点钟才起床，八点半之前起床的学生人数占被调查人数不足百分之十，其中十一点钟后起床者占百分之二十以上，被调查学生的平均早起时间约为九点半。而被调查的60个寝室中，八点半仅有8～10个寝室有学生起床迹象。网上调查中，多数人表示周末应该睡到自然醒。美丽的早晨，校园里却鲜见行走的学生，图书馆里少有学习的学生，面对社会上激烈的竞争和复杂的环境，大学校园却成了一片懒惰享乐，以"睡懒觉"度日的尴尬之地，这不得不值得我们深思！

第三个小鬼：宅。伏尔泰曾经说"生命在于运动"，尤其是对朝气蓬勃的大学生而言，拥有强健的体魄可以让一个人更好地去学习去工作。然而，因为电脑、电视、游戏机等娱乐设备的日趋发达，汽车等交通工具的普及，就业潜在压力带来的学习压力，让很多大学生变成了宅男宅女，身体素质呈下降趋势，少数大学生的身体甚至成了易碎品，稍微加大一点运动量，竟然会有生命之虞。

第四个小鬼：没目标。不是他们不想制定目标，而是因为不懂得如何科学的制定目标。

背景知识：制定目标的 SMART 原则

制定目标有一个"黄金准则"——SMART原则。SMART是5个英文词的第一个字母的汇总。好的目标应该能够符合SMART原则。

S（Specific）——明确性

所谓明确就是要用具体的语言清楚地说明要达成的行为标准。

M（Measurable）——衡量性

衡量性就是指目标应该是明确的而不是模糊的。

A（Acceptable）——可接受性

目标是要能够被执行人所接受的。

R（Realistic）——相关性

目标的相关性是指实现此目标与其他目标的关联情况。

T（Timed）——时限性

目标特性的时限性就是指目标是有时间限制的。

生涯故事会

敢于改变，主持生涯流光溢彩

贺鸿为直言自己小时候是个特别胆小内向的人，"看到生人都会脸红，话也不敢多说"。高中的时候，为了锻炼自己的胆量，培养兴趣，她专门去学习了播音主持。这段学习经历最让她印象深刻的是有一节课，培训老师为了锻炼他们的胆量，让他们到观音桥当众跳钢管舞，但出于羞涩，没人敢站出来展示。当时她想"如果大家都不去做，那课程教学就不会有什么进展。"在对自己不断的心理暗示下，她勇敢地迈出了第一步，毛遂自荐。自此，她的胆量开始慢慢地提高起来，在主持的道路上越走越远。

谈起大学里的主持经历，贺鸿为认为这是自己兴趣的一个发展。"我还记得，2013年12月的冬天冷得让人激动万分，穿着薄薄的礼服主持重庆理工大学2013年汉字拼写大赛，首秀圆满落幕。由于表现突出，我就再也没有放下过话筒，在校园主持的道路上一路向前。"大一军训时鼓足勇气的自荐，成就了今天舞台上主持自如的贺鸿为。

2015年10月31日参与主持重庆理工大学75周年校庆晚会，是贺鸿为主持生涯最浓墨重彩的一笔。她不仅担任晚会主持人，并且兼任评委、培训员。说起这次的主持经历，她说："我参加过很多的主持活动，但这次最让我兴奋。作为重理工的一名学子，以主持人的身份亲眼见证了母校75周年华诞的盛况，说出的是主持词，道出的却是爱恋。"

（贺鸿为：重庆理工大学2013级金融事务与管理专业学生，2016年重庆理工大学校园精英"文艺之星"）

名作推介

转专业前要清楚思考的十个问题

1. 你为何要转专业？

2. 你为现在学习的专业付出了多少努力？

3. 你真的了解未来专业学的是什么吗？

4. 你这么想换专业，你的爸妈知道吗？

5. 你了解未来专业的授课老师吗，这些教师里有没有该领域的佼佼者？

6. 提供未来专业的院系在该领域培养出了哪些人才？这些人都去哪里就业？他们的工作环境如何，薪水如何？

7. 在中国甚至世界范围内，将未来专业做到极致的人有哪些？他们的生活是什么样的？

8. 你在转专业的过程中会遇到什么样的阻力？进入新的学习环境后会遇到什么样的麻烦？

9. 未来专业的相关院系能够给你提供一个什么样的学习环境？

10. 未来专业的就业前景如何？社会需求怎样？

（选自张志，黄鑫《学会独立思考·学习篇》第92页，有删减）

学会独立思考

作者：张志 / 黄鑫
出版社：九州出版社
副标题：学习篇
出版年：2014-6-1
页数：320
定价：CNY 32.00
装帧：平装
丛书：不要等到毕业以后
ISBN: 9787510829246

豆瓣评分

7.8 ★★★★☆ 299人评价

5星	35.1%
4星	34.4%
3星	25.8%
2星	4.0%
1星	0.7%

互动与分享

寻找自己的个人成长顾问

第一个顾问是学习成长顾问。这个顾问可以是你的老师或高年级的师兄师姐，需要时可以向之请教学习上遇到的问题。

第二个顾问是心理健康顾问。这个顾问可以由学校心理健康中心的老师或心理咨询师、你所在院系的辅导员、班导师等人员担任，在生活、学习、情感或其他方面遇到困惑时，向他们寻求及时有效的帮助。

第三个顾问是生涯发展顾问。这个顾问可以请你的班导师、学校资深的生涯规划师、生涯咨询师来担任，也可以请你熟悉的企业人士来担任，他们可以为你的生涯准备、生涯选择、生涯适应方面指点迷津。

顾问情况记录如下：

顾问类型	顾问姓名	联系方式	建议沟通频率	咨询提示
学习成长			每学期至少1次	学习有困难时
心理健康			每学期至少1次	心中有困惑时
生涯发展			每学期至少1次	生涯问题需要帮助时

学习收获

1. 学业规划概述

（1）_____

（2）_____

（3）_____

2. 学业规划的类型

（1）_____

（2）_____

（3）_____

3. 制定学业规划

（1）_____

（2）_____

（3）_____

生涯影视会

重返十七岁（17 Again，2009）

剧情简介： 1989年，迈克·奥唐纳（扎克·埃夫隆饰）在高中的篮球赛场上可算是叱咤风云的明星级人物，而且已经有多所大学向他抛出了橄榄枝，有意以奖学金的方式招募他——如此看来，被迈克牢牢地抓在手中的是一个异常辉煌且光明的未来。然而世事不尽如人意，就在迈克踌躇满志地准备好了面对即将到来的挑战时，他的女朋友斯嘉丽（艾莉森·米勒饰）却告诉他自己怀孕了，于是迈克将一切都抛到了脑后，决定和斯嘉丽以及他们的小孩共同生活。

时光飞逝，在差不多过去了20年，已经步

入中年的迈克（马修·派瑞饰）早就没了高中那会儿的荣耀和风光，而他和斯嘉丽（莱斯利·曼恩饰）的婚姻也最终走向破裂。显然迈克在事业方面也不太顺利，刚刚失去了一次晋升的机会——在他的两个十几岁的孩子眼中，他就是一个不折不扣的失败者。而且他还被迫要去面对在高中的时候非常讨人厌的同学奈德·弗里德曼（汤玛斯·莱恩饰），时过境迁，如今的奈德已经成为亿万富翁了。

遭遇挫折的迈克似乎更加怀念高中毕业的那段时光，想象着如果当初作出不一样的决定，过的应该是另一番生活了。让迈克始料不及的是，他真的得到了第二次机会，在他遇到一位神秘的看门老人（布莱恩·道尔·莫瑞饰）之后，竟然不可思议地再一次变成了17岁的模样——可不幸的是，迈克年轻的外表再配上30多岁的苍老心态，在2009年的今天看来，实在是非常保守且缺乏信心的表现。兴致勃勃的迈克努力地想要重现他曾经最为辉煌的年代，并没有意识到有可能因此失去他曾经拥有过的美好一切。

推荐理由：当你还年轻时，觉得每件事都像世界末日。只为人生不重来，何不放得开。电影和现实的差别就是，电影能穿越，但现实不能，青春只能用来怀念和不辜负。

推荐指数：☆ ☆ ☆ ☆

风雨哈佛路 （Homeless to Harvard: The Liz Murray Story，2003）

剧情简介：父母吸毒、8岁开始乞讨、15岁母亲死于艾滋病、父亲进入收容所、17岁开始用两年时间学完高中4年课程，获得1996年纽约时报一等奖学金，进入哈佛学习。这是一个真实、努力女孩的人生经历，一段自强不息昂扬奋斗的生命历程。在这部励志向上的美国影片《风雨哈佛路》中，托拉·伯奇演绎了一个女孩子克服种种不利条件、努力奋进的故事，细腻地刻画了人物情感。影片传递给人们的除了心灵的震撼，还有深深的感动。

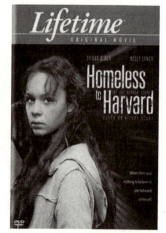

莉斯，一位生长在纽约的女孩。经历人生的艰辛和辛酸，凭借自己的努力，最终走进了世界最高学府——哈佛的殿堂。她的事迹足以让每个人动容。

她，用真诚争取到参加进入中学的考试机会。

父亲作为她上学的担保人,从收容所出来,办理完担保手续出来的时候,父亲对她说,好孩子,坚持学习,我不能成功了,但是你行的。望着父亲远去的背影,这个弱小的女孩坚定了信心,从容地走进了学校的大门。

她,以非凡的毅力开始了刻苦的学习。17岁到19岁,两年的时光,她学习掌握了高中四年的课程,每门学科的成绩都在A以上。作为奖励,她以全校第一的成绩和其他9名同学获得了免费到波士顿的哈佛大学参观的机会。

她,作为哈佛大学——世界最高学府的一员,安静地坐在校园的教室里。也许只有她自己明白,她实现了自己的诺言,一个贫穷苦难的女孩用她的执着信念和顽强的毅力改变了自己,改变了她的人生。

推荐理由:人生其实真的可以改变,只要你努力,只要你付出。"风雨"代表着一路上的苦难,"哈佛"代表着莉斯得到哈佛大学的认可。每个人都有属于自己的路,永不放弃,你也会像莉斯一样获得成功!

推荐指数:☆☆☆☆☆

拓展阅读

1.《赢在第四起跑线》苏文平著,机械工业出版社

内容简介:在对西方职业生涯规划理论深刻理解的基础上,依据多年本科教学、师资培训获得的本土化应用经验总结,系统介绍了适合当代大学生特点的职业生涯规划步骤、方法。

一句话书评:很多例子就像发生在你的身边。

2.《图穷对话录》徐小平著,湖南文艺出版社

内容简介:《图穷对话录》是一本人生指导书,为处在迷茫人生中的人们提供指导。它是"真格"天使投资基金创始人徐小平于2002年在新东方工作时所著。作者通过留学、读研、职业规划等方式指导年轻人走出困境,重新开始新的工作和生活。

一句话书评:徐小平的话幽默而有魅力。

3.《谁的大学不迷茫》尹李雯、孙朔、李想著,江苏文艺出版社

内容简介:大学不是奋斗的终点,而是一个更精彩、更自由、更有意义的

人生的起点。作者用最真实、诚恳、鲜活的语言，把他们的故事和经验分享给更多人，激励正在大学就读的或是将要进入大学的中国学子更充分地把握大学时光，努力、热情、勇敢、自由地追求梦想。同时作者还邀请了来自世界各大学名校的十余位毕业生共同来分享他们的故事，力争涵盖不同阶段和不同道路上的迷茫与探索、经历与反思、选择与成长、青春与梦想。

一句话书评：看别人的故事，享自己的人生。

4.《一切从大学开始》张宏杰著，海南出版社

内容简介：这篇长篇纪实文学对当代大学生做了全方位的剖析，希望从中凸显出崇高的东西，书中内容是从三百多人的采访中，精选出五十个人不同的经历，由采访录音整理成文字，每人单独成篇，根据采访者的要求，书中有一半以上用的是化名。作者希望通过此书能唤醒那些麻木的大学生，能给迷茫的大学生带来方向，让更多的大学生从困惑中走出来。

一句话书评：大学是新的开始，也是过去的告别，更是未来的预演。

5.《如何在大学里脱颖而出》卡尔·纽坡特著，海天出版社

内容简介：大学里总是有这样一群人，他们如明星般瞩目，他们不但学习成绩优异，在各种竞赛中频频获奖，而且还身兼各种院、校、班级职务。更让人不可思议的是，他们竟然还有闲暇时光呼朋唤友、旅游探险！他们是怎样做到的呢？这些让人惊叹的多才一族曾是校园内的神秘人物。

一句话书评：高手在民间。

6.《成功是道选择题》迈克尔·雷著，现代出版社

内容简介：成功是选择出来的。选择什么样的目标，选择和谁结婚，选择和谁一起合作，甚至选择什么样的对手……这直接决定了你一生的成败。本书中，迈克尔·雷教授首先从"寻找人生最高目标"开始，带领读者一步步走上寻找自我之路。摒弃了当今市面上成功学书籍传递的"社会标准下的成功"，教导读者要真正从内心出发，踏上自己所规划的人生旅程。

一句话书评：选择比努力更重要。

7.《报道大学》尹冬梅、王宏舟主编，复旦大学出版社

内容简介：2005年9月，《复旦大学》报开始改版，力图完成由一张"黑板报"性质的团的活动"简报"向一张"新闻与学术思想两翼齐飞"、能够反映当代

大学生报道分析能力和思想的学术水平的大报的转型。这本文集精选《复旦青年》改版、《青年》杂志出版后的优秀作品，分为以分析性报道为主、反映复旦大学发展和动态的上编，以时政评论和学术思辨为主、反映复旦青年师生思想标杆的中编，以人物书写和读书谈艺为主、反映作为复旦师生风采的下编。

一句话书评：变化中的大学最能反映时代的呼声。

生涯读书会

《如何掌控自己的人生》

一、活动主题：我的大学我做主

二、活动时间：＿＿＿＿＿＿＿＿＿＿＿＿＿＿＿＿

三、活动地点：＿＿＿＿＿＿＿＿＿＿＿＿＿＿＿＿

四、活动负责人：＿＿＿＿＿＿＿＿＿＿＿＿＿＿

五、活动的参与者：＿＿＿＿＿＿＿＿＿＿＿＿＿

六、活动感悟：＿＿＿＿＿＿＿＿＿＿＿＿＿＿＿＿

线上资源

一、网站

1. 网易公开课：http://open.163.com/

2. 爱课程：http://www.icourses.cn/home/

3. 新浪公开课：http://open.sina.com.cn/

4. 奇艺公开课：http://www.iqiyi.com/edu/open.html

5. 搜狐教育公开课：http://tv.sohu.com/open/

二、微信公众号

1. 象牙塔生活

2. 高校那些事

3. 大学生气质社

4. 校园百态

数学中国数学建模国际赛

1. 比赛简介：

数学中国从 2003 年 11 月建站以来一直致力于数学建模、算法、科学软件、理论数学的普及和推广工作，同时努力促进数学建模的社会化。目前已经发展成国内会员最多，资源最丰富，流量最大的数学建模、算法、科学软件、理论数学网络平台，2011 年被中国站长俱乐部评为中国垂直社区网站最具特色奖。其始终秉承服务大众的理念，坚持资源共享、共同进步的原则，努力营造出严肃、认真、务实、合作的学术氛围，为中国数学的发展作出应有的贡献。

数学中国数学建模国际赛是由内蒙古自治区数学学会和全球数学建模能力认证中心共同主办，由数学中国和第五维信息技术有限公司协办的全国性数学建模活动。今年数学中国成功获得全球数学建模能力认证中心的授权，其目的是激励学生培养数学建模的能力，明确数学建模能力的要求及范围，为数模的社会效益化积累人才。

全球数学建模能力认证中心与数学中国的联合为广大数模爱好者的就业和深造提供了更多的机会，凡持证者可依托数学中国 120 万数学建模校友资源推广自己——数学中国会员遍布各个领域，据不完全统计，其中有近万人已是大学教师、科研工作者、企业中高层管理人士、专业技术工程师等高层次人才。

2. 国际赛的意义：

近几年国内院校参加美赛的热情一直比较高涨，去年参赛规模已经突破了7 000 支队，但是由于美赛需要用英文书写论文，中文和英文的语法和思维差异比较明显，另外美赛参赛费用较高，没有准备盲目参赛有可能成绩不佳，造成很多同学望而却步。数学中国经过调查，发现很多同学有参加美赛的意愿，但是考虑到上面的因素选择了放弃。为了进一步推广美赛在中国的普及，进一步提高我国的数学建模整体水平和英文科技论文书写能力。数学中国联合内蒙古自治区数学学会、全球数学建模能力认证中心共同推出"数学中国数学建模国际赛"。旨在帮助广大想参加美赛的同学提高英文写作能力，增强对于开放性题目的处理能力，促进数学建模的快速发展。本次比赛将完全按照美国大学生数学建模竞赛的要求进行，题目是由数学中国专家组给出的美赛预测题（MCM

两道题和 ICM 一道题），题目以英文形式给出，并要求参赛者提供英文论文。我们将邀请数学建模和英文写作专家共同评阅论文，针对每一篇论文给出分数和简短评语，帮助参赛者了解自己论文的整体水平，并且所有论文会在数学中国网站上公开，帮助参赛者了解整体数学建模水平，找到差距。比赛结束后将颁发由内蒙古自治区数学学会、全球数学建模能力认证中心和数学中国共同认可的比赛证书（英文证书）。

3. 大赛官网：

数学中国网 www.madio.net

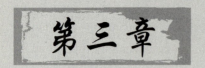

第三章

职场认知

「大师语录」

> 有乐趣的环境能滋养创意，没有人工作只是为了好玩，但并不意味工作不能变得有趣。
>
> ——李奥贝纳

「推荐教学或学习时间」

大一第二学期

「热点要闻」

未来十大可能消失职业

1. 记者。美国的 NarrativeScience 公司，结合大数据和人工智能，利用软件开发的模板、框架和算法，瞬间撰写出上百万篇报道，《福布斯》杂志都已经成为他们的客户。

2. 银行柜员。未来 10 年，中国大陆 80% 的现金使用会消失，人们逐渐开始选择网银或移动支付。

3. 司机。如今看到谷歌的无人驾驶汽车在硅谷 101 高速公路上穿梭，或是自己停靠到旧金山大街上，都已经不足为奇。而奥迪、丰田和奔驰等汽车厂商都计划开发自己的无人驾驶汽车。

4. 装配车间工人。全球最大代工企业富士康百万"机器人大军"计划公布后引起外界瞩目。专家称一线工人短期内被挤占不可避免，一批生产工人将下岗成为共识。

5. 有线电视安装人员。借助一个电视盒子，就可以让每一台普通电视升级为智能云电视机，同时实现与家庭其他无线终端（手机、IPad、电脑）的交互。只要身处带宽足够的 Wi-Fi 环境，就可以在电视上免费观看在线视频内容。

……

2015 年，你一定还记得"世界这么大，我想去看看"这封只有十个字的被网友称为"史上最具情怀，没有之一"的辞职信吧。外面的世界确实有着无限的精彩，只是我们不需要都用这种方式来实现"看"世界的梦想。事实上，了解外部世界，特别是我们身处的这个时代、我们这个社会、我们所生活的城市以及我们向往的职业，是大学阶段一个非常重要的生涯任务。由于在大学之前我们的主要任务是读书考试，真正接触社会、了解现实中的职场的机会并不多，所以，如果在大学没有把握这个机会好好探索一下，就很容易对未来的社会和工作抱有不切实际的幻想，从而产生逃避或恐惧等不良心理反应。因此，我们有必要对时代的变化和工作环境的变化作一次系统的了解，学会构建自己对外部世界的基本特征的认识框架，让自己在做任何生涯决策时有一个整体化的思考体系。这种多视角、系统化的思维方式也是生涯规划教育能够提升我们的地方。所以，本章将从时代的巨变开始谈起，详细地介绍影响我们生涯发展的几个关键的因素，以期帮助大家客观科学地看待工作世界，并掌握探索的一般途径方法。

一、时代背景

（一）工作世界的变迁

我们今天的世界和长辈生活的世界已经有了很大的变化，过去，人们交通基本靠走，通信基本靠吼，劳动基本靠手，今天，距离不是问题，时间不是问题，年龄不是问题。过去，人们工作在一个相对来说比较稳定的环境中；今天，即便是世界500强公司，裁员也是常常发生的事情。过去，人们有一份工作就意味着幸福；今天，人们有一份工作也许与幸福并不有太大的关系。具体的区别如下表：

比较项目	过去的工作世界	今天的工作世界
企业模式	雇员人数随经济发展而日益增加	不断精简架构，小而美
就业结构	劳动密集型	知识、资本、科技型
受聘形式	终身受聘制	合同制
工作地点	本地化	全球化、全国化
职责	要求雇员有一技之长	要求雇员会多项技能
薪酬制度	按工作年限递增	与绩效挂钩

（二）职业生涯信念的变迁

传统职业生涯信念与当今职业生涯信念最大的区别在于：前者认为找到工作就找到了幸福；后者认为职业只是幸福生活的一部分，并不是全部。在传统的职业生涯信念里，员工只是完成组织目标的工具，时刻以组织利益为第一，以被组织认可获得升职为成功。在新兴的职业生涯信念中，员工要完成自己的人生目标，追求自我实现，组织和员工的关系更像联盟，组织向员工提供职业发展的平台，而员工在接受工作或任务时能够不断创造新的价值，实现双赢。具体的区别如下表：

传统的职业生涯信念	当今的职业生涯信念
重视忠诚和工作任期 接受工作稳定的职业生涯模式 忠诚于组织，组织将以延长工作任期作为奖励 个人要为"组织利益"作出牺牲	重视承诺和绩效 接受实现个人理想的职业生涯模式 忠诚于增强信心的理想 团队协作是最重要的
成长 成长就相当于晋升 逐级晋升就等于成功	成长 成长与个人发展和人生意义有关 从事有意义的活动就等于成功
员工发展 组织重视员工发展 个人通过获得组织认为重要的技能寻求保障 组织对员工的职业发展负责	个人发展 组织重视个人发展 鼓励员工不断学习和进步 个人对自己的职业发展负责
绩效 工作时间越长越好 个人应该在同一家单位长久供职	暂时性 工作保障与个人能力挂钩 个人可能换好几份工作
组织体制 以职位等级为基础，由具体的工作组成	组织体制 以要做的工作为基础，由合同、联盟和网络组成

（三）就业市场的新特征

随着经济全球化以及科学技术的迅猛发展，就业市场逐渐形成了一些新的特征：

（1）人才流动全球化。经济全球化导致人才流动的全球化。随着外包业务的流行，一些大的公司往往把许多业务分到世界各地，以寻求更低的成本。

（2）就业形势持续严峻。在目前我国的劳动力市场上，有三支数量庞大的就业大军：下岗再就业人员、农村进入城市的劳动力以及大中专毕业生，而经济增长带来的新增就业岗位受到全球经济的影响并没有跟上劳动力增长的步伐，导致在相当长的一段时间内就业形势都会比较严峻。

（3）大众创业将成趋势。全职、兼职、短工、合约制、临时工、自由职业等多种就业形式越来越多地出现，做电商、做代购、做微商，越来越多的商业形式走进人们的日常生活，大学生创业也成了新的潮流。

（4）终身学习成为职场之必需。学习将不再是局限于学校的事，会不会学习，能不能保持一个良好的学习习惯是一个人在未来的职场中获得长足发展的关键。

（5）多技能、创造力成为人才竞争的重要资本。知识型工作者将在劳动力中占主导地位，创新成为经济发展的动力。未来的工作要求个体运用更多的技能，更富有创造力和想象力。

（6）职业化素质越来越受到雇主的重视。在雇主眼里，与人沟通、团队协作、敬业精神、职业道德等软技能、非专业性技能和工作的技能要求同等重要。能够与企业价值观保持协调一致的员工，将更容易受到雇佣。

（7）工作与生活的界限越来越模糊。人们对工作环境的要求和工作方式的灵活性，以及创意型办公室、SOHO办公形式的出现，将生活与工作的界限模糊化。

（8）职业生涯规划的能力将成为职场人必备的软实力。如果人们在职场中要经历几次职业的转变，那么，对职业生涯的规划与管理就是每个人都必备的能力。

生涯故事会

一名地税人

说起四年前初入地税工作的情景，他仍是印象深刻。"新进人员集体见面会时，区局四位领导的税收往事让我铭记于心甚至是肃然起敬——地税成立时人员少、资金缺、征管难，但为了不漏收一份税款而起早贪黑，为了一张重开的税票甚至有步行三十里路的经历。起初这些都让我听了觉得太苦，但看着他们回忆时脸上浮现的笑容和成就感，我却更骄傲于如今我也成为了一名地税人！"

初进地税系统，侯渝乐参加了市局组织的初任培训，两个月教室、食堂、宿舍三点一线的拼命学习让他收获了"金牌学员"；三年前他参加青年应急突击队，用最高效的工作把突发的二手房"井喷"在最短的时间内死死地摁住；铜梁母亲河清淤，他更是不怕脏不怕累、挥汗如雨；在市局841会计考核目标中，他主动担任初级会计的教学任务，克服种种艰难困苦带领27名同事通过了会计职称考试；创建全国模范职工之家的队伍中，连续几天的熬夜工作导致高烧不退都不足以使他屈服，输完液又重新投入工作。

为成为一名合格的地税人，休息时间里，他大多数时间都沉浸在税收调研的专研中。他连续三年在区税局税收调研论文评比中名列第一，多次承接市局重点课题调研，多次代表区局斩获课题调研佳绩……

（侯渝乐：重庆理工大学2004级应用技术学院会计学专业毕业生）

名作推介

六大能力，重塑我们的世界

1. 不仅要实用，还要有设计感。产品、服务、体验或生活方式仅仅有实用价值是远远不够的，只有那些外表美观、新颖独特，又有情感内涵的产品，才能在带来经济效益的同时满足个人成就感。

2. 不仅要讲论据，还要有故事力。当今社会充斥着大量庞杂的信息和数据，仅仅搜集整理出一个有力的论据是远远不够的，尝试说服、与人交流和自我理解有助于培养引人入胜的叙事能力。

3. 不仅要专业，还要有交响力。当今社会需要的，不是分析而是综合，是综观全局，跨越各领域界限，把迥然不同的因素整合成一个全新整体。

4. 不仅要有逻辑力，还要有共情力。成功人士与普通人的区别就在于，他们具备理解他人动机、构建良好人际关系并且关心他人的能力。

5. 不仅要严肃，还要有娱乐感。研究表明，游戏、欢笑、愉悦的心情和幽默感有益于身心健康和事业发展。

6. 不仅要追求财富，还要追求意义感。即生活目标、完美和精神满足感。

（选自丹尼尔·平克著《全新思维》第68-69页，有删减）

全新思维

作者: [美] 丹尼尔·平克（Daniel H. Pink）
出版社: 浙江人民出版社
副标题: 决胜未来的6大能力
原作名: A Whole New Mind：Why Right-Brain ers Will Rule the Future
译者: 高芳
出版年: 2013-5
页数: 258
定价: 52.90元
ISBN: 9787213054105

豆瓣评分

7.4 ★★★★☆
334人评价

5星	18.3%
4星	41.0%
3星	36.2%
2星	3.6%
1星	0.9%

互动与分享

了解职业的变化

十年前社会的就业形势和当今社会有相当大的差异，而根据趋势来看，未来十年的科技发展更加日新月异，因此，比较当前的热门职业和过去十年、未来十年有哪些不同具有重要的意义。通过查找资料，请你初步整理并预测：

中国的十大热门职业

2005 年代 热门职业	2015 年代 热门职业	2025 年代 热门职业	预测理由
1.	1.	1.	1.
2.	2.	2.	2.
3.	3.	3.	3.
4.	4.	4.	4.
5.	5.	5.	5.
6.	6.	6.	6.
7.	7.	7.	7.
8.	8.	8.	8.
9.	9.	9.	9.
10.	10.	10.	10.

二、职业环境的探索内容

（一）社会环境分析

　　社会环境对每个人的职业生涯发展都有重大的影响。通过对社会大环境进行分析，可以了解所在国家或地区的经济、政治、法制建设发展情况，寻求各种发展机会。影响个人职业生涯的社会环境因素主要包括：

　　（1）经济发展水平。在经济发展水平较高的地区，企业相对集中，优秀企业也较多，个人职业选择的机会就比较多，反之，经济落后的地区，个人职业选择的机会就相对较少，个人职业发展也会受到限制。

　　（2）政治制度和氛围。政治和经济是相互影响的，政治不仅影响经济体制，而且影响着企业的组织体制，从而直接影响到个人的职业发展，政治制度和氛围还会潜移默化地影响个人的追求，从而对职业生涯产生影响。

　　（3）社会文化环境。社会文化是影响人们行为、欲望的基本因素。它主要包括教育水平、教育条件和社会文化设施等。在良好的社会文化环境中，个人会受到良好的教育和熏陶，能力增强，从而为职业发展打下良好的基础。

（二）行业环境分析

　　工作：发生在我们称之为岗位范围内的一系列的任务与活动。

　　职业：许多行业或机构中一群相同或类似的工作。

　　事业：包含一系列不仅与工作密切相关还与我们整个人生经历相关的态度和行为。

　　行业：为社会提供同类产品或者服务、从事相同性质活动的所有单位集合。

　　产业：是行业的集合，是对经济活动最基本的描述。

> **背景知识：行业的分类**
>
> 　　2013年修订的《国民经济行业分类》将行业划分为20个行业门类，95个大类，396个中类，913个小类。20个行业门类为：
>
> 　　A.农林牧渔业
>
> 　　B.采矿业
>
> 　　C.制造业
>
> 　　D.电力、燃气及水的生产和供应业

E. 建筑业

F. 交通运输、仓储和邮政业

G. 信息传输、计算机服务和软件业

H. 批发、零售业

I. 住宿和餐饮业

J. 金融业

K. 房地产业

L. 租赁和商务服务业

M. 科学研究和技术服务业

N. 水利、环境和公共设施管理业

O. 居民服务、修理和其他服务业

P. 教育

Q. 卫生和社会工作

R. 文化、体育和娱乐业

S. 公共管理、社会保障和社会组织

T. 国际组织

（三）行业环境探索内容

1. 行业现状及发展趋势

国家各级行业主管部门或者社会研究机构，每年都会推出各种行业分析报告，这就是了解行业现状和发展趋势的最好资料。

2. 行业人才需求状况

各行各业都有其准入门槛以及对人才素质能力的基本要求，了解行业人才需求状况，是进入行业的前提。行业的人才需求状况，是这个行业人才胜任能力标准，人才发展前景，人才培养目标及人才晋升路径。

3. 行业的社会评价与社会声望

多倾听社会各界人士对该行业的评价，了解该行业的整体社会声望，也是进行职业选择与规划的参考依据。对行业的评价向来都是仁者见仁智者见智的，行业的社会声望也是褒贬不一，在不同的评价影响下，同学们应该尽可能客观地认识行业的现状。

4. 行业代表人物

各行各业都有自己的代表人物，通过调研行业代表人物的先进事迹、成长历程，可以加深对该行业的认识与了解。相反，了解行业反面典型的失败经历，也能够从侧面知道行业存在的风险与弊端，树立对行业全面、客观的认识。

5. 行业规范及标准

每个行业都有自己的行业标准及规范，这些规范可能是明示的，也可能是潜在的，这些标准有可能是国家制定的，也可能是行业内部的，行业的规范及标准代表了行业的人才准入门槛以及从业人员基本守则。

6. 行业知名企业名录

行业知名企业一般是该行业发展的缩影，代表了该行业的最高发展水平，因此了解行业的标杆企业是了解该行业的最好方法。

（四）企业环境分析

1. 企业的基本状况

主要是了解企业过去的创业历史，现阶段的运行状况和规模，以及未来的竞争优势与发展前景，包括企业的产品服务、组织机构、经营战略、核心竞争力、资金和技术实力，也包括企业内部员工关系、领导者的管理水平等。

2. 企业的发展目标

企业的发展目标是企业存在的价值和发展的生命线，应尽可能地收集相关资料，了解和分析企业目标在执行方面的措施和实现目标的可能性。

3. 企业文化

它是一个企业区别于别的企业，并得以生存和持续发展的核心要素。一个主张员工参与管理的企业，显然比一个封闭的企业能够为员工提供更多的发展机会；渴望发展，追求挑战的员工也很难在论资排辈的企业中受到重用。当然，倘若一个人的价值观与企业文化有冲突，难以适应企业文化，这也决定了他在组织中难以得到发展。

4. 企业人力资源状况

了解企业的人力资源战略及规划，可以比较理性地判断出哪些类型的企业更适合自己的未来发展。同时，在选择企业时，应该更加注意到是否有适合自己的人际环境，是否有自己的发展空间和发展机会。

5. 企业福利薪酬

薪酬是职业选择的重要因素，但在职业规划时，要把薪酬放在一个长远的范围来考虑。

（五）职业分析

1. 职业描述

职业描述是对职业最精炼的概括和总结，是透彻理解职业和调研职业的基础。

2. 职业的核心工作内容

就是这个职业一般都干什么活，什么工作是这个职业必须要做的。

3. 职业的发展前景及对社会的影响

职业的发展前景，是国家、社会对这个职业的需求程度，其取决于职业在国家现阶段发展中的作用、职业对社会的影响以及对生活领域的影响。

4. 薪资待遇

职业是社会分工的产物，职业根据参与社会分工的量来确定相应的报酬，在不同的行业、企业、相同的职位会有不同的薪资待遇。

5. 岗位设置及不同行业、企业间的差别

不同行业对职业（岗位）的理解和要求也是有差异的，而具体的企业更是千差万别了。

6. 基层岗位及职业发展道路

你要了解哪些基层岗位是面向大学生开放的，这些岗位对应的日后职业发展道路是什么。

7. 职业标杆人物

就是在这个领域谁做得最好，他是怎么做到的，他都取得了什么成绩，遇到了什么困难，具备什么素质等。

8. 职业典型的一天、一周、一月、一年

你要知道这个工作的一天、一周、一月、一年是怎么安排的，从而确定自己是否适合这样的生活。

9. 职业通用素质要求

通过认真阅读岗位描述，对比自己是否能够胜任，还有哪些要加强和补充的能力，从而更好地规划大学生活。

（六）工作地点的选择

我们对外部职场的认知，还有一个问题就是工作地点的选择。国内的城市按照其政治经济发达程度，有所谓的一线城市、二线城市、三线城市的区分。典型的一线城市就是"北上广深"，而其他大多数省会城市和东部比较发达的经济特区城市（如厦门、宁波、青岛、大连等）就属于所谓的二线城市，其他地级市则是所谓的三线城市。

一方面，大学生毕业后对一线城市趋之若鹜；而另一方面，"逃离北上广"也叫嚣多年，这似乎是一个围城式的悖论。如何看待不同级别城市的差异？这不仅是一个工作地点的选择，更是一个职业发展和生活模式选择的问题。

其实，每个人都无法"逃离"什么，关键是你追寻什么。大城市和小城市可能各有优劣，关键是你内心更看重什么。

比如大城市的职业与生活更加多元化。城市越大，就有着越多的职业和文化的可能，会有更多的职业形式、项目、职位，甚至是公司和企业形式。而小一些的城市可能往往更容易形成自己独特的风格，也许更适合"特别的你"。

另外，大城市和小城市的生活压力也是不一样的。大城市生活成本高，节奏快，压力大，但资源聚集度高，机会也多。大城市为相当一部分人提供了与之相匹配的收入水平。小城市生活成本相对较低，节奏慢，压力小，但资源聚集度低，收入也相对较低。更关键的是人一旦适应了相对闲散的生活节奏，可能就很难适应快节奏的生活。

我们需要明白不同大小城市各自的好处，才能在不同的地方更好地生活。古典老师在一篇文章里说，对于自己内心没有方向的人，去哪里都是逃离，真正的高手无论在什么地方总能找到回家的路。

勇于"南漂"，邂逅事业机遇

2006 年，雍波毕业了。站在事业抉择端口的雍波表示一开始并没打算去深圳发展，前往深圳来自于一个偶然的片段，而这个片段，让人不禁联想起明星陪友人试镜反被选上的滑稽戏码。那是 2005 年深圳劳动人事局率团在重庆沙坪坝举行的一次双选会上，雍波回忆到，当时他给一群同学带路，准备让这些同学去参加另一场双选会，结果走错了会场。"到了现场，我抱着试一试的心态随便投了份简历，没想到她收了，跟我聊了会儿，过了一段时间竟然通知我去深圳实习。"雍波笑称，自己的一个"随便"招来了一个实习机会。同时又为了不耽误自己一手筹办的校园活动，对于这次"殊遇"，雍波选择了"遗忘"。"而缘分有时候就是这么奇怪，该是你的，好像又赖着不走"。2006 年，在过了半年之后，深圳交通银行再次通知雍波前往深圳实习。这次，雍波心动了，思虑再三后，他告别家人前往深圳。这一去，就是十年，这十年造就了他的现在。

进入银行后，他从柜员做到个人贷款客户经理再到高级客户经理，并被评为十佳客户经理，最后进入领导岗位，担任团委书记和办公室主任助理。当被问及如何在与所学专业并不对口的情况下却能在工作中做到游刃有余的时候，雍波淡然的回答道："人的基础能力、道德品质以及一些思维习惯是在任何专业中通用的，而专业能力和素养可以在工作中培养，并且高情商能够让你在任何不同的行业中都能以最快速度上手。"

（雍波：重庆理工大学语言学院英语专业 2002 级校友）

有人际关系简单的地方吗？

"你认为世界上有人际关系简单的公司吗？"在一期《绝对挑战》栏目的录制现场，职业顾问徐小平这样反问一位选手。这位选手在回答问题的时候声称自己只喜欢人事关系简单的公司。

这是大多数人的梦想，但遥不可及。如果你真的觉得一个机构里人际关系特别的简单，只可能是下面两种情况中的一种：一、你的职位不够重要；二、你过于迟钝。

公司也好，机关也好，学校医院也好，任何组织形式之所以存在，其目的就是由多人合作完成某种任务。在这个过程中，永远存在着任务的分解、相互的合作和利益的分配问题。在这三个环节中，每个人和同事和领导和下属之间都会有无数的交叉点，有这些交叉点的存在，职场的人际关系就不可能简单。

即使在某一个机构中的人全部是助人为乐、见义勇为、诚实守信、敬业奉献、孝老爱亲等各种道德模范，也不可能打造出一个完全没有矛盾的乌托邦。区别仅仅在于，由一群道德高尚的人组成的机构，所有的矛盾都是在不逾越道德底线的框架下解决而不是没有矛盾。

（选自刘戈著《听戈说职场：野生状态》第248-249页）

野生状态

作者：刘戈
出版社：上海三联书店
副标题：听戈说职场
出版年：2010.10
页数：290
定价：28.00元
ISBN：9787542633286

豆瓣评分
★★★★☆
8.2 280人评价

5星		47.1%
4星		33.9%
3星		15.7%
2星		2.5%
1星		0.7%

互动与分享

我的家族职业树

请回答以下问题：

1. 我家族中大多数成员从事的职业是什么？

2. 我想要从事这种职业吗？为什么？

3. 家族中对彼此职业感到满意或羡慕的是什么？

4. 父母如何形容他们的职业？他们平时会提到哪些职业？他们是怎么说的？这些想法对我的影响是什么？

5. 选择职业时，我还重视哪些条件？

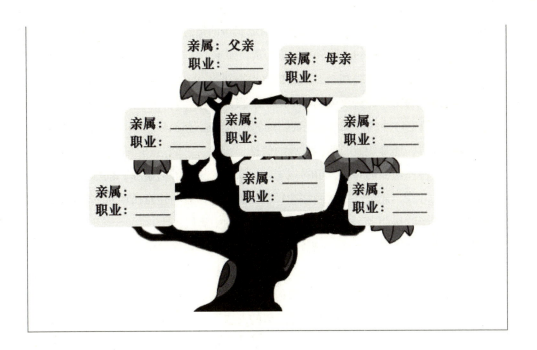

三、职业环境的探索方法

（一）由近至远的探索方法

　　所谓近和远，是指信息与我们的距离。通常近的信息比较简单，远的信息更为丰富；近的信息较易获得，远的信息则需要更多的投入和与环境的互动。所以从近至远的探索是一个范围不断缩小，了解不断加深的过程。上图从上到下列举了由近及远获取信息的一些方式。

（二）生涯人物访谈

　　生涯人物访谈是获得具体职业生涯详情最有效的方法之一，是对处在感兴趣职位上的人进行访谈。生涯人物访谈处于近与远的中间，在效率和信息的真实性上有比较好的平衡。它能帮助求职者（尤其是在校大学生）检验和印证以前通过其他渠道获得的信息，并了解与未来工作有关的特殊问题或需要，如潜在的入职标准、核心素质要求、晋升路径和工作者的内心感受，这些信息也是通过大众传媒和一般出版物所得不到的。

做好生涯人物访谈，需要遵循以下七个步骤：

第一步：确定访谈的内容。首先要明确的是希望通过访谈了解什么内容，是行业、企业方面的信息，还是职业、职位方面的信息。

第二步：寻找访谈的对象。可通过老师、家人、校友等的推荐，也可以按照自己的志愿去主动寻找，还可以通过网络途径去找到访谈对象。注意访谈对象的结构，应该既有初入职场的从业者，也有已工作一定年限的中高层人士。

第三步：决定访谈的方式。包括面对面访谈、电话访谈和书面访谈等。可以先向被采访者预约，预约时首先要介绍自己，然后说明找到他的途径、自己的采访目的、感兴趣的工作类型以及进行采访所需要的时间（通常是 20 ~ 30 分钟）。如果访谈对象无法应约，可以礼貌地询问能否推荐类似的人选。不管成功与否，都要表示感谢。

第四步：准备访谈的清单。为了提高访谈的效率，要根据不同的访谈对象和内容任务设置不同的访谈清单。正式访谈前，被访谈人物的信息掌握得越全面越好。

第五步：进行正式访谈。访谈时要灵活变通，可以视实际情况适当增加或减少一些问题，不要按照清单顺序机械提问，要尊重被访谈对象的感受，当涉及年龄、职务、收入、家庭等敏感话题时，需要仔细考虑措辞，注意观察被访谈者的工作环境，感受真实的工作氛围。

第六步：结束访谈。访谈结束时，要礼貌地表示感谢，可以赠送一些自己的作品、所学专业的宣传资料或小礼物给对方，在访谈结束后一天之内，发一个短信表示感谢，或写一封感谢信给被采访者，并简要小结自己的访谈收获。

第七步：整理访谈的结果。访谈结束后，要及时整理、分析和归纳访谈记录，并确定是否要进行后续或其他的访谈。

生涯故事会

小太阳

2012 年 5 月，正在读大二的梅良禄萌生了采访一些成功的企业家，把他们的创业故事及对大学生的要求和建议编辑成一本书的想法，使大学生能够通过这本书了解到什么是企业真正需要的人才。

当时梅良禄只是抱着要做这件事的想法就开始做了，他没有想到这一做就是三年多，更没有想到在这个过程中会有这么多拒绝和这么多困难。梅良禄说，如果现在给自己当初"采访企业家出书"这个想法做一个总结的话，那就是"无知者无畏"。

2013年8月，梅良禄带领"小太阳"编委会在学校旁边南城花园租了一套房子作为采访办公室，每天早上8点出门联系企业家，要到晚上8点才回到办公室，9点又要开当天的总结大会，检查目标完成情况。他们每天头顶烈日地穿梭在公交、地铁、写字楼间，不断地拜访，不断地向梦想前行。为了采访一名企业家，从2013年4—11月的7个月，他们经历了整整13次的拒绝，当年11月8日，企业家才接受了他们的采访。1 000多次登门拜访、2 000多条问候短信，直至2015年10月10日这本汇集众多企业家和创业者的创业励志故事及人生智慧的《90后大学生对话企业家》才得以出版。

（梅良禄：重庆理工大学2011级商贸学院毕业校友）

名作推介

最后一个站着的工人

今天，无论是在高度工业化国家还是发展中国家，由计算机程序控制的、几乎没有工人的工厂也越来越规范。钢铁行业就是一个典型的例子。汽车工业是第二次工业革命中关键的制造企业，它们是雇用蓝领工人的主要行业。与这些行业一样，钢铁工业也正在经历一场革命，并快速地削减车间里的工人。计算机程序和机器人使得钢铁工业在最近几十年里不断削减劳动力。1982—2002年，美国钢铁产量从7 500万吨增至1.2亿吨，而钢铁工人的数量却从28.9万减少至7.4万。

为了不落后于发达国家，中国的一些大型制造企业正在快速地用更廉价的机器人替代廉价劳动力。富士康是中国最大的苹果手机代工制造商，它计划在以后几年安装100万个机器人，以减少相当大一部分劳动力。郭台铭是富士康的CEO，其全球员工总数超过100万，他曾开玩笑说他宁愿使用100万个机器人："因为人类也是动物，如何管理100万个动物着实让我感到头痛。"

（选自杰里米·里夫金《零边际成本社会》，中信出版社，第124-125页。）

零边际成本社会

作者：[美]杰里米·里夫金
出版社：中信出版社
副标题：一个物联网、合作共赢的新经济时代
原作名：The Zero Marginal Cost Society
译者：赛迪研究院专家组
出版年：2014-11-1
页数：323
定价：49.00
装帧：平装
ISBN：9787508647753

豆瓣评分
★★★★☆
7.5 336人评价

5星	21.1%
4星	45.2%
3星	27.7%
2星	4.5%
1星	1.5%

互动与分享

我的生涯人物访谈

一、被访人基本情况

姓名：＿＿＿＿＿＿＿＿　　性别：＿＿＿＿＿＿＿＿

毕业学校：＿＿＿＿＿＿＿　　所学专业：＿＿＿＿＿＿＿

现工作单位：＿＿＿＿＿＿　　联系方式：＿＿＿＿＿＿＿

二、访谈内容

1. 您是如何找到这份工作的？主要职责是什么？

2. 对于这份工作，您最喜欢它的是什么？最不喜欢的又是什么？对生活有什么样的影响？

3. 在这份工作中，您通常每天都做些什么？

4. 这种职业需要什么样的技能和其他能力？有什么样的要求？

5. 目前这一行业同类岗位的薪酬水平如何？

6. 您目前的职位是什么，是如何获得这个职位的？

7. 您通过什么渠道提升自己？迄今为止，您参加过哪些培训和继续教育？

8. 您对现在所在的行业有些什么看法？

9. 您在从事这一工作之前，在哪些单位，干过哪些工作？

10. 我现在可以通过一些什么样的方式，提高哪些技能或素质，以便日后能进入这一行业呢？

11. 就您知道的情况而言，我所学的专业可以进入哪些领域工作？

12. 您对目前的工作是否满意？　A.满意（　）　　B.不满意（　）

13. 您能给我一些学习或就业方面的建议吗？

（如果被访谈人是校友，请继续以下问题）

14. 您对学院的总体评价是否满意？　A.满意（　）　　B.不满意（　）

15. 请您对母校的建设提几点建议：

访谈人：_____　　访谈时间：_____

"伟伟"道来

薪酬的经济学和管理学意义

在职业发展的过程中，薪酬是一个绕不过去的话题。当人们发生争执时，往往有一句口头禅"这就不是钱的事"。但按照笔者的个人经验，这种时候往往十之八九就是"钱的事"。这也难怪，金钱（尤其是货币）从经济学的角度来讲，它是"边际效用递减"规律的一个例外，货币的边际效用是恒常不变的（注意，我们这里说的是货币的边际效用不变，单位货币支出的边际效用仍然是递减的）。从来没有听说这个世界上有人会嫌钱多。在职业发展和职业选择上，大家通常也是希望起薪高一些，涨薪快一些。所谓"数钱数到手抽筋"总是大家最重要的职业理想之一。同学"五年""十年""二十年"聚会的时候，大家总是会有意无意的"赛""晒"收入（尤其是面对"匆匆那年"的暗恋对象或假想情敌，呵呵）。但我们对"薪酬"的认识全面吗？

其实，在管理学和经济学研究领域，薪酬也是一个热门话题，下面我们略谈一二：

■ 全面薪酬

如果把货币收入看成是薪酬的全部，那就有失偏颇了。尽管现代人力资源管理理论体系中对薪酬有不同的界定，但现在被大多数学者接受的是"全面薪酬"（也有学者称之为报酬）的概念：公司为达到组织战略目标对作出贡献的个人或团队的系统奖励。它关注的对象主要是那些帮助组织达到组织目标的行动、态度和成就。全面薪酬主要包括两部分：外在薪酬和内在薪酬。

外在薪酬是员工为组织工作所获得的外部收益，包括经济性薪酬和非经济性薪酬。经济性薪酬就是传统薪酬的内涵，比如基本工资、奖金等短期激励；股票期权、利润分享等长期激励；退休金、医疗保险以及公司支付的其他各种形式的福利等。非经济性报酬主要指工作环境与组织环境，为员工提供的培训学习等发展机会，组织管理与组织文化以及组织发展带来的机会和前景等。

内在薪酬对员工而言是内在的心理收益，主要表现为社会和心理方面的回报。员工在工作特性、工作意义、工作多样性、工作决定权和反馈都得到满足时，员工的心理状态就会得到改善，从而对组织承诺会增强。它能够长时间给员工带来激励和工作满足感。

按照全面薪酬的概念来理解"薪酬"有助于我们进行正确理性的职业决策，很多大学毕业生在求职时往往会比较关心入职时的起薪，但按"全面薪酬"的概念，这一部分只是"全面薪酬"的"外在薪酬"的"经济性薪酬"部分，比例并不高，没有必要把起薪看得太重。

其实，对于一个刚入职的"职场小鲜肉"而言，"外在薪酬"的"非经济性薪酬"中的"培训学习等发展机会"和"组织发展带来的机会和前景"等部分应该更有价值。而且随着年龄、个人成长等生涯要素的变化，"内在报酬"中的"工作意义、工作多样性、工作决定权和反馈"等部分的重要性也会越来越明显。"起薪诚可贵，发展价更高，若为意义故，二者皆可抛"。

■ 薪酬的信号作用

由于劳动雇佣领域是典型的信息不对称领域，因此信息经济学在这个领域颇有建树。从信息经济学的视角，薪酬是一个非常有效的"信号"。关于薪酬的信号作用，我想先分享几个职场中的例子。

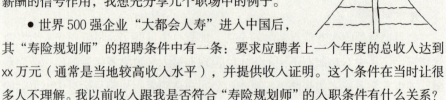

● 世界500强企业"大都会人寿"进入中国后，其"寿险规划师"的招聘条件中有一条：要求应聘者上一个年度的总收入达到xx万元（通常是当地较高收入水平），并提供收入证明。这个条件在当时让很多人不理解。我以前收入跟我是否符合"寿险规划师"的入职条件有什么关系？

● 在2005年之前，各类机构薪酬调查的薪酬排名都是一样的：小学毕业，初中毕业，高中毕业，大学专科，学士学位，硕士学位，博士学位，MBA。这个趋势大体表明，受教育越多，人力资本越高，薪酬也就越高。但是，也有一个唯一的例外，那就是MBA比博士学位都要高出许多，凭什么？2005年之后的薪酬调查表明，大学生的起薪一路下滑。最近几年，甚至出现大学生的起薪不如一些初中毕业的民工的现象，"读书无用论"再次"甚嚣尘上"。2010年之后，MBA似乎也风光不再，薪酬水平的优势大幅回落，这又是为什么？

●当财务状况出现困难时，裁员和降薪是两种常用的渡过难关的方式。如果你是公司的老板，你倾向于采用哪种方式？而如果你是公司的骨干员工，你会如何理解公司的裁员和降薪？当公司采用其中一种时，你会如何应对？

上面几个生活当中的例子，其实都与信息经济学中的"信号传递"有关。薪酬是一个非常好的"可置信信号"。其实，大多数时候，金钱往往是最好的试金石。

比如上面提到的"大都会人寿"之所以要求应聘者的收入达到一定额度以上，这是因为"薪酬水平"的高低本身就是一个人职业能力可置信的信号，这相当于通过这样一个较高的收入水平为"大都会人寿"作了一个人才的初步筛选。另外，根据物以类聚，人以群分的道理，一个人的收入水平在当地的排序情况，基本上也能够决定这个人在当地的"人脉圈"的收入水平。大家都知道，人寿保险，尤其是高端人寿保险的营销，人际关系和信任是基础，"大都会人寿"这一招，实际上也把它的目标客户群体区分出来了。真是一箭双雕。

一般而言，博士所受的教育和人力资本的积累是高过MBA的，但是在2005年之前，由于MBA的学费相对高昂，因此，当时的MBA学员都是一些企业高管之类的更具经营头脑和赚钱能力的人，因此，当时的MBA有更高的薪酬，主要不仅是因为他们接受了MBA教育，更是因为他们本身就比别人更会赚钱。更重要的是，这些人通过以能够支付"高昂"的MBA学费为信号，将其"更具经营头脑和赚钱能力"的私人信息显示出来，也使得雇主知道其能力并愿意高薪聘请。

最近几年大学生起薪不断下滑，原因当然是多方面的。但不容忽视的一个重要原因是教育信号的模糊。在1998年开始的大学大规模扩招之前，大学教育传递的可置信是高能力的信号（教育信号理论是经济学家迈克尔·斯彭斯提出来的），雇主乐于接受并愿意支付较高的工资。但是扩招后，优秀或不那么优秀的高中生都跨入了大学的门槛，接受高等教育并不能表明一个人具备高能力，雇主们再也不能通过高学历来判断个人是否具有高能力。而且，雇主们知道大学生整体质量水平是下降了的，因此，雇主们倾向于支付更低的平均工资也就不足为奇了。（当然，大家也不要以为大学文凭就不重要了，只是它现在变成了"保护性信号"：即有大学文凭不能证明你有多厉害，但没有大学文凭可以证明你有多"不"厉害！）

2010年前后，大量的二本院校也开始招收MBA，这一方面使得MBA的数量大增，其人员构成和早期有很大差异；另一方面，由于收入增加、通货膨胀等因素，MBA的学费显得不再"高昂"（尤其是一些二本院校从生源角度考虑，MBA的学费并不高）。这些变化使得MBA"更具经营头脑和赚钱能力"的信号作用大大削弱，雇主们自然不愿再为MBA们支付额外的高工资了。但是，现在的"中欧商学院""长江商学院"和985高校的EMBA等高收费形式的学历学位教育的热门状况表明，人才市场始终是需要谁是"更具经营头脑和赚钱能力"这个信号的，谁能够发出这个信号，谁就能够获得高薪。

企业经营困难的原因往往是多方面的，但财务困难却有可能既是原因也是结果。面临这种情况，企业老板和员工之间对于企业整体情况（包括财务状况）的信息是不对称的。如果企业老板宣布因为公司财务状况紧张而减薪，员工多半会加以抵制，因为他们不相信公司财务状况紧张是事实。但裁员不一样，业绩好的时候裁员对老板是不利的。因此，裁员是公司财务状况不好的"可置信"信号，这不仅可以避免减薪带来的"逆向选择"（即减薪时，优秀员工通常更容易选择离职，留下来的往往是不太符合企业要求的员工），还可以促使员工通过更加努力工作等方式帮助企业共渡难关。

从员工，尤其是骨干员工的角度来讲，裁员也是一个较好的选择。当然，这首先是因为他们不容易被裁掉。更重要的是，裁员而不是减薪避免了给他们贴上"身价"（人力资本）缩水的标签。对于一个职场人士，尤其是高层次人才，薪酬实际上是他职场能力最可置信的"信号"（猎头公司对于客户公司一个最重要的价值就是，了解猎头对象的历史薪酬水平，从而建议一个符合公司利益又有吸引力的薪酬水平，从而达到挖人目的）。在一家公司薪酬降低不打紧，但降低了后续职业生涯薪酬的"起评分"损失就大了。

随着社会经济发展水平的不断进步，工作作为谋生手段的功能不断弱化，更多的成为实现个人人生价值，寻找生活意义的方式。作为工作回报的"薪酬"的表现形式和意义也越来越多元化。从这个角度讲，我愿意修正我前面说的话：薪酬在很多时候还真不是钱的事儿！

学习收获

1. 时代背景

（1）_____

（2）_____

（3）_____

2. 职业环境的探索内容

（1）_____

（2）_____

（3）_____

3. 职业环境的探索方法

（1）_____

（2）_____

（3）_____

生涯影视会

实习生（The Intern，2015）

剧情简介：年近七十的本（罗伯特·德尼罗饰）曾经是一位精明强干、事业有成的商人，最终，他还是和大部分老年人一样开始了平淡的退休生活。本对忙碌而又充实的过去无比怀念，孤独与内心里蠢蠢欲动的渴望让他作出重回职场的决定，成为了年轻的朱尔斯（安妮·海瑟薇饰）手下的一名小小员工。

朱尔斯年纪虽轻却是一家著名时尚购物网站的创办人，为了事业，她牺牲了自己全部的业余时间和感情生活，这份事业带给了朱尔斯荣耀，却也成为了她肩上沉重的负担，更糟的是，公司董事会已经开始怀疑，朱尔斯是否能

够胜任她目前的职位了。起初，朱尔斯并没有将年迈又落伍的本放在眼里，然而，随着时间的推移，这位慈祥的长者渐渐成为她生活中最真挚的友人。

推荐理由：从小助理到 CEO，需要经历什么？七十岁开始的世界，和二十岁开始也没什么不同。年龄虽然增长，但不改变对世界的那份好奇，对生活的热爱，虽然更懂得人情世故，却不世俗，反而更加善良愉快地与这个世界相处。

推荐指数：☆☆☆☆☆

翻滚吧！阿信（2011）

剧情简介：电影《翻滚吧！阿信》是一部追求梦想的励志热血电影，故事描述从小拥有优异的运动天分的阿信，在偶然的机缘下深深地被体操吸引，逐步踏进了体操的世界，不过在母亲的反对下，阿信黯然退出。现实的残酷让他不幸误入歧途，在充满暴力的荒唐岁月中迷失自我，直到他决心重新追寻梦想。在朋友与家人的鼓励之下，阿信抓紧人生最后一次翻身的机会，朝跳马台飞奔而去，翻上天际……

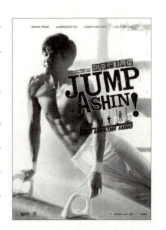

阿信自出生便有惊人的天赋，但他患有轻微的小儿麻痹症，一只脚短于另一只脚。学校教练发现阿信跳马的才能，将他带入体操队，但两年来，他却只能坐在板凳上，没有上场的机会。终于有一天，机会敲门，他代替受伤的队友出赛，在令人惊叹声下，拿下了跳马冠军，阿信的未来似乎充满着光明。

但随着高中毕业，阿信的脚却一天天恶化，他开始害怕未来的挫败，妈妈也阻止他再去练体操。阿信心里充满了无法控制的愤怒，他逃离家中与好友阿山开始自我毁灭的生活。某天，阿信与阿山伤了黑手党的儿子，事情变得不可收拾，于是，他们开始四处躲藏。

推荐理由：翻滚不只是一个动作，还是一种精神，如果热爱一个职业就为此付出，每个人一生可能只有一次可以踏上自己的舞台，但是却并非每个人都能在自己的舞台上发光发热。

推荐指数：☆☆☆☆☆

拓展阅读

1.《逆路》武超著，知识产权出版社

内容简介：本书描写了在某段历史时期，部分民企的发展历程以及民企老板的心态和境遇，反映了民企职业经理人的心路历程和人生起伏。作者更是以人性为准绳，通过对故事的描述、总结，提炼出民企工作的一些规律和法则，供更多在民企工作和有志于成为民企高管的读者学习和参考，同时供民企高管和企业家们借鉴和参考。

一句话书评：职场如战场。

2.《冬吴相对论》吴伯凡、梁冬著，商务印书馆

内容简介：中央人民广播电台最受欢迎的财经脱口秀节目、前凤凰卫视名嘴梁冬，著名经济观察员吴伯凡，帮您坐着打通经济生活任督二脉，全国最精彩的财经对话，解读三十年中国经济奇迹，由经济现象透视价值谜思，如何应对透明化时代以及金融上的机遇和挑战，看未来管理者有什么不一样。

一句话书评：经济现象背后的沉思与反思。

3.《打工女孩》张彤禾著，张坤、吴怡瑶译，上海译文出版社

内容简介："出去"，农民工用这个简单的词定义他们的流动生活。"在家没事做，所以我出去了"，出去打工的故事就是这样开始的。打工女孩的故事有某些共性。在工厂里很容易迷失自我，那里有成百上千个背景相似的姑娘。《打工女孩》将这类鲜明、真实的故事展现出来。

一句话书评：体验底层人民的生活。

4.《活着之上》阎真著，湖南文艺出版社

内容简介：阎真继《沧浪之水》后的又一部长篇力作。锋利的笔锋揭开高校腐败的内幕和中国知识分子的堕落，一切都是为了名利，而在大学里活得最好的就是那些不学无术的投机钻营分子。阎真的笔触不仅仅局限在这样的暴露上，他更写出了以"我"为代表的有良知的追求，但又在现实环境下无奈生存的另一类知识分子的真实境况。这些人虽也屈服现实，然而，内心深处依然保持着一丝对中国传统知识分子独立人格的向往。

一句话书评：对高校教师生存现状的反思。

5.《你我皆凡人》六神磊磊著，北京联合出版社

内容简介： 六神磊磊用大开脑洞的方式告诉我们，江湖不比社会简单：开会有开会的学问，恋爱有恋爱的发展，有些情不知从何而起；沉下去，细节之中还有细节；站起来，数百年其实是一个故事。熟悉的江湖，以前所未有的视角，用金庸的坐标，讲一讲那些发生在你我身边的故事。

一句话书评： 有人的地方就有江湖。

6.《周鸿祎自述——我的互联网方法论》周鸿祎著，中信出版社

内容简介： 在此书中，周鸿祎首次讲述了自己的互联网观、产品观和管理思想，理清了互联网产品的本质特征和互联网时代的新趋势，列举了颠覆式创新在现实中的事件和应用。

一句话书评： 从一个创业者眼中看世界。

7.《史玉柱自述——我的营销心得》史玉柱著，同心出版社

内容简介： 史玉柱迄今为止唯一公开著作，亲口讲述24年创业历程与营销心得。24年的跌宕起伏，功成身退，史玉柱向您娓娓道来，历经时间沉淀的商业智慧和人生感悟。关于产品开发、营销传播、广告投放、团队管理、创业投资等，史玉柱都做了独特而富有洞见的思考。

一句话书评： 营销无处不在。

8.《无畏》吴伯凡、梁冬著，中信出版社

内容简介： 本书是《冬吴相对论·心时代文集》系列的第二本，本辑的主题是变化中的不变：吴伯凡和梁冬继续用他们标志性的睿智和幽默，与读者一起去观察世界，发现其中的奥妙，在变化的现象后找到不变的本质，以不变的心态应对变化的挑战。

一句话书评： 无畏是一种迎接挑战与改变的态度。

9.《重新定义工作》摩根著，人民邮电出版社

内容简介： 本书从员工、管理者和组织的角度讲述如何在未来职场中吸引人才，培养领导，以及创建一个具有竞争力的组织。主要内容包括：塑造工作世界的趋势，未来的员工、管理者和组织，自由职业者经济，如何发挥技术的影响力，以及如何适应未来的工作。

一句话书评： 未来的员工、管理者和组织的样子。

《听戈说职场：野生状态》

一、活动主题：我眼中的工作世界

二、活动时间：＿＿＿＿＿＿＿＿＿＿＿＿＿＿＿＿＿＿＿＿＿＿

三、活动地点：＿＿＿＿＿＿＿＿＿＿＿＿＿＿＿＿＿＿＿＿＿＿

四、活动负责人：＿＿＿＿＿＿＿＿＿＿＿＿＿＿＿＿＿＿＿＿

五、活动的参与者：＿＿＿＿＿＿＿＿＿＿＿＿＿＿＿＿＿＿＿

六、活动感悟：＿＿＿＿＿＿＿＿＿＿＿＿＿＿＿＿＿＿＿＿＿＿

线上资源

一、网站

1.中国职业信息网 http://beta.conet.org.cn/

2.新职业 http://www.ncss.org.cn/

3.全国高校毕业生就业网络联盟 http://wllm.ncss.org.cn/

4.中国就业 http://www.chinajob.gov.cn/

5.学职网 http://www.xuezhichina.cn/

二、微信公众号

1.职业发展那些事儿

2.给未来的自己

3.对话老板

4.职场那些事

5.职场微课堂

中国大学生"智·商"商业技能大赛

1. 比赛简介：

中国大学生"智·商"商业技能大赛是中山大学国际金融学院学生会的品牌活动，至今已成功举办过六届。大赛组委会曾与四大会计师事务所之一的普华永道合作，第五届"智·商"则是与业界排名前五的易方达基金管理有限公司合作，共同将比赛推广成全国性商业技能大赛；第六届"智·商"与实力雄厚的太阳国际金融集团携手，进一步扩大了比赛在全国范围内的影响力。

"智·商"自创办以来，吸引了中山大学、清华大学、浙江大学、厦门大学、吉林大学、湖南大学、西南财经大学、华中科技大学、澳门大学、北京理工大学（北京）、华南理工大学、广东外语外贸大学等全国各地多所重点高校的学生同台竞技，一展商科学子风采。

"智·商"拟通过三轮比赛选拔出商业精英。

第一轮：网上测试，全面考察参赛选手商科专业知识水平。

第二轮：书写商业文案，培养选手创新思维、调查分析能力和表达应用能力。

第三轮：团队展示答辩，考验选手的临场应变能力和团队配合能力。

2. 赛程：

初赛——商业知识竞赛；复赛——商业文案书写；决赛——商业项目展示及答辩。

3. 报名条件：

参赛队伍以小组形式（4~6 人为限）报名；

一个小组可以由跨校、跨年级、跨专业的学生组成。

4. 大赛官网：zhis.sinaapp.com

第四章

自我认知

「大师语录」

> 无论何时，只要可能，你都应"模仿"你自己，成为你自己。
>
> —— 马克斯韦尔·莫尔兹

「推荐教学或学习时间」

大二第一学期

「热点要闻」

大学生创业前务必先"认识自己"

创新创业，是当下比较流行的热词。互联网上，不断有大学生休学创业，"一夜暴富"的神话时有出现。一时间，似乎人人创业就能成为比尔·盖茨、马云。在大学毕业生人数屡创新高，就业季"没有最难，只有更难"的背景下，这些成功创业的故事难免会让许多青春学子热血沸腾、浮想联翩。然而，现实是：尽管差不多每个人都想创业，都想获得成功，但是中国的创业成功率只有 2% 左右。而马云和比尔·盖茨，全世界却都各只有一个。因此，大学生在创业之前，认识自己远比盲目做出一个选择重要得多。

有一个人，娶了四个妻子。

第四个妻子最得他的疼爱，他不管去哪都带着她。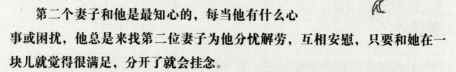她每天沐浴更衣、饮食起居，都要丈夫亲手照顾，她想吃什么，喜欢什么衣服，他都尽力满足，对她百般呵护、万千宠爱。

第三个妻子是众多人追求的对象，他是千辛万苦、打败众人得到她的。所以，他每天都要去关心她，牵挂她，常常在她身边甜言蜜语，又造了漂亮的房子给她住。

第二个妻子和他是最知心的，每当他有什么心事或困扰，他总是来找第二位妻子为他分忧解劳，互相安慰，只要和她在一块儿就觉得很满足，分开了就会挂念。

至于他的第一个妻子，他几乎忘了她似的，很少去看她。可她却像俾女一般，家中一切繁重的工作都由她处理。她身负各种责任烦恼，却得不到他的注意和重视。

一天，他必须离开故乡，到遥远的另一个地方，不能回来。他对第四个妻子说：我现在有事非离开不可，你跟我一块儿走吧？第四个妻子回答：我可不愿跟你去。他惊异万分，不解地问："我最疼爱你，对你言听计从，我们一刻都没有分开过，怎么现在不愿陪我一块儿去呢？""不论你怎么说，我都不可能陪你去的。"第四个妻子坚决地说。

他恨她的无情，就把第三个妻子叫来问道："那你能陪我一块儿去吗？"第三个妻子回答："连你最心爱的第四个妻子都不情愿陪你去，我为什么要陪你去？"

他只好把第二个妻子叫过来说："你总愿意陪我去吧？"第二个妻子说："嗯，你要离开我也很难过，但我也只能送你到城外，之后的路你就自己走吧！"

他没想到第二个妻子也不愿陪他去，这才想起第一个妻子，把她叫来问同样的话。第一个妻子回答："不论你去哪里，不论苦乐或生死，我都不会离开你的，无论你到哪里我都陪你去。"

这时他才知道，真正可以和他永不分离的只有第一个妻子啊！

其实他要去的地方是死亡的世界。

第四个妻子，是人的身体。人对自己的身体倍加珍惜，为满足这个身体的物质欲望所做的一切，不亚于他体贴第四个妻子的情形；但死时你为之不惜一切的身体，却不会随着你。

第三个妻子，是人间的财富。不论你多么辛苦追求来的财富，储存起来的财宝，死时都不能带走一分一毫。

第二个妻子，是妻子、亲朋好友。人活在世上，彼此关爱是应该的，但是人往往为了人情而忘了做人的目的。妻子、亲朋好友在人死后，只能把你送到城外坟墓的地方，回来后会伤心一段时间，之后又各自为了生活奔波，把你淡忘，百年后，谁也不认识谁了。

而第一个妻子，则是人的心灵。它和我们形影相随，生死不离，它和我们的关系如此密切，但我们也最容易忽略它，反而全神贯注于物质和欲望这些虚幻的色身。我们沉醉于自身，沉醉于亲情金钱，殊不知，最重要的是我们的内心和灵魂，只有它才是永生永世与我们同在的。

这是一个广为流传的故事，它告诉我们，外面世界变幻莫测，唯有自己才是最真实、最可靠的，认识自己、守住自己，才能安身立命，以不变应万变，因此，认识自己是一生中最大的功课，它伴随着生涯的每一个阶段。本章将从性格、兴趣、能力、价值观四个方面引导你走向自我，看看现在的自己到底是什么样的，未来五年、十年的自己有可能是什么样，而到了人生的晚年，什么才是自己想要的生活。

一、性格与性格理论

性格是人对现实的稳定态度和习惯化行为方式的总和，表现为个体独特的心理特征。所谓稳定的态度，就是无论在任何环境下，任何人面前，我们内心都会对某件事情，现实中的事物、活动、刺激等都会有的态度。就是不以对象为转移，比如销售，这个职业要求他们对待任何客户都要保持热情的态度，不能说对某些大客户，你奉上一张热脸，对一些小客户，你奉上一张臭脸，这不行。这就是稳定的态度，不以对象为转移。而习惯化的行为方式，就是最自然、最不需要伪装、最不需要耗能的行为方式，本能的条件反射。就比如说我们双手交叉，看看哪个大拇指在上面，有的人是左手，有的人是右手。这就是习惯化的行为方式。两者结合，就是性格。

（一）性格与气质的区别

性格有先天的成分，也有后天的因素。

而气质是先天的，它是个人生来就具有的心理活动的典型而稳定的动力特征。

现代气质说将气质分为四种典型的类型。胆汁质：这种人情绪体验强烈、爆发迅猛、平息快速，但感情用事、刚愎自用。多血质：情感丰富、活泼好动，但缺乏耐心，见异思迁。黏液质：情绪平稳、沉默寡言，但缺乏生气、行动迟缓。抑郁质：情绪细腻、多愁善感，但优柔寡断、软弱胆小。这是四种气质的优缺点。它是以人体内四种液体，即黏液、黄胆汁、黑胆汁、血液的不同比例来决定的。

（二）性格与人格的区别

性格是稳定的态度和习惯化的行为方式，而人格是构成一个人的思想、情感及行为的独特模式。它的内容比性格更广。

人格这个词其实是面具的意思，就是你带上面具以及更换面具的能力。所以，人格等于性格加环境再加表演能力。

性格 ＋ **环境** ＋ **表演** ＝ **人格**

表演能力差的，对环境辨别低的人，人格就容易出现障碍。比如有的人从小到大就一个面具，在任何人面前都是一个孩子，或者在任何人面前都像一个受害者，那他就有人格缺陷，面具的数量不够。有的人有很多面具，但不知在哪种场合戴哪个面具，经常戴错，比如在学生面前，他戴了个父亲的面具，在孩子面前，他戴了个老师的面具，这就颠倒了；有的人在同一场合同时戴上若干个面具，这就是人格分裂。比如《致命ID》这部电影说的就是这个。所以，正常的人格就是在具体的环境中戴上合适的面具，扮演合适的角色。

我们小结一下性格、气质和人格的区别，气质是天生的，性格是面具背后一个人最自然的反应和表现，人格是个体适应环境的产物。

（三）MBTI 性格类型论

MBTI，是美国的心理学家布里格斯（Katherine Cook Briggs）和她的心理学家女儿迈尔斯（Isabel Briggs Myers）以荣格的《心理类型学》理论为基础，根据她们对于人类性格差异的长期观察和研究而提出的。

荣格认为我们的性格类型分为态度和功能，态度就是"力比多"倾向，分为外倾和内倾；机能分为感觉、直觉、思维和情感。感觉就是感觉器官，接收到了哪些信息，比如我们看到什么，听到什么，闻到什么。直觉就是我们对这些信息作一个整体的把握。思维就是大脑对这些信息作判断。情感就是这个东西给我及他人的感觉是什么。

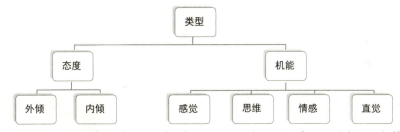

虽然每个人的大脑作出决定的瞬间都要走这四个流程，但是不同的人在其中某个环节中的倾向程度不同（滞留时间长短不同），有的人在感知这个世界的时候，可能他的注意力更多停留在感觉环节，而直觉环节一带而过，而有的人在作决策的时候，更倾向停留在思维多一些，情感部分一带而过，比如某老师要对班上某个同学作出处罚决定时，虽然这个同学和某老师关系不错，但我可能更多关注他的这种情况在学生手册中是如何规定的。这就是我们说的四种功能，加上两种态度，就有了三个维度，布里格斯和迈尔斯这对母女后来又增加了一个维度，就是采取行动的方式，从而就有了今天的 MBTI 四个维度的性格类型量表。

能量获得途径：	外向（E），内向（I）
注意力的指向：	感觉（S），直觉（N）
决策判断方式：	思考（T），情感（F）
采取行动方式：	判断（J），知觉（P）

（1）第一个维度是能量获得的途径，分为外倾（E）、内倾（I）。

外倾型的人，重视外部世界，喜欢与人交往，在别人看来，他们活跃、开朗、热情、敢想敢做、对周围一切事物都很感兴趣、容易适应环境的变化。

内倾型的人，重视主观世界，喜欢沉思，常常沉浸在自我欣赏和陶醉之中，在别人看来，他们高冷、稳重、善于分析和思考。

这两种倾向的区别见下表：

外向型（E）	内向型（I）
与他人相处时精力充沛	独处时精力充沛
行动先于思考	思考先于行动
喜欢边想边说出声	在心中思考问题
易于"读"和了解，随意地分享个人情况	更封闭，更愿意在经挑选的小群体中分享个人的情况
说的多于听的	听的比说的多
高度热情地社交	不把兴奋说出来
反应快，喜欢快节奏	仔细考虑后，才有所反应
重广度而不是深度	喜欢深度而不是广度

（2）第二个维度是注意力的指向，分为感觉（S）、直觉(N)。

感觉型：倾向于通过各种感官去注意现实的、直接的、实际的、可观察的事件。

直觉型：倾向于对事件将来的各种可能性和事件背后隐含的意义及符号和理论感兴趣。

比如说，你看右边这幅图，你第一眼看到的是什么？如果你看到的是一个少女，那么，你就是一个感觉型的人，而看到的是一个老妇人，那么，你就是一个直觉型的人。

感觉型（S）	直觉型（N）
相信确定和有形的东西	相信灵感或推理
对概念和理论兴趣不大，除非它们有着实际的效用	对概念和理论感兴趣
重视现实性和常情	重视可能性和独创性
喜欢使用和琢磨已知的技能	喜欢学习新技能，但掌握之后很容易就厌倦
留意具体的、特定的事物，进行细节描述	留意事物的整体概况、普遍规律及象征含义，用概括、隐喻等方式进行表述
循序渐进地讲述有关情况	跳跃性地展现事实
着眼于现实	着眼于未来，留意事物的变化趋势，惯于从长远角度看待事物

（3）第三个维度是决策判断的方式，分为思考（T）、情感（F）。

思考型的人比较注重依据客观事实的分析，一以贯之、一视同仁地贯彻规章制度，不太习惯根据人情因素变通，哪怕作出的决定并不令人舒服。

情感型的人常从自我的价值观念出发，变通地贯彻规章制度，作出一些自己认定是对的决策，比较关注决策可能给他人带来的情绪体验，人情味较浓。

比如：你是一个篮球队的队长，必须选择一名队员荣称为"年度篮球先生"。最后有两个候选人：A和B。那么你倾向于谁？

对于A，很明显，他是一个明星队员。虽然他还是一个低年级学生，但是他为球队赢得了许多分数，并使得全队获得年度金奖。虽然说A是天生的运动健将，但是他还是非常尽力地打好每场比赛。所以，出于公平起见，选择必须仅仅根据赛场表现来作出。否则，如果有偏袒，那么会开一个不好的先例。自然，相信所有的人都会毫无异议地同意A获得这个荣誉。

B虽然不是最佳的球手，但是他付出了超出常人的努力去练球，总是拿出150%的努力打好每场比赛。每一场比赛他都热情高涨，并且很好地鼓动其他的战友共同努力。而且B是高年级的，因为家境问题，高中毕业后就得找份工作，而不能进入大学学习。所以，这次可能是他唯一一次获得这样荣誉的机会，奖金还可能使他有机会继续读书。

思考型的人会选A，情感型的人会选B。

思考型（T）	情感型（F）
退后一步思考，对问题进行客观地、非个人立场地分析	超前思考，考虑行为对他人的影响
重视符合逻辑、公正、公平的价值，一视同仁	重视同情与和睦，重视准则的例外性
被认为冷酷、麻木、漠不关心	被认为感情过多，缺少逻辑性，软弱
认为坦率比圆通更重要	认为圆通比坦率更重要
只有当情感符合逻辑时，才认为它可取	无论是否有意义，认为任何感情都可取
被"获取成就"所激励	被"获得欣赏"所激励
很自然地看到缺点，倾向于批评	惯于迎合他人，着重维护人脉资源

（4）第四个维度是采取行动的方式，分为判断（J）、知觉（P）。

判断型个体倾向于以一种有序的、有计划的方式对其任务加以控制，他们期望看到问题被解决，习惯于并喜欢作决定。

知觉型个体偏好于知觉经验，他们努力使任务保持开放，让其自然变化，以便出现更好的可能。

判断型（J）	知觉型（P）
作决定后最为高兴	当各种选择都存在时，感到高兴
有"工作原则"：工作第一，玩其次	"玩的原则"：现在享受，然后再完成工作
建立目标，准时地完成	随着新信息的获取，不断改变目标
愿意知道他们将面对的情况	喜欢适应新情况
着重结果（重点在于完成任务）	着重过程（重点在于如何完成工作）
满足感来源于完成计划	满足感来源于计划的开始
把时间看作有限的资源，认真地对待最后期限	认为时间是可更新的资源，而且最后期限也是有收缩的

学完了这四个维度，你可以看出自己在每个维度上的偏好，而每个偏好类型所代表的字母组合在一起，就是你的性格类型了。四个维度，八个端点就可以组成如下16种性格类型。

ISTJ 检查员型	ISFJ 照顾者型	INFP 哲学家型	ENFJ 教导型
ESTJ 管家型	忠诚的监护人 ESFJ 主人型	ENFP 公关型	理想主义者 INFJ 博爱型
ISTP 冒险家型	ISFP 艺术家型	ENTP 智多星型	INTJ 独立自主型
ESTP 挑战型	天才的艺术家 ESFP 表演者型	INTP 学者型	科学家思想家的摇篮 ENTJ 统帅型／CEO

ESTJ:
你觉得这种类型的人的特点是:

ISTJ:
你觉得这种类型的人的特点是:

ESFJ:
你觉得这种类型的人的特点是:

ISFJ:
你觉得这种类型的人的特点是:

ESTP:
你觉得这种类型的人的特点是:

ISTP:
你觉得这种类型的人的特点是:

ESFP:
你觉得这种类型的人的特点是:

ISFP:
你觉得这种类型的人的特点是:

ENTJ：
你觉得这种类型的人的特点是：

INTJ：
你觉得这种类型的人的特点是：

ENTP：
你觉得这种类型的人的特点是：

INTP：
你觉得这种类型的人的特点是：

ENFJ：
你觉得这种类型的人的特点是：

INFJ：
你觉得这种类型的人的特点是：

ENFP：
你觉得这种类型的人的特点是：

INFP：
你觉得这种类型的人的特点是：

勤勤恳恳的工科女

把喜欢的东西做好，把不喜欢的事情当作挑战做到更好，是刘彩霞一直以来的坚持。她是一个在"满是汉子"的专业里摸爬滚打的工科女，经历了一个很艰辛的过程才获得今天的成绩。

上大学的第一天，刘彩霞在自己的日记中写下"我没有聪颖的头脑，但我可以挥洒汗水；我没有华丽的外表，但我可以充实内心；我没有富足的家庭环境，但是我相信我能通过自己的努力实现梦想"。于是，她开始坚持早上 6:30 起床，或读英语，或背公式，晚上熄灯后拿着手电筒钻到被窝里看书、做作业，决不允许自己偷懒。学习高数时，她前前后后把练习册做过四遍，每一次都用铅笔做完然后又擦掉再做下一遍。每个人都在努力，而她要求自己比他们更加努力。

她曾说："没有百分之百的天才，只有不断的努力才能够实现自己的理想。"

"所有的成功都是有理由的，并不是一蹴而就的"，学习如此，生活亦如此。刘彩霞相信紧张是一个必然的过程，失败是一个必然的过程，只有一次次的经历后才能体会到其中的美好。

微笑就是力量。正如她所说，无论艰辛与痛苦，她都坚守着梦想、心怀感恩、为他人带去微笑，也许就是如此，成就了她与众不同的人生，无论在北方还是南方，她永远都会像花儿一样绽放。

（刘彩霞：重庆理工大学车辆工程学院 2012 级能源与动力工程专业学生、2015 年被评为重理工"十佳"大学生）

性格差异

如果你是一家公司的经理或主管人员，想要激发员工的工作热情，培养出更多有创造性的团队，你就必须学会挖掘员工的性格力量，鼓励他们更充分地发挥自己的天赋。如果你是一位教师或是培训人员，你就必须找出，对于不同的受众，哪种教学方法效果最好，怎样传达信息才能使他们易于理解消化，并和你形成互动。如果你是一位律师，快速解读他人性格的技巧会在诸多方面给你带来益处。如果你是一位医生、护士、临床专家或者是其他卫生保健行业的从业人员，你必须懂得怎样才能让患者感到舒适，只有这样，你才能更好地帮助他们。

一年又一年，我们看到无数夫妻由于对于彼此有了新的认识而最终互相理解。还有很多夫妻意识到，正是性格的差异导致他们之间琐碎的矛盾纷争，但事实上，性格的差异本身并不是坏事，相反它可以成为欢乐的源泉，因为它可以促使夫妻双方共同成长。为人父母或者是孩子们也可以借助快速解读他人性格的技巧来更好地解决冲突，更有效地沟通，从而以全新的方式更积极地来互相理解。

（选自泰戈尔《不必火星撞地球》第16-17页，有删减）

不必火星撞地球

作者: （美）泰戈尔（Tieger P.D.）
出版社: 机械工业出版社
副标题: 避开交际中的性格陷阱
出版年: 2006-1
页数: 281
定价: 25.00元
装帧: 简装本
ISBN: 9787111174301

豆瓣评分

8.3 ★★★★☆
206人评价

5星	36.4%
4星	44.7%
3星	18.4%
2星	0.5%
1星	0.0%

互动与分享

我的性格类型

我的 MBTI 性格代码是: _____

我性格中的优势有: _____

我性格中需要完善的地方有: _____

我的性格适合的职业有: _____

1. _____

2. _____

3. _____

4. _____

5. _____

我的父母的性格特征是: _____

我的好朋友的性格特征是: _____

我希望未来的同事性格特征是: _____

我希望未来的上司性格特征是：_____

我希望未来的伴侣性格特征是：_____

二、兴趣与霍兰德类型理论

（一）兴趣的概念

兴趣是人们以特定的事物或活动为对象，所产生的积极的、带有倾向性和选择性的态度和情绪。

首先，它是积极的，是人们内心动力和快乐的来源。它会给人一种心流的体验，就是忘了时间忘了我，全身心地投入，所以兴趣这个单词（interesting）背后跟着 IN 这个介词嘛，就像有部电影叫《跳出我人生》，说一小男孩居然喜欢跳芭蕾舞，有一次面试，老师就问他，你跳得这么差，为什么你会喜欢它呢？小男孩说，因为我在跳舞时感觉自己就像一只鸟儿一样自由自在。

其次，它是内心的一种倾向性，常常表现为一种自觉自愿、乐此不疲的精神状态。

（二）兴趣、需要、爱好

我们先看兴趣和需要，大家觉得是先有需要再有兴趣，还是先有兴趣再有需要呢？

对，是先有需要，因为需要是有机体感到某种缺乏而力求获得满足的心理倾向，它是有机体自身和外部生活条件的要求在头脑中的反应。所以需要是兴趣的基础。没有需要，是不会产生兴趣的。

爱好不仅是对事物优先注意和向往的心情，而且表现为某种实际行动。所以爱好是兴趣的发展和行动。相同的兴趣可能产生不同的爱好，比如说都对音乐感兴趣，有的人会研究各种唱法，而有的人可能去弹奏各种乐器，而相同的爱好也可能来自于不同的兴趣，比如说都喜欢看《我是歌手》，有的人对歌唱感兴趣，有的人是对古巨基感兴趣。

（三）兴趣的分类

根据我们感兴趣的对象，可以把兴趣划分为物质兴趣和精神兴趣。物质兴趣主要指人们对舒适的物质生活的选择倾向和追求。比如说吃货，对于一个吃货，你永远也不要问他吃了吗，而要问他吃好了吗，他们总是想，好吃就多吃点，不好吃多少也要吃点。因为今天吃喝不努力，明天努力找吃喝。所以吃货不是在吃，就是在去吃的路上。对于吃货而言，没有什么事情是"碗"救不了的。而精神兴趣呢，指人们对精神生活的选择倾向和追求。比如学神，他们与学霸是有区别的，比如说，学霸考了98分，学神考了100分。学霸以为和学神的差距就只有这两分，而学神会说："你考98分是实力只有这么多，我考100分是试卷只有这么多分。"所以他们的追求是无止尽的，想成为学霸的普通人可能成为学霸，但想成为学神的普通人最终还是只可能成为学霸，所以说，物质兴趣比较容易被满足，而精神兴趣则比较持久。

根据人们满足兴趣背后的需求不同，兴趣可分为直接兴趣和间接兴趣。直接兴趣是指对活动过程的兴趣。比如有的人对打篮球感兴趣是因为他们喜欢运动的激情，不管结果怎样，能玩球就很开心，这就是对过程的兴趣。而间接兴趣则是指对活动过程所产生的结果的兴趣，比如有的人对打篮球感兴趣是因为每次他打比赛都有一群女粉丝目不转睛地看着他，他之所以喜欢打球不是因为打球好玩，而是因为打好了能够被欣赏，他们只对结果感兴趣，这就是间接兴趣。所以直接兴趣让人更投入，间接兴趣则使人目标更明确；直接兴趣更持久，间接兴趣对环境的依赖性更大。

根据人们所处的社会背景和社会文化的影响，兴趣可分为个人兴趣和社会兴趣。个人兴趣是指一个人力求认识某种事物或从事某种活动的心理倾向，比如有的人喜欢盗墓探险，有的人喜欢恐怖僵尸。而社会兴趣是指在一定的社会背景下，社会成员对某一领域的普遍倾向，或社会某一领域对社会成员的普遍需求。比如对物联网、移动互联、金融、能源等热门行业感兴趣，更多地是受到社会背景的影响。

（四）职业兴趣

职业兴趣是一个人想从事某种职业的愿望。在生涯规划中我们最为关心的是可以联系到职业的兴趣。虽然兴趣本身并不是为了从事什么职业而产生和形成的，但它可以根据职业的种类来进行分类，这样就出现了职业兴趣类型。通过这种分类，我们可以比较容易地发现自己的兴趣与未来职业之间的联系。

类　　型	特点描述
农业兴趣	喜欢播种、耕地、观察庄稼生长、收割谷物、饲养牲畜和家禽
艺术兴趣	喜欢用颜料、黏土、织物、家具、服装等来表达美和色彩的协调
运动兴趣	喜欢体育活动，如跑步、跳跃和团队运动，通过运动保持身材，喜欢看体育节目等

类　型	特点描述
商业／经济兴趣	喜欢参加买卖、销售、贸易产品和服务等商业活动，喜欢拥有企业或在企业里从事管理或工作，喜欢参与财政事务，关注经济结果
档案／办公室工作兴趣	喜欢从事作商业记录、整理资料、打字、撰写报告、为计算程序准备数据等注重细节、准确和整洁性的工作
沟通兴趣	喜欢通过写作、演讲或抽象的形式来表达自己的思想和学识的活动，喜欢向别人讲述故事或提供信息
电子兴趣	喜欢电子方面的工作，如电报、拆收音机或电视机、组装或修理计算机等
工程兴趣	喜欢进行工程、机械、建筑、桥梁和化工厂等方面的设计
家务兴趣	喜欢家务活动，如打扫屋子、看管孩子、做饭、缝补衣服和管理家务等
文学兴趣	喜欢阅读小说、诗词、文章、论文等
管理兴趣	喜欢为自己和别人制订计划、组织事务和监督他人
机械兴趣	喜欢用机械和工具进行工作、修理物品，在学校选修实践研讨课
医学／保健兴趣	喜欢能帮助人和动物的活动，喜欢诊治疾病和保健工作
音乐兴趣	喜欢拨弄乐器，喜欢参加音乐活动，如音乐会、唱歌、教音乐等
数学兴趣	喜欢与数字打交道，喜欢数学、代数、几何、微积分和统计等课程
团队兴趣	愿意作为团体或小组的一分子，并会为了自己所在的公司、机构、部门的发展而牺牲个人的一些爱好
户外／自然兴趣	大多数时间都喜欢在户外，喜欢露营和户外活动，喜欢饲养动物和培育植物
表演兴趣	喜欢在人前活动、在聚会中给人娱乐、在戏剧中扮演角色或表演话剧等
政治兴趣	喜欢参加政治活动或选举，希望拥有权力、进行决赛、制定政策来影响自我和他人
科学兴趣	喜欢对自然界进行研究和调查，喜欢学习生物、化学、地理、宇航和物理等课程，喜欢用理性、科学的方法寻求真理
手工操作兴趣	喜欢安装或操作机器、装备和工具，喜欢使用木制品或铁器，喜欢驾驶小轿车、大卡车和重型设备，愿意当木匠、机械维修工、管道工、汽车修理工、焊工、工具或金属模型加工师
社交兴趣	喜欢与人打交道，关心他人的福利，愿意为大众解决问题、教人技术、为人们提供服务（如环保、保健和交通等方面的服务）
技术兴趣	喜欢兼具管理和责任于一身的服务于人的工作（如当工程师），喜欢承接汽车、电子、工业和产品工业等技术性的项目

（五）霍兰德类型理论

霍兰德是著名的职业指导专家，他的类型论源自人格心理学的概念，进一步完善了人格与职业匹配理论，把人格和职业划分为不同的类型，并且提出了具体的测量方法，有很强的科学性和预测力。霍兰德认为：

（1）职业选择是个人人格的延伸，个人的行为是人格与环境交互作用的结果，职业选择也是人格的表现。

（2）人的兴趣也可以是多种兴趣的组合，比如一个人喜欢研究，但研究的是社会问题，他可能就是一个社会科学研究人员，社会科学研究人员就是研究型和社会型的组合。

（3）人格形态与行为形态影响人的择业及其对生活的适应，同一职业团体内的人有相似的人格，因此他们对很多情境与问题会有相似的反应方式，从而产生类似的人际环境。

（4）人可区分为六种人格类型（即兴趣组型）：现实型（Realistic Type，R）、研究型（Investigative Type，I）、艺术型（Artistic Type，A）、社会型（Social Type，S）、企业型（Enterprising Type，E）和传统型（Conventional Type，C）。每个人的人格属于其中的一种。这六种类型按照一个固定的顺序可排成一个六角形（RIASEC）。

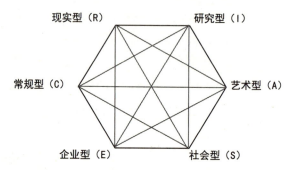

（5）人所处的环境也可相应分为六种类型，即现实型、研究型、艺术型、社会型、企业型和传统型。六种环境类型和六种与之相对应的职业群如下表。

类　型	特点描述	典型职业
R 现实型	此类型的人具有顺从、坦率、谦虚、自然、实际、有礼、害羞、稳健、节俭、物质主义的特征 行为表现上：爱劳动、有机械操作的能力。喜欢做和物体、机械、工作、动物、植物有关的工作，是勤奋的技术家	人际要求不高的技术性工作，如机械员、工程师、电工、飞机机械师

类 型	特点描述	典型职业
I 研究型	此类型的人具有分析、谨慎、批评、好奇、独立、聪明、内向、条理、谦逊、精确、理性、保守的特征 行为表现上：有数理能力和科学研究精神。喜欢观察、学习、思考、分析和解决问题，是重视客观的科学家	要求具备思考和创造，社交要求不高，如科研工作者，从事生物、医学、化学、物理、地质、天文、人类等研究的科学家、工程师
A 艺术型	此类型的人具有复杂、想象、冲动、独立、直觉、无秩序、情绪化、理想化、不顺从、有创意、富有表情、不重实际的特征 行为表现上：有艺术、直觉、创作的能力。喜欢用想象力和创造力，从事美感的创作，是表现美的艺术家	艺术性的，直觉独创性的，从事艺术创作的，如作家、音乐家、画家、设计师、演员、舞蹈家、诗人
S 社会型	此类型的人具有合作、友善、慷慨、助人、仁慈、负责、圆滑、善社交、善解人意、说服他人、理想主义、富洞察力的特征 行为表现上：有教导、宽容，以及与人温暖相处的能力。喜欢与人接触，以教学或协助的方式，增加他人的知识、自尊心、幸福感，是温暖的助人者	与人打交道的，具备高水平沟通技能，热情助人的，如教师、心理师、辅导人员
E 社会型	此类型的人具有冒险、野心、独断、冲动、乐观、自信、追求享受、精力充沛、善于社交、获取注意、知名度高等特征 行为表现上：有领导和说服他人的能力。喜欢以影响力、说服力和人群互动，追求政治或经济上的成就，是有自信的领导者	管理、督导、具有领导力的，善于言行，有说服力，如企业经理、政治家、律师、推销员
C 传统型	此类型的人具有顺从、谨慎、保守、自抑、顺从、规律、坚毅、实际、稳重、有效率、缺乏想象力等特征 行为表现上：有敏捷的文书和计算能力。喜欢处理文书或数字数据，注意细节，按指示完成琐碎的事，是谨慎的事务家	注重细节讲究精确的，办公、事务性的，如银行人员、财税专家、文书处理、秘书、数据处理人员

（6）霍兰德认为：环境造就了人格，反过来人格又影响着个体对职业环境的选择与适应；人们总是寻找能够施展其能力与技能、表现其态度与价值观的职业；职业满意感、稳定性和职业成就取决于个体人格类型和职业环境的匹配与融合；职业行为是人格与环境相互作用的结果。

在六角形模型中任何两种人格类型之间的距离越近，其职业环境及人格特质的相似程度就越高，如企业型和社会型距离最近，它们的相似性也最高，比如社会型和企业型的人都较其他类型的人更喜欢与人打交道，而企业型和研究型则具有最低程度的相似性。

六角形模型也表明了六种人格特质类型之间的一致性，一种人格（兴趣）类型与其相邻的类型组成了一个最一致的模型如"RIC"。而人格特质类型相反的模型如"企业型与研究型""传统型与艺术型"等，分别是距离最远的，其一致性最低。传统型的人多墨守成规，而艺术型的人则富有创新精神；传统型的人擅长自控，而艺术型的人则擅长表达等。

人与所选职业的适应与匹配也可从该模型中得以体现。六角形模型可以帮助我们对人格（兴趣）类型与职业环境类型之间的适配性进行评估，如一个社会型人格特质占主导地位的人在一个社会型的职业环境中工作会感到更舒畅，但如果让他在一个现实型的工作环境中工作，他可能感到不舒服、不满意。

大多数人都属于六种职业类型中的一种或两种以上类型的不同组合，某种人格（兴趣）类型或类型组合的个体在与之相对应的职业类型或类型组合中最能满足其职业需求，表现职业兴趣，发挥职业能力。

一种职业有它的主要兴趣类型，一个人会同时有几种职业兴趣，关键是要弄清自己哪些职业兴趣是强项，从社会需要和自己的能力优势方面选择和确定一种主要的职业兴趣。同学们在选择学业或人生职业规划时，应把自己的职业兴趣与个人的职业能力、人格特征结合起来。

生涯故事会

新闻宣传是一项神奇的工作

"加入校学生新闻中心，是我大学以来做的最正确的选择之一，"白艳丽谈道，"这是一个神奇的组织，赋予我神奇的魔力，也带给我神奇的力量。"

2014年白艳丽怀着对新闻工作的热爱，一个人到党委宣传部找相关老师大胆毛遂自荐，之后经过面试成为校学生新闻中心策划部成员。2015年3月，她成为部门负责人。2015年9月，她竞聘当选校学生新闻中心副主席。白艳丽在工作总结中写道："以前的艰辛都成了财富，一路走来的苦拼都化作点点辉光，我喜欢现在不断向上且永不放弃的自己。"

两年来，白艳丽作为核心管理成员，见证并直接参与了校学生新闻中心的转型与发展。将中心更加融入宣传思想工作大格局；依托国家级媒体搭建新闻平台；组织策划对话校园精英励志寻访、途听道说原创校园街坊、新闻学堂等特色系列活动；加强学校"双微"平台的改版与升级；探索形成跨校区、多元化、系统化的学校学生记者培养新模式……如今，重庆理工大学学生新闻中心已经成为重庆高校乃至全国高校具有影响力的综合性全媒体学生传媒组织之一，被誉为重庆理工大学校园媒体"第一军团"、学生记者"第一天团"。

（白艳丽：广告学专业，还兼任《重庆理工大学报》学生编辑、中国青年网学生编辑、教育部中国大学生在线通讯员、校党委宣传部学生助理等职，曾获得该校党委宣传部首届"校园记者风云人物""优秀学生记者""优秀校报编辑"、学生记者年度好新闻奖、新华社重庆分社"冬季最美大学校园"主题摄影大赛三等奖等近20余项校级以上新闻宣传类荣誉。）

名作推介

爱好和梦想

我们开始寻找自己的内心，那些美丽至极的宜家样板间设计图在网上被无数次疯狂分享；那些温馨感人的视频一直被你我传唱；偶尔写一篇无病呻吟的扯淡文章，在网络上被同样脑残的人顶礼膜拜；拨拉拨拉吉他，蹦出几个音节，扯着嗓子干吼出内心的压抑……

于是，我们开始觉得自己是喜欢设计的；自己是擅长音乐的；自己是能做电影的；自己是有文学底蕴的……我们开始对新生事物望眼欲穿，愈发觉得自己不适合目前的工作，愈发觉得自己在所向往的领域里，一定会飞黄腾达，一跃就是世界第一。

可是，做设计要有美术功底，至少潜心学习数年，还要有灵动的创意；在音乐方面，倘若你没有曾轶可那颗勇敢的心，你顶多写出《白羊座》，唱得比她还差；文学上你不每天写一篇有质量的东西来练笔，无病呻吟的小白文，顶多上上青春杂志，转手扔掉都觉得费劲。对此，我们害怕起来，因为我们那颗心，并没有做好这些准备。我们再一次看到的，依然是那顶峰的富饶，而不是背后的苦苦追寻，我们没有准备好用一生来追寻自己的梦想，我们陷入迷茫。

（选自特立独行的猫《不要让未来的你，讨厌现在的自己》，第180—181页）

互动与分享

穿越时空的旅行

恭喜你！

你获得了一次免费度假游的机会，有机会去下列六个岛屿中的一个。唯一的要求是你必须要在这个岛上待满至少半年的时间。

请不要考虑其他因素，仅凭自己的兴趣按一、二、三的顺序挑出你最想前往的3个岛屿。

R：自然原始的岛屿。岛上自然生态保护得很好，有各种野生动物。居民以手工见长，自己种植花果蔬菜、修缮房屋、打造器物、制作工具，喜欢户外运动。

I：深思冥想的岛屿。有多处天文馆、科技博览馆及图书馆。居民喜好观察、学习，崇尚和追求真知，常有机会和来自各地的哲学家、科学家、心理学家等交换心得。

C：现代、井然的岛屿。岛上建筑十分现代化，是进步的都市形态，以完善的户政管理、地政管理、金融管理见长。岛民个性冷静保守，处事有条不紊，善于组织规划，细心高效。

A：美丽浪漫的岛屿。充满了美术馆、音乐厅，街头雕塑和街边艺人，弥漫着浓厚的艺术文化气息。居民保留了传统的舞蹈、音乐与绘画，许多文艺界的朋友都喜欢来这里找灵感。

你的选择是：

为什么？

与之对应的职业有哪些？＿＿＿＿＿＿

E：显赫富庶的岛屿。居民善于企业经营和贸易，能言善道。经济高度发展，处处是高级饭店、俱乐部、高尔夫球场。来往者多是企业家、经理人、政治家、律师等。

S：友善亲切的岛屿。居民个性温和、友善、乐于助人，社区均自成一个密切互动的服务网络，人们重视互助合作，重视教育，关怀他人，充满人文气息。

三、价值观探索

（一）价值观的内涵

价值观，就是人们在作选择和判断时最为看重的原则、标准和品质。

选一部手机时，你看重的是什么？

选一件衣服时，你看重的是什么？

选一份职业时，你看重的是什么？

选一个朋友时，你看重的是什么？

选一个伴侣时，你看重的是什么？

选一种人生时，你看重的是什么？

职业价值观，就是我们在某一个阶段，选择职业时最看重的标准。所以职业价值观是有时间概念的，人生每个不同的阶段我们的需要可能是不一样的，所以职业价值观是有层次的。

（二）马斯洛的需求层次理论

在马斯洛看来，人类价值体系存在两类不同的需要，一类是沿生物谱系上升方向逐渐变弱的本能或冲动，称为低级需要和生理需要。一类是随生物进化而逐渐显现的潜能或需要，称为高级需要。

人都潜藏着这五种不同层次的需要，但在不同的时期表现出来的各种需要的迫切程度是不同的。人的最迫切的需要才是激励人行动的主要原因和动力。人的需要是从外部得来的满足逐渐向内在得到的满足转化。

低层次的需要基本得到满足以后，它的激励作用就会降低，其优势地位将不再保持下去，高层次的需要会取代它成为推动行为的主要原因。有的需要一经满足，便不能成为激发人们行为的起因，于是被其他需要取而代之。人的最高需要即自我实现就是以最有效和最完整的方式表现他自己的潜力，唯此才能使人得到高峰体验。

人的五种基本需要在一般人身上往往是无意识的。对于个体来说，无意识的动机比有意识的动机更重要。对于有丰富经验的人，通过适当的技巧，可以把无意识的需要转变为有意识的需要。

马斯洛理论把需求分成生理需求、安全需求、社会需求、尊重需求和自我实现需求五类，依次由较低层次到较高层次，如下图所示。

（三）价值观的形成

价值观其实是在家庭和社会的影响下，逐渐形成的。比如有人生活在官宦家庭，从小就认为，权利是一切痛苦的来源，权利也有可能是一切幸福的根源。表现出判断一个工作或者一个人的好坏，以及他在选择生活方式时，权利在他的头脑中形成了根深蒂固的印象。有人在土豪家庭成长，重大事件都是用金钱摆平的，金钱在他的价值体系里面占据很重要的地位。有人生活在社会最底层，经济地位的影响使之成年之后，金钱或者收入对于他来说一直都非常敏感。

家庭和社会的成见调整和影响着我们的自我认同。比如父母对你说，成绩真好，真是我的好孩子，你强化的就是成绩认同，这样的孩子会努力在各方面做到最优秀而期待认同。还有房子—安全感，有钱—幸福这些链接纵横交错，变成我们心中的世界地图，这些价值观跟我们从小生活的环境，以及社会文化的影响是根深蒂固的，它们被有意、无意、善意、恶意地传达、固化，并无数次被强化，在我们生命中慢慢固定，如果缺乏有意识的觉察，我们不仅不会主宰自己的人生，反而会被这些地图主宰。

所以，从价值观的形成过程中，我们要知道手段不是目标，比如名校的确是一个通往智慧的重要方式，但不是唯一的方式，如果你能看到"名校"背后指向的"被认同""智慧""成就感"等价值，你也可以选择一所相对平凡的学校被认同，追寻智慧和成就，而没有必要把人生的全部得失绑定在一所大学上。成功是一个重要的人生目标，但如果你找到世俗成功背后指向的成就感、幸福感，你就会意识到成功的经历带来成果，而失败的经历带来智慧，不管成功与否，都不要因此丢掉自己的幸福感。

（四）价值观的作用

如果你有了清晰的价值观，你的生活就有了定向，就像我们今天要去逛街买衣服一样，有的人看重品牌，有的人看重款式，有的人可能把价格放在第一位，有的人会把舒适排在第一位，这些生活中的价值观就反映了我们当下的需求。再比如说找工作，如果在所有的价值当中只能满足一个，你选择的那一个就代表了你当下工作的需要和内心最深层的需求，你可以选择赚钱，可以选择人际关系，可以选择稳定，可以选择工作环境，可以选择被尊重。

价值观对动机是有导向作用的，你是基于什么样的动机去采取行动，行动背后的动力以及克服困难背后的意义，也一定是你的价值观。有时候，工作不一定能满足你的兴趣，也不能和你的性格相匹配，更不能因为技能的实现而给你带来成就感；当你的工作让你痛苦的时候，你常常会说服自己，而你说服自己的理由就是你当下的价值观。所以价值观指向我们内心的需求，指向我们赋予它的意义，也指向痛苦背后的获益。

（五）施恩的职业锚理论

职业锚理论（Career Anchor Theory）产生于在职业生涯规划领域具有"教父"级地位的美国麻省理工大学斯隆商学院、美国著名的职业指导专家埃德加·H.施恩（Edgar.H.Schein）教授领导的专门研究小组，是在对该学院毕业生的职业生涯研究中演绎出的。斯隆管理学院的44名MBA毕业生，自愿形成一个小组接受施恩教授长达12年的职业生涯研究，包括面谈、跟踪调查、公司调查、人才测评、问卷等多种方式，最终分析总结出了职业锚（又称职业定位）理论。

锚，是使船只停泊定位用的铁制器具。职业锚，又称职业系留点（CareerAnchor）。实际就是人们选择和发展自己的职业时所围绕的中心，是指当一个人不得不作出选择的时候，他无论如何都不会放弃的职业中的那种至关重要的东西或价值观，是自我意向的一个习得部分。个人进入早期工作情境后，由习得的实际工作经验所决定，与在经验中自省的动机、价值观、才干相符合，达到自我满足和补偿的一种稳定的职业定位。职业锚强调个人能力、动机和价值观三方面的相互作用与整合。职业锚是个人同工作环境互动作用的产物，在实际工作中是不断调整的。

1978年，施恩教授提出的职业锚理论包括五种类型：自主型职业锚、创业型职业锚、管理能力型职业锚、技术职能型职业锚、安全型职业锚。在20世纪90年代，又发现了三种类型的职业锚：安全稳定型、生活型、服务型。施恩先生将职业锚增加到八种类型，并推出了职业锚测试量表。

（1）技术／职能型（Technical／Functional Competence）：追求在技术／职能领

域的成长和技能的不断提高，以及应用这种技术／职能的机会。他们对自己的认可来自他们的专业水平，他们喜欢面对来自专业领域的挑战。他们一般不喜欢从事一般的管理工作，因为这意味着他们要放弃在技术／职能领域的成就。

（2）管理型（General Managerial Competence）：追求并致力于职务晋升，倾心于全面管理，独自负责一个部分，可以跨部门整合其他人的努力成果，他们想去承担整个部分的责任，并将公司的成功与否看成自己的工作。具体的技术／功能工作仅仅被看作是通向更高、更全面管理层的必经之路。

（3）自主／独立型（Autonomy／Independence Competence）：希望随心所欲地安排自己的工作方式、工作习惯和生活方式；追求能施展个人能力的工作环境，最大限度地摆脱组织的限制和制约。他们愿意放弃提升或工作扩展机会，也不愿意放弃自由与独立。

（4）安全／稳定型（Security／Stability Competence）：追求工作中的安全与稳定感。他们可以预测将来的成功从而感到放松。他们关心财务安全，如退休金和退休计划。稳定感包括诚言、忠诚以及完成老板交待的工作。尽管有时他们可以达到一个高的职位，但他们并不关心具体的职位和具体的工作内容。

（5）创造型／创业型（Entrepreneurial／Creativity Competence）：希望使用自己的能力去创建属于自己的公司或创建完全属于自己的产品（或服务），而且愿意去冒风险，并克服面临的障碍。他们想向世界证明公司是他们靠自己的努力创建的。他们可能正在别人的公司工作，但同时他们在学习并评估将来的机会。一旦他们感觉时机到了，便会走出去创建自己的事业。

（6）服务型／奉献型（Service／Dedication Competence）：一直追求他们认可的核心价值，如帮助他人，改善人们的安全，通过新的产品消除疾病。他们一直追寻这种机会，这意味着即使变换公司，他们也不会接受不允许他们实现这种价值的工作变换或工作提升。

（7）挑战型（Pure Challenge Competence）：喜欢解决看上去无法解决的问题，战胜强硬的对手，克服无法克服的困难障碍等。对他们而言，参加工作或职业的原因是工作允许他们去战胜各种不可能。新奇、变化和困难是他们的终极目标。如果事情非常容易，它马上变得非常令人厌烦。

（8）生活型（Lifestyle Competence）：喜欢允许他们平衡并结合个人的需要、家庭的需要和职业的需要的工作环境。他们希望将生活的各个主要方面整合为一个整体。正因为如此，他们需要一个能够提供足够的弹性让他们实现这一目标的职业环境，为此其至可以牺牲职业的一些方面，如提升带来的职业转换，他们将成功定义得比职业成功更广泛。

持有不同职业锚的人士会选择不同的工作和生活，但并无优劣之分。只要在适宜的工作环境中，都能充分发挥自己的特长，创造出相应的生涯辉煌。

生涯故事会

把努力当成一种习惯

"我一直相信，要想改变以后的生活，不只是靠努力，更重要的是靠知识。"周思寒说道。他的父母是地地道道的农村人，没有什么文化，考上大学那一年，村里的人遇见他父母时常说的一句话就是"你家周思寒就是争气、厉害！"父母虽然嘴上不说什么，但打心底里是欣慰自豪的，始终支持他读书，不管家里再难、再苦。因为他们相信只有知识才可以改变这世世代代都困在农村的命运。

作为班级学习委员，除了在班级要起到一个带头作用之外，他对自己还有一个科学合理的学习规划。"饱满的热情，坚定的信念，强烈的责任心"一直都是他工作过程中的三要素，组织班上的同学参加早自习与晚自习，组织其他班委与学习成绩优异的同学和班上学习成绩有待提升的同学组成"一对一帮扶小分队"。相互督促，相互学习，共同成长，共同进步。他相信，勤奋使人进步，思考助人成功。他明确学习目标并端正学习态度。同时他还经常参加学校学院组织的各项有关人文、社会科学、科技知识等方面的讲座，不断提高自己的综合素质。同学眼中的他是个不折不扣的阳光型学霸，每天都像太阳一样灿烂，永远有饱满的学习热情。热爱学习的他，曾多次获得各级各类奖学金，但周思寒心里却认为："学习并不是为了奖学金。当努力成为一种习惯，学习就不再是为了利益与荣誉，而是拼搏路上执着行进的一段奋斗历程。"

（周思寒，重庆理工大学光电学院2013级电子信息科学与技术专业学生，被评为2015年重理工"十佳大学生"）

名作推介

用"个人使命宣言"规划你的人生

人为什么活着？在一期《非诚勿扰》节目里，一位中国农大的校友，面对给他留灯的女孩，问出了这个问题？据说，中国最有哲学思想的人是小区保安，他们对陌生人会问：你是谁，你从哪来，你要到哪去？这三个哲学终极问题可以归结为：人为什么活着？

燕子在天空掠过，翅膀将划出飞行的痕迹，人在世上活过，脚步将串起生命的轨迹。当你作别西天的云彩，不，当你作别云彩去西天，你希望身后的人，对你做何评价？你希望留下怎样的传承？世间万物如过眼云烟，你打算如何度过这弥足珍贵的莽莽人生？

《高效能人士的七个习惯》里提到"个人使命宣言"这个概念。在这个宣言里，你可以写下自己最深的渴望、人生目标、什么对你最重要、你想过怎样的生活、想作出怎样的贡献。它就如同你人生的宪法，既是作出重大决定的基础，又是跌宕起伏人生的指路明灯。

人生如一辆没有刹车的车子，谁也没有办法让它停下来。我们唯一能做的，就是调整方向盘，让这辆人生之车驶向我们想去的方向。

人生最恐怖的，不是跑不到终点，而是你不知道终点在哪里。就用"个人使命宣言"来规划那个想去的方向吧。

（选自王鹏程《把每一天，当作梦想的练习》第55-59页，有删减）

把每一天，当作梦想的练习

作者：王鹏程
出版社：湖南文艺出版社
出版年：2014-1
页数：245
定价：29.80
装帧：平装
丛书：新精英丛书
ISBN：9787540465346

豆瓣评分
7.4 ★★★★☆
291人评价

5星	27.8%
4星	38.1%
3星	29.9%
2星	3.4%
1星	0.7%

互动与分享

什么才是重要的

请回答以下问题，回答之后你将会有新发现。

1. 如果我有100万元，我将：＿＿＿＿＿＿＿＿＿＿＿＿＿＿＿

2. 在生活中我最想得到的是：＿＿＿＿＿＿＿＿＿＿＿＿＿＿

3. 如果我只剩下24小时的生命，那我将：＿＿＿＿＿＿＿＿＿

4. 我的工作必须能给我：＿＿＿＿＿＿＿＿＿＿＿＿＿＿＿

5. 我将给我的孩子的忠告是：_____
6. 如果在一场大火中我只能救出一件东西，它将是：_____
7. 如果我能改变自身的一件事，那它将是：_____
回答完以上问题，你能发现什么？_____

四、技能与技能的培养

当我们谈到技能，常常会把它和另外一个概念混淆，那就是能力。能力是顺利实现某种活动的心理条件。心理条件很多，所以能力的概念是非常广泛的，按照二元论可以把能力分为晶体智力和流体智力。流体智力就是一个人的先天禀赋，也是一个人潜能开发的程度，而晶体智力就是一个人后天习得不断积累的能力，你不需要去拼天赋，所以能力的发展和技能的掌握并不是同步的，比如说我做英语题，从六十分做到一百分，可能应试的技能会提高，但这并不代表我的语言能力的提升，所以，技能是后天习得的能力，也是用人单位比较看重的素质。

哈佛大学心理学家霍华德·加德纳认为我们每个人都有八种不同的优势，这些优势也与相应的职业相关。

★语言优势：作家、律师、喜剧演员

★逻辑和数学优势：科学家、会计、程序员

★空间思维优势：工程师、发明家、艺术家

★音乐方面优势：音乐家、演唱家、作曲家

★运动优势：运动员、外科医生、舞蹈家

★自我知识优势：哲学家、牧师、诗人

★人际知识优势：人力资源管理者、政治家、企业管理者

★自然知识优势：农民、生物学家、气象专家

美国的辛迪·梵和理查德·鲍尔斯提出专业知识技能、可迁移技能和自我管理技能，它是就一项职业的要求而提出的，也就是说，你要胜任一个工作，就必然包含三个方面：第一，你要有理论背景；第二，你要有操作的技能；第三，你要具备这个工作要求的品质。

（1）专业知识技能就是你所掌握的理论知识，需要通过背诵、记忆获得。不仅要全面，还要系统。全面就是你知道的要多，系统就是你提取的要精确。

（2）可迁移技能是个体所能胜任的活动，具体表现为一个人所能从事的工作内容。这种技能不是通过背诵和记忆来获得的，而是通过观察、实践、思考、熟练等过程掌握，往往具有通用性，所以被称为可迁移技能。

（3）自我管理能力是一个人在工作中所表现出来的特征和品质。比方说大家学的都差不多，可迁移技能也一样，在未来求职时，雇主凭什么选你而不是别人呢？这个时候拼的就是自我管理能力，它是影响职业生涯成功与否的关键。它不是自控能力，自控能力只是它的一部分，它其实是我们综合的职业素养，而对于某一个职位的自我管理能力，那就是社会对这个职业的职业化期待。

我们把这三种能力比喻成一棵树，专业知识技能就像树冠，是这棵树最外在的展示，以此与其他树区分开来。可迁移能力就像树干，即便树叶全掉了，只要树干在，它依然能存活下来。而自我管理能力就是树根，它是隐性的，又是至关重要的，它能让我们在风暴来临的时候稳稳地站立不倒，也就是我们说的抗风险能力。

生涯故事会

为收获勇气而"刁难"自己的舞者

自信的人并非是天生不畏惧大场面。刚入学时为了一次演讲比赛，李四维在人来人往的教学楼门口大声诵读来锻炼自己的胆量，过往人群投来异样的眼神打量着当时稚气未退的小伙，但经过一次又一次的"刁难"，李四维收获了勇气，如今的他可以全英文主持 CIMA NARB 亚洲北部地区高峰论坛，可以毫不怯场地与招商银行总部的高管、与长城基金的操盘手、与海归精英们一起讨论中国的经济和当前的股市。他俨然已经蜕变成一个"领导者"，"在别人鸦雀无声的时候，我总得说点什么"，这样的态度使他总是脱颖而出。

熟悉李四维的人都知道"他舞跳得不错"，而大多数人不知道的是这样一个在舞台上动作舒展、眼神坚定的舞者并没有深厚的舞蹈功底，最多也只算是个"半道闯入者"。在校园舞者甄选活动时，李四维和众多有着专业功底的同学一起参加选拔，被要求表演同一舞蹈动作，出乎意料的是没什么舞蹈功底的他脱颖而出，当被问及原因时，他说："只有我一直盯着老师的眼睛，也许是我的自信打动了他们吧。"正是这样一种自信和坚持让他的大学生活又多了一个角色——领舞者，四年的时间他在校级的舞台表演中领跳过十二支舞蹈，表演过数十个节目，荣获五次第一名，《丹青理工赋》《炫动重理工》《海那边》等舞蹈获得了众多好评。

（李四维：重庆理工大学2012级会计学院ACCA班学生，2015年被评为校级"十佳大学生"）

名作推介

技能

技能帮助你避免独自盲目试验，并把优秀人物的先进经验直接运用于自身的实践。如果你想发展自身优势，无论是销售、营销、财务分析、飞行或治疗，都必须学习和运用所有的相关技能。

但要当心，技能诱人的功效往往掩盖两大缺陷。其一，技能虽然有助于你完成工作，却不能确保你出类拔萃。如果你学会了公开演说的技能，你的演说水准会比以往有所提高；但如果你缺乏必要的才干，你就永远不可能像鲍威尔将军那么棒。将军有一种天生才干，使他在台上比平时更加妙语连珠。他的头脑过滤器能奇妙地滤掉所面对的听众，同时源源不断地为他输送更多更好的词汇。如果没有这一才干，你尽可以不折不扣地运用学得的技能，却仍然不出彩。

其二，有一些活动几乎从本质上是无法分解为步骤的。以体谅为例。体谅是一种体会别人情感的才干，你无论多么聪明，能把体谅分解成一系列准确界定的步骤吗？正如你可能自身经历过的，你的努力很可能使你更加糊涂。

（选自马库斯·白金汉／唐纳德·克利夫顿《现在，发现你的优势》，第57-58页，有删减）

现在，发现你的优势

作者：[美] 马库斯 白金汉／唐纳德 克利夫顿
出版社：中国青年出版社
原作名：Now, Discover Your Strengths
译者：方晓光
出版年：2010-11
页数：279
定价：38.00元
装帧：平装
ISBN：9787500648192

豆瓣评分
7.5 ★★★★☆
3200人评价

5星 19.6%
4星 42.3%
3星 33.2%
2星 4.2%
1星 0.6%

我的成就故事

回忆一下自己取得的成就，也就是那些自己做过的／自己认为比较成功或是感觉很不错的事情。

这些事情不一定是工作上的或学业上的，它们可以是课外活动和家庭生活中的。只要它们符合以下两条标准，就可以被视为"成就"：你喜欢做这件事情时体验到的感受，并且你以完成它所带来的结果感到自豪。如果同时你还获得了他人的认可和表扬就更好了，不过这并不重要。

请写下生活中令你有成就感的具体事件然后对其进行分析，看看你在其中使用了哪些技能（尤其是可迁移技能）。理想的状况下，可以写5～8个故事，并在小组中逐一进行分析讨论。最后看一看在这些故事中是否有重复出现的技能，他们就是你喜爱施展也擅长的技能。将这些技能按优先次序加以排序。

在撰写成就故事时，每一个故事都应当包含以下要素：

（1）你想达到的目标，即需要完成的事情。

（2）面临的障碍、限制、困难。

（3）你的具体行动步骤：你是如何一步步克服障碍、达成目标的？

（4）对结果的描述：你取得了什么成就。

（5）对结果的量化评估：可以证明你成就的任何衡量方法或数量。

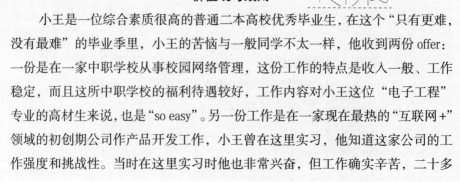

"伟伟"道来

价值观与效用

小王是一位综合素质很高的普通二本高校优秀毕业生，在这个"只有更难，没有最难"的毕业季里，小王的苦恼与一般同学不太一样，他收到两份offer：一份是在一家中职学校从事校园网络管理，这份工作的特点是收入一般、工作稳定，而且这所中职学校的福利待遇较好，工作内容对小王这位"电子工程"专业的高材生来说，也是"so easy"。另一份工作是在一家现在最热的"互联网＋"领域的初创期公司作产品开发工作，小王曾在这里实习，他知道这家公司的工作强度和挑战性。当时在这里实习时他也非常兴奋，但工作确实辛苦，二十多岁的他都有些吃不消。另外，尽管有一些风投公司开始关注这家公司，但小王也看到和这家公司同在一幢孵化楼的多家"高科技企业"的兴衰更替，知道从概念想法到产业化的距离，未来有很大的不确定性。小王该如何选择？

人生总是面临选择，选择问题的关键是选择的目标和依据。从本质上讲，人类各类行为选择的终极目标一定是幸福，因为追求幸福是人的天性。现在职业作为一种谋生手段的功能不断弱化，职业选择的目标也越来越多的与"尊重""自我实现"高层次需求相连接。基本的温饱解决了，职业生涯的目的更多的是追求幸福，而越是"尊重""自我实现"这些本质需求，满足的方式越是多元化。托尔斯泰说过，"幸福的家庭是相似的"，但幸福人生实现的方式却是多元化的。幸福是一种主观感受，它的评价标准是多元化的自我价值观。

就像我们为了拥有幸福美满的生活，而总是希望找一个"美貌与智慧并存""上得厅堂，下得厨房"的完美媳妇一样，当遇到小王这样的问题时，我们经常想，要是这两个工作的优点能够集中在一起该多好？可惜这种情况在现实生活中几乎找不到。当"鱼和熊掌不能得兼"的时候，我们总是会寻找一些决策依据或标准来帮助我们。

在职业生涯理论里面，价值观被认为是在生涯发展中起决定性作用的"职业锚"，是我们进行生涯决策主要考虑的依据。价值观就是我们在生活和工作中所看重的原则、标准或品质。按照生涯大师舒伯的观点，职业价值观是个人追求的与工作有关的目标，亦即个人在从事满足自己内在需求的活动时所追求的工作特质或属性，是个体价值观在职业问题上的反映。从上面的描述大家可能已经注意到，职业价值观首先是一个相对个人化的概念，二是强调的是"重要性"（主观评价）而不是"对错"（客观评价），三是特别强调"满足自己内在需求"。因此，职业价值观的含义简单来说，就是什么对于你个人而言能够满足你内在的需求，而且是重要的？

经济学是研究人类行为的科学，选择（或称之为决策）是最普遍的人类行为之一，已被其他社会科学称为"帝国主义"的经济学当然会在这类问题上插一杠子。现代经济学大咖保罗·萨缪尔森（1970年诺贝尔经济学奖获得者）曾提出一个幸福方程式：

幸福＝效用／欲望

按照这个公式，给定既有的效用水平，若人们的欲望越小越幸福；同样，给定既有的欲望水平，追求最大的效用就等同于追求最大的幸福。通过节制欲望而知足常乐，是大多数宗教所倡导的理念，而提升效用，拓展满足欲望的资源和基础则是经济行为，是经济力量。英国著名经济学家马歇尔曾说：人类的社会历史，是由经济和宗教这两种力量来塑造的。马歇尔真是个"经济学帝国主义者"。

宗教的力量先按下不表，我们重点来说说效用。效用的经济学含义是对人们从产品消费或闲暇享受中得到的愉悦和满足程度的一种度量。因此效用也是一个相对个人化的概念，同样强调主观评价和自我满足。大家注意，经济学在谈到和人有关的相关概念时，从来都是使用"效用"这个"主观"概念，而不是"效益""利益"这样一些"客观"概念，比如，西方经济学的基石"理性人假设"，说的也是"人总是追求自身效用最大化"，而不是"人总是追求自身利益最大化"。之所以这样，西方经济学认为人行为背后的动机"黑箱"是主观心理过程。

很多对经济学一知半解的人会认为经济学是研究怎样赚钱的学问，这实在是一个天大的误解。经济学实际上是非常关注人的主观感受的，更多的是一种思维方式。无论是个人日常生活层面，还是在分析经济问题或者理解社会现象方面，经济思维都有助于我们作出更明智的推理和选择。

既然人是"理性"的，职业发展的终极目标也是幸福，职业价值观的评判，实际上也是一种效用评判。用效用这个经济学概念来思考生涯中涉及价值观的问题非常有意思。略举几例：

■ 效用评判

既然效用的评判是由个人作出的，显然同样的"产品消费或闲暇享受"，不同的人会有不同的度量评判，甚至同一个人在不同的情景下也会有不一样的度量评判。比如，对于同样一件衣服，由于大家的喜好等情景的不同，便会有不同的价值评判，那种简单的将价格（外在评价）等同价值（内在感受）的思维模式显然是不合理的。同样，如果当你在炎热夏季打完一场球，大汗淋漓的时候喝一杯冰水，恐怕你对这杯普通的冰水的效用度量也会不一样吧。

职业价值观强调"个人在从事满足自己内在需求的活动时所追求的工作特

质或属性"，不应过多的受他人的影响。因为同样的事物对不同的人来说效用是不一样的。他人的建议一定是基于他自己的效用判断作出的，对于你来说不一定适合。对于职业价值观你只需要度量出你自己的效用评判即可。只有这样，职业价值观才是真实的，对你自己而言才是你的"效用"。有的职业生涯规划师说：别听父母的，过你自己想要的生活。话虽极端了一些，但也不无道理。比如，中国的家长在孩子职业选择上往往比较看重"稳定"，这实质上基于他们的人生经历和风险偏好作出的"效用"判断。现在无论是外部环境还是现在小孩的自身内在追求都发生了巨大的变化，"稳定"对于大多数年轻人来讲，"效用"并不高。

另外，一个人职业价值观在不同的人生阶段发生变化通常也是"效用"变化引起的。比如刚毕业的大学生往往经济压力比较大，在这个阶段"经济收入"的效用可能是最大的，因此"薪酬高"就是这个阶段比较靠前的职业价值观选项。工作十年有一定的经济基础后，"工作和家庭的平衡"则又会成为优先的职业价值观选项。如果一个人不注意人生不同阶段随着"效用"的变化"职业价值观"也会变化，就会产生价值观错乱，作出错误决策。

■ 边际效用递减规律

边际效用递减规律的经济学解释是对于同一种物品或服务消费的越多，则该物品或服务所带来的边际效用就越低，甚至可能为负。（边际的含义就是一个非常小的变动，通常可以理解为一个单位的变动。）由于边际效用递减，在某一类物品或服务上过多消费是不理性的。陈佩斯在1985年春晚上的小品《吃面》，可以看成边际效用递减的案例：第一碗面很美味，第二碗面还行，第三碗面很撑，第四碗面难受……

边际效用递减规律实际上给出了一个如何实现"效用最大化"的思路，由于边际效用是递减的，因此对于"效用体系"而言，"中庸之道"可能是最好的选择，即兼顾"效用体系"的各个部分，尽量避免边际效用的快速递减，可以形成综合效用的最大化。

职业价值观也是一个体系，职业价值观各个部分的效用也同样遵循边际效用递减规律。因此，我们在依据职业价值观作出职业选择的时候，可能需要适当的平衡，使我们的价值观体系更加有效。华南师范大学的董志强教授在他的

《经济思维》中讲了一个故事，他的一位朋友是名校的博士，本可以在国内重点大学找到一个职位，但由于考虑他爱人的工作安排等问题，选择了一所国内三流大学任教。大家都替他惋惜，但董老师认为这是一个最优的选择：为了家庭，适当的放弃事业；也为了事业，适当的放弃家庭。这是一个"爱"的故事，也是一个"平衡"的故事。故事的结果也不错，这位老师的家庭很幸福，事业发展也很顺利。当然，这种"中庸"的选择实际上也反映了一种价值观取向。美国加州大学前校长田长霖教授有一句话：做学问要极端，做人要中庸，所言极是！

回到小王的身上，两家单位应该如何选择？关键还是小王的职业价值观是什么，这需要小王自己去探索和澄清。一个人如果从效用的视角去考虑职业价值观，遵从自己内心的召唤，就会惊喜的发现，职业价值观能够为你提供职业发展的内驱力，让你的职业发展，甚至是人生聚焦于你认为的最重要的方向。好的职业选择，不是对不对，而是值不值。

学习收获

1. 性格与性格理论

（1）＿＿＿＿＿＿＿＿＿＿＿＿＿＿＿＿＿＿＿＿＿

（2）＿＿＿＿＿＿＿＿＿＿＿＿＿＿＿＿＿＿＿＿＿

（3）＿＿＿＿＿＿＿＿＿＿＿＿＿＿＿＿＿＿＿＿＿

2. 兴趣与霍兰德类型理论

（1）＿＿＿＿＿＿＿＿＿＿＿＿＿＿＿＿＿＿＿＿＿

（2）＿＿＿＿＿＿＿＿＿＿＿＿＿＿＿＿＿＿＿＿＿

（3）＿＿＿＿＿＿＿＿＿＿＿＿＿＿＿＿＿＿＿＿＿

3. 价值观探索

（1）＿＿＿＿＿＿＿＿＿＿＿＿＿＿＿＿＿＿＿＿＿

（2）＿＿＿＿＿＿＿＿＿＿＿＿＿＿＿＿＿＿＿＿＿

（3）＿＿＿＿＿＿＿＿＿＿＿＿＿＿＿＿＿＿＿＿＿

4.技能及技能的培养

（1）_____

（2）_____

（3）_____

生涯影视会

爆裂鼓手（Whiplash，2014）

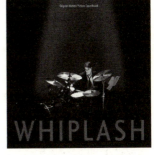

剧情简介：《爆裂鼓手》讲述一名少年在严师督教下，以非常规手段挑战自己的极限，追逐爵士乐鼓手梦的热血故事。主人公热爱打鼓，但过度的投入让他失去对音乐的初衷，进而演变为生命的负荷以及师徒间近乎疯魔的对决。电影不只有音乐人的苦痛，更让人看到传统励志背后的残酷真相。

推荐理由：主角的练习看起来很让人热血沸腾，事实上，这样的练习方式才是最大的误导，要知道玩乐器靠的是技巧不是蛮力，一味盲目练习只能适得其反，认识自己才会事半功倍。

推荐指数：☆☆☆☆

美丽心灵（A Beautiful Mind，2001）

剧情简介：《美丽心灵》是一部关于一个真实天才的极富人性的剧情片。故事的原型是数学家小约翰·福布斯·纳什（Jr. John Forbes Nash）。英俊而又十分古怪的纳什早年就做出了惊人的数学发现，开始享有国际声誉。

但纳什出众的直觉受到了精神分裂症的困扰，使他向学术上最高层次进军的辉煌历程发生了巨大改变。面对这个曾经击毁了许多人的挑战，纳什在深爱着的妻子艾丽西亚的相助下，毫不畏惧，顽强抗争。经过了几十年的艰难努力，他终于战胜了这个不幸，并于1994年获得诺贝尔经济学奖。这是一个真人真事的传奇故事，今天纳什继续在他的领域耕耘着。

1947年，小约翰·福布斯·纳什（罗素·克洛饰，Russell Crowe）进入普林斯顿大学学习并研究数学。这个"神秘的来自西弗吉尼亚的天才"并没有上预备班的经历，也没有遗产或富足的亲戚资助他进入"常春藤盟校（Ivy League）"，但普林斯顿最具声誉的奖学金证明他确实属于普林斯顿这个团队。

这对纳什或是对普林斯顿来说是很不容易的。优雅的社会交际他根本不屑一顾，上课也提不起什么兴致。他整天沉迷于一件事：寻找一个真正有创意的理论。他深信这才是他应该从事的事情。

普林斯顿的数学系竞争十分激烈，纳什的一些同学也十分乐于看到纳什的失败。但纳什撰写出了关于博弈论的论文——"竞争中的数学"——大胆地将现代经济之父亚当·斯密（Adam Smith）的理论做出了不同的解释。这个已经被人们接受了150年的思想突然变得陈旧过时了，纳什的生活也从此发生了改变。

纳什后来获得了在麻省理工学院（MIT）进行研究和教学的工作，这可是一个众人觊觎的工作，但是他对这些并不满意。科学曾为美国在第二次世界大战中的获胜发挥了巨大的作用。现在，冷战盛行，纳什渴望在这场新的冲突中发挥自己的优势。他的愿望得到了实现，自称来自美国国防部的威廉·帕彻（William Parcher，埃德·哈里斯饰，Ed Harris）邀请他参加一个绝密的任务，破解敌人的密码。

纳什在麻省理工学院工作的同时，全身心地投入这个耗神的工作。同时，光彩照人的艾丽西亚·拉迪（Alicia Larde，珍妮弗·康奈利饰，Jennifer Connelly），一个物理系学生，向纳什引入了一个从来没有认真考虑过的观念——爱情。

不久，纳什和艾丽西亚结婚了，但是他不能告诉她自己正在为帕彻所从事的危险项目。这项工作稍有不慎泄了密，后果将不堪设想。纳什一直是悄悄地在干，他被这项工作深深地迷住了，并最终迷失在这些无法抵御的错觉中。经诊断，他得的是妄想型精神分裂症。原来，纳什的挚友查尔斯，查尔斯可爱的小侄女和威廉·帕彻都是纳什的幻觉。但在妻子坚贞不渝的爱情和忠诚的感动下，纳什最终决定与这场被认为是只能好转、无法治愈的疾病作斗争。

谦卑的纳什目标很简单，但要实现这些目标却是难上加难。处在病魔的重压之下，他仍然被那令人兴奋的数学理论所驱使着，他决心寻找自己恢复常态的方法。绝对是通过意志的力量，他才一如既往地继续进行着他的工作，并于

1994 年获得了诺贝尔奖。与此同时，他在博弈论方面颇具前瞻性的工作成为 20 世纪最具影响力的理论，而纳什也成了一个不仅拥有美好情感，并具有美丽心灵的人。

推荐理由：这是一个精神分裂患者认识自己甚至接受自己出现幻觉和生病的故事。主人公用他过人的专注精神，向我们展示了一个几乎完全生活在自己内心世界中的人。

推荐指数：☆☆☆☆

拓展阅读

1.《哪来的天才》杰夫·科尔文著，中信出版社

内容简介：你的外婆也许会告诉你，如果要成为泰格·伍兹、温斯顿·丘吉尔这样的人，就必须埋头苦干。但事实并不仅如此，你还必须坚持不懈地"刻意练习"，你必须学会如何对结果进行分析，如何从失败中吸取教训，只要按照科学的方法进行"练习"，每个人都有可能获得成功，而不仅仅取决于你的智商或者是情商。科尔文提出"刻意练习"的成功法则不仅仅适用于科学、音乐、艺术领域，就是谈判、理财等技能，也可以依据成功法则来习得。

一句话书评：天才都是苦练出来的。

2.《掌控》贝南·塔布里兹，迈克尔·特雷尔著，现代出版社

内容简介：《掌控》是一本教你通过改变认知，控制自我，规划生活和未来，从而实现个人成功的书。本书开始和结束于理解自己，只有真正了解自己的人才能掌控自己，领导他人。基于名为 KNOW-BE-LEAD 的三个改变过程，我们可以借助这个框架深入思考自己的人生，规划好自己的时间和生活，进而掌控自己的命运。

一句话书评：掌控自己才能成就自己。

3.《异类》刘兴奇著，华夏出版社

内容简介：优秀者和残缺者都是人群中的异类，本书就是讲这些残缺的异类怎么改进，努力的异类怎么正确努力。

一句话书评：对大学学习和生活的另类思考。

4.《找对职业入对行》杨一平著，北京大学出版社

内容简介：为了找到正确的答案，《找对职业入对行：职场探访助你锁定职业目标》工作团队走访了各行各业共 60 位职场人士，历时 3 年，按照霍兰德所划分的 6 种职业类型，从现实型开始，逐一介绍采访到的这些职业人士真实的工作和生活情况，为读者提供一个与各种职业零距离接触的机会，使读者能够从这些职业人士的亲身经历中了解自己的所欲所求，从中发现最适合自己的职业。

一句话书评：能够从中看到很多职业的真相。

5.《心理类型》荣格著，北京理工大学出版社

内容简介：《心理类型》是荣格历经二十年探索而铸就的一部巅峰之作。它从心理学视角出发，从人类思想文化的长河中，选择宗教、哲学、文学、美学等领域中有代表性的人物及其作品展开创造性的分析和评判，总结概括出内倾和外倾两种最根本的心理类型，并详尽阐明了两种类型在感觉、直觉、思维、情感四种心理机能方面的不同体现，及其所造就的迥然不同的人生命运。在《心理类型》最后的"定义"一章，荣格系统全面地对心理学的几乎所有基本概念作出了自己独特的界定和阐述，堪称荣格思想的缩影。

一句话书评：有关性格的经典理论。

6.《请理解我》大卫·凯尔西著，中国城市出版社

内容简介：作为世界范围内的长期畅销书，本书以科学的态度，对四组不同类型的人格（技艺者、护卫者、理想主义者、理性者）进行分析，使人对本身的气质、性格、智能、兴趣、价值观及自我形象一目了然。

一句话书评：对 MBTI 性格类型最详细的描述。

7.《不说，就真来不及了》袁苡程著，新星出版社

内容简介：二十多年前，本书作者在纽约大学读心理学研究生，论文选题是人类的忏悔心理。为收集各种临终遗言作为第一手素材，她首先去了藏书无数的纽约市公共图书馆，结果发现能找到东西基本仅限于名人的临终遗言。于是她重新整理思路，突发奇想，花了 350 美元在《纽约时报》上登了一个小广告，征集临终遗言，带来了意想不到的效果，那些来信深深地打动了她，于是她决定把这些故事呈现给更多的人。

一句话书评：有些事，现在不做，也许就再没有机会了。

生涯读书会

《哪来的天才》

一、活动主题：能力的培养与提升

二、活动时间：＿＿＿＿＿＿＿＿＿＿＿＿＿＿＿＿＿＿

三、活动地点：＿＿＿＿＿＿＿＿＿＿＿＿＿＿＿＿＿＿

四、活动负责人：＿＿＿＿＿＿＿＿＿＿＿＿＿＿＿＿＿

五、活动的参与者：＿＿＿＿＿＿＿＿＿＿＿＿＿＿＿＿

六、活动感悟：＿＿＿＿＿＿＿＿＿＿＿＿＿＿＿＿＿＿

线上资源

一、网站

1.MBTI 职业性格测试 http://www.apesk.com/mbti/dati.asp

2. 霍兰德职业兴趣测试 http://www.apesk.com/holland/index.html

3. 职涯 http://www.zhiyeguihua.com/

4. 新精英生涯 http://www.xjy.cn/

5. 北森 http://www.beisen.com/

二、微信公众号

1. 武志红

2. 豆瓣阅读心理专栏

3. 云端心理实验室

4. knowyourself

5. 友心人心理社区

重庆市普通高校大学生职业生涯规划大赛

1. 比赛简介：

重庆市第四届普通高校大学生职业生涯规划大赛是由中共重庆市委教育工委、重庆市教育委员会主办，西南政法大学、重庆市大学中专毕业生就业指导服务中心承办，昭信教育服务集团协办的市级品牌赛事。旨在帮助大学生树立正确的就业观念，提升大学生的就业能力，促进毕业生就业。

重庆市普通高校大学生职业生涯规划大赛采取分校晋级方式，先由学校组织初赛，市级层启动报名，通过复赛、半决赛、决赛各个环节，分为本科和专科两个组，按照不同标准进行考核，最终决出赛事的各级奖项。

2. 考核内容：

职业规划书的制定、职场认知与职业素质、职业能力考核与职业目标实现。

3. 比赛官网：http://www.dxscj.com/

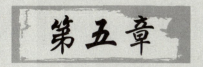

第五章

职业生涯决策

「大师语录」

> 我们的决定，决定了我们。
>
> —— 萨特

「推荐教学或学习时间」

大二第二学期

「热点要闻」

"十三五"规划纲要草案：哪些领域亟需人才？

1. 进出口贸易：发挥出口对增长的促进作用，增强对外投资和扩大出口结合度，培育以技术、标准、品牌、质量、服务为核心的对外经济新优势，实施优进优出战略。

2. 金融投资：发挥投资对增长的关键作用，深化投融资体制改革，优化投资结构，增加有效投资。加强同国际金融机构合作，参与亚洲基础设施投资银行、金砖国家新开发银行建设，发挥丝路基金作用，吸引国际资金共建开放多元共赢的金融合作平台。

3. 物流：促进流通信息化、标准化、集约化。

4.基础设施建设：实施重大公共设施和基础设施工程。实施网络强国战略，加快构建高速、移动、安全的新一代信息基础设施。

5.蓝色经济空间：坚持陆海统筹，壮大海洋经济，科学开发海洋资源，保护海洋生态环境，维护我国海洋权益，建设海洋强国。

6.农业：加快转变农业发展方式，发展多种形式适度规模经营，发挥其在现代农业建设中的引领作用。

7.网络空间：实施"互联网+"行动计划，发展物联网技术和应用，发展分享经济，促进互联网和经济社会融合发展。

8.服务业：开展加快发展现代服务业行动，放宽市场准入，促进服务业优质高效发展。

> **存在主义大师萨特说过："我们的决定，决定了我们。"我们每天都被大大小小的选择包围着，诸如早餐吃什么、如果没课去做什么、周末去哪儿玩等，这些选择都比较小，还有一些较为重要的选择，比如选择什么样的专业、选择什么样的职业、选择什么样的伴侣等。我们在这些选择中尽可能地追求自我，但也不可避免地受到很多现实条件和环境的影响和制约，因此，如何选择自己的生活，如何在选择前理性分析和感情体验，如何在选择后不后悔、不徘徊，这种能力就成了生涯成熟的一个非常重要的标志，也就是生涯决策能力。本章将从生涯决策的概念入手，分析影响生涯决策的因素，进而讲解生涯决策的过程理论和决策的基本方法。**

一、生涯决策的概念与特点

生涯决策，是综合了个人对自我的认识，对所受教育与职业状况等外在因素的判断，在面临生涯抉择情境时所作的各种反应。生涯决策有以下几个特点：

（1）决策无处不在。决策能力决定了一个人的生涯成熟度。在同龄人中，我们会发现有的人特别理性、特别成熟，就是因为他们在面临决策时比我们更加坚定。而且随着年龄的增长，一定是一个决策跟着一个决策，所以提升自己的决策能力比我给你一个选项更重要。

（2）没有完美的决策。一个人无法作出决策，不是对得到的不满意，而是他不愿意舍弃，或者说他舍弃得不够甘心。所以在求职时有些人无法作决策，他们也知道所有的工作有好有坏，但他们只愿意接受好的一面，而不愿意去面对那些必然的挑战。就像有的人觉得老师这个工作很好，但他们又不喜欢上课前反复地一字一句打磨教案、评阅作业。所以这个世界上没有完美的决策，因为我们的能力、信息、知识都是有限的，所以有得必有失。如果当下我们必须在多个选项中选择一个，那么我们必须接纳其他选项给我们带来的舍弃，你愿意吗？

任何决策都是有风险的，所以决策就是根据当下的信息和个人的判断，朝向未来去冒险。你愿意去冒这个险吗？

（3）决策不仅包括选择，也包括行动。很多时候，人们不是因为有了选择才能行动，而是因为有了行动才知道如何去选择。比如有的学生会问：老师，我到底是考研还是考公务员还是工作呢？之所以会有这样的问题，就是因为对这三个方面，我们都知之太少，比如说自己是否适合考研、是否喜欢公务员的工作，以及到底喜欢什么样的生活。对于这些问题如果从来没有考虑过、行动过、体验过，你如何能够作决策呢？你只有期待别人给你一个决策，可是自己想要的生活，别人是永远无法给你的，只有自己去创造。我们现在要紧的是去行动。如果大学毕业要找到一份满意的工作，那大一开始就要为自己的职业生涯作规划。

互动与分享

父母之命，媒妁之言 VS 别听父母的，过你想要的生活：
职业生涯决策如何听取其他人的意见？

我们每个人的生涯都不是孤立的。实际上我们的生涯发展有很多"利益相关者——父母、亲戚、朋友、同学……对于我们的职业生涯发展，他们往往都有话说（可能有些人比你本人还积极，还强势，比如你的父母）。那么，我们该如何听取他们的意见？请发表你的观点。

一朝共青团、三载学生会、一生团干情

如果你问我大学里最不后悔的两件事是什么，我会说第一件是选择了理工和我喜爱的专业，另一件便是在我青春花季里最美丽的邂逅——我的共青团，我的学生会。曾几何时，学生会成为我们学生心目中的神圣殿堂，它预示着服务，彰显着无私，体现着奉献，于是学生会成为了我大学生活的第一个驿站。从大一的一名小干事到大二的团副、主任，再到大三的主席，900天的学生会工作让我相识相知了学生会，它就像一位有信仰的哲人，能够理解青年的不羁，能宽恕同学的过错，还能包容这些孩子的无知。与此同时，我在学生会扮演的角色也在不断改变，大一的我激情无限、热情洋溢，大二的我勇敢担当、重任在肩，大三的我成熟稳重、谋划大局。当"主席论坛"开讲在学术报告厅，引领同学思想的时候；当"青春杯"的号角响彻花溪河，丰富学生文体生活的时候；当"理工学霸"分享他们学习经验，带动学习风气的时候；当"权益大使"风靡校园，维护同学权益的时候……我、我们、我们学生会便是每一次竭诚服务同学的策划者、执行者和传递者。这便是我的学生会，是我青春的信仰！对于我而言，也许沿途的学生会风光都不再重复，时光也已经泛黄，但那曾经耀眼的光芒都来自于我心中最为响亮的力量：一切为了同学，为了同学一切，为了一切同学！

（肖辉，重庆理工大学会计学院2011级会计学专业学生，2014年"士继青年奖章"获得者）

跨越选项看目标

当我们不知道要去哪儿的时候，对路径的比较是没有意义的。因此，在对不同的选项进行利弊比较之前，最好先澄清一下，目标是什么。一旦明确了自己的目标，你可能瞬间就能作出决策。

举个简单的例子，也是我经常在咨询中讲给来访者听的。

"我家门口有三路公交车，第一路公交车是那种又老又破的车子，冬天冷，夏天热，价格还很高。第二路公交车是很少见的双层公交车，人少，又舒适，

还经常有企业在里面搞宣传活动，赠送乘客小礼物。第三路公交车是我们常见的那种普通公交车，冬天有暖气，夏天有空调，价格也很公道。假如现在我要出门，你说我该上哪路车呢？"

来访者一般都会不假思索地回答："那要看您去哪儿啊。"

我会说："对啊，假如都不知道自己要去哪儿，对这些好处和坏处的比较是没有意义的。"

然后，我会把话题转过来说："现在我们来看看，对于你面临的这个选择，你到底要去哪儿。"

（选自贾杰《活得明白》第 41 页）

活得明白

作者: 贾杰
出版社: 北京大学出版社
副标题: 生涯咨询的十八个典型
出版年: 2015-1-1
页数: 248
定价: 38.00
装帧: 平装
ISBN: 9787301250815

豆瓣评分

8.6
225人评价

5星	60.9%
4星	29.3%
3星	6.7%
2星	1.8%
1星	1.3%

互动与分享

我的重大决策

请回想迄今为止在你人生中所作的三个重大决定，按以下几个部分进行描述并写在下面。

1. _____

2. _____

3. _____

当时的目标或情境是什么？

你所拥有的选择是什么？

你作出了什么样的选择？依据是什么？

现在你对当时的选择有什么评价？

当完成对三个重大决定的描述之后，再综合分析一下，上述三个事件中的决策有什么共同之处，从中可以看出你在作决策时有什么特点？

二、生涯决策的理论

（一）丁克里奇的决策类型理论

丁克里奇（1966）提出，人们通常采用下面几种决策模式：

（1）痛苦挣扎型：有些人会花很长的时间和精力来收集信息，确认有哪些选项，向专家询问，反复比较，却迟迟不能作出决定。他们通常会说"我就是拿不定主意"。出现这种情况的时候，不是因为信息不够多，而是我们被一些不必要的情绪和非理性信念困住了，比如害怕自己作出错误的决定、追求完美，等等。

（2）冲动型：与"痛苦挣扎型"相反，他们作出决定的速度很快，不再考虑其他更多的选择或进一步收集信息。他们的想法是"先决定，以后再考虑"。冲动的决策方式可能是为了回避困难，不愿意花时间去探索。这种方式的缺点就是有可能错过很多机会，在更好的选择面前会犯下同样的错误。

（3）直觉型：有些人作决定靠直觉。他们通常无法说出选择的理由是什么，只是独断地觉得，就是感觉自己应该选这个。人们无法充分获取环境情况中的各种信息的时候，会倾向于依靠直觉作判断。但这种直觉可能不符合事实，有时候，我们的判断可能因为社会的成见而产生较大的误差。因此，我们不能仅仅将直觉作为决策的依据。

（4）拖延型：这些人习惯将对问题的考虑和行动延后进行，"等会儿再说吧，再让我想想"是他们的口头禅。大学生常见的"我还没有准备好，什么都没学，怎么去工作"，就是典型的拖延。拖延型的人心中常抱有这样的希望：总是觉得自己没有准备好，或者对自己突然的爆发充满信心。然而，没有哪个困难或问题是可以一蹴而就地解决的，每一次对问题的直面行动都是为解决它作准备。就比如说，如果你现在不为找工作作准备，那么即便你读完研究生也未必就能找到工作。

（5）宿命型：有些人不愿意对自己作出的选择承担责任，而将一切后果都说成是宿命的安排。他们会说"命中注定的，我也改变不了"，或"我怎么老是这么背"之类的话。当一个人将自己生活的主控权交给外部环境和他人的时候，可以想见，这个人是很容易觉得无力和无助的。这时就会把自己当作"受害者"，怨天尤人，却没想到自己所谓的无法控制的悲惨命运正是由于放弃了个人对生命的"主动权"而造成的。

（6）从众型：这样的人倾向于顺从别人的安排而不是独立地作出决定。他们常说"别人都是这么做的，我也这么做应该不会错"或者"我必须听我爸妈的"。比如，很多大学生争取出国、进外企、考研、参加各种培训班，考各种资格证书，不是因为自己想做什么，而是因为"身边的人都这样做"或者"爸妈喊我这么做"。从众的人表面上看选择了一条最安全的道路，其实内心是最缺乏安全感的，因此这种表面的安全也是经不起内心的挑战的。关于这一点，《乌合之众》这本书说得最清楚了。

（7）瘫痪型：有时候，个体可能在思想上想到了自己该为自己作一个决定，却无法开始决策的过程。在内心深处总是笼罩着"一想到这事就感觉焦虑，不想面对"的阴影。事实上，他们无法真正为决策和决策的后果承担责任，而这种害怕承担责任的心理可能源于家庭环境在其成长过程中的影响。

（8）计划型：这种类型的人作决定倾听自己内在的声音，也考虑外在的环境要求，以作出适当的决策。

想一想，你在生活中曾经采取过哪些决策模式？你最常用的是哪种？

根据你对"自己"和"环境"认知的多少，还可以将上述几种决策类型作以下划分：

		自 己	
		未 知	已 知
环 境	未 知	困惑和麻木性决策 痛苦挣扎型、拖延型、瘫痪型	直觉性决策 冲动型、直觉型
	已 知	依赖性决策 顺从型、宿命型	信息性决策 计划型

（二）克朗伯兹生涯决定社会学习论

克朗伯兹认为四类因素影响到一个人的生涯决定，这就是：遗传因素和特殊的能力、环境状况和事件、学习经验、工作取向的技能。

1. 遗传因素和特殊的能力

个人的遗传因素，在某种程度上限制了个人对职业或学校教育选择的范围。这些因素包括种族、性别、外在的仪表和特征等。

个人的某些特殊的能力也会影响学习经验，以及伴随这些学习经验而来的兴趣与技能，因此对个人未来的职业选择也有很大的影响。个人的特殊能力包括智力、创造力、音乐能力、美术能力、动作协调能力等。

2. 环境状况和事件

克朗伯兹认为，影响教育和职业的选择因素中，外部环境的因素占有很大的比重。

这些环境状况和事件可能来源于人类活动，也可能是由自然力量引起（也就是我们说的天灾人祸）。这些因素具体包括：就业机会的数量和质量；教育水平的高低；不同职业的劳动报酬水平；工作的环境和法制的规范；自然环境的影响，如地震、洪水、干旱、台风等；自然资源的开发；科技的发展；工作组织的改变。

3. 学习经验

克朗伯兹认为，每个人的学习经验都是独特的，在决定其生涯发展时扮演重要的角色。日常生活中，有两种学习经验影响着个人的生涯决定，这也是克朗伯兹社会学习理论中最简约的形式，即工具式学习经验和联结式学习经验。

（1）工具式学习经验（instrumental learning experiences）。工具式学习经验有三部分主要内容，它们分别是指：

①前因。指的是我们前面提到的各种环境状况，以及个人在生活中遇到的各种事件和刺激。

②内隐与外显的行为。包括内在的认知和情绪反应，以及外在的行动。

③后果。指的是直接由行动所造成的影响，以及当个体体验到这些后果时的认知与情感反应。

克朗伯兹的社会学习理论认为，凡是成功有效的生涯规划所需的技能，均能通过连续的工具式学习经验而获得。

（2）联结式学习经验（associative learning experiences）。联结式的学习经验综合了班杜拉社会学习理论的观察学习和心理学中的古典学习理论。

联结式学习经验是指：某些环境的刺激会引发个人在情绪上积极或消极的反应。如果原来那些属于中性的刺激与能够使个体产生积极或消极情绪反应的刺激同时出现，这种伴随在一起的联结关系，就会使中性的刺激也具有积极或消极的情绪作用。（还记得巴甫洛夫的狗吗？）克朗伯兹指出，我们对于职业的刻板化印象，诸如"医生和律师都是有钱人""教师和公务员都是轻松的"等，都是通过这种联结式学习的经验而习得的。在个体成长过程中，这些观念时常伴随着我们，对其生涯的选择有着深远的影响。

4. 工作取向的技能（task approach skills）

前面提到的各种因素，如遗传因素、特殊能力、社会的各种影响因素，以及不同的学习经验等，以一种交互影响的方式使个人形成特有的工作取向技能，这些技能包括解决某些问题的能力、工作生活习惯、工作的原则与价值、特定的情绪反应、知觉和认知的模式等。

风霜，催熟梦想

考研与就业，当周围同学把它当作一道选择题时，他却在心理早早有了答案，并从未动摇过。因为对于他来说，考研已经是他面对未来、实现梦想的必经之路。身边和他一起考研的同学来了又去，面孔不断在变化，但是明园五楼考研自习室里，从来没有一次缺过他的身影。暑假的时候，同学们都纷纷回家，留下外地的他，孤独地与重庆的酷热抗争着；国庆节的时候，身边的同学纷纷选择外省的旅游胜地度过假期，而他依然坚守在实现梦想的最前线；回到宿舍常常有同学提起今天到哪个哪个知名企业面试，隔壁班的谁谁拿到了国有企业的 offer，默默无闻的他偷偷给自己鼓劲儿，这个夏天他也最终会如夏花般绚丽绽放……考研是一段艰辛旅程，不是每个人都能从决心伊始坚持到考场上最后一科目铃声响起。这个过程是对一个人心智和气量的综合考验，更是通向未来理想国的一次洗礼。从开始到最后，罗功辽没有动摇和放弃过，而是一如既往地执着。最终他以 413 分的好成绩顺利考入国内一流材料类专业学校——西北工业大学。在学院里，即使不同年级的同学，都封他为"学霸"，他说："我本不是天赋很高，生活很自由就能成绩很好的人，'学霸'称号挺好，就是通过自身努力和坚持，通过自我管理与控制，达到最后的目的。"

（罗功辽，重庆理工大学材料科学与工程学院 2010 级材料科学与工程专业学生，2014 年"士继青年奖章"获得者）

充分利用偶发事件

在你的生活中一定遇到过偶发事件，并且你至少也充分利用过其中的一次经历。现在你知道了自己其实可以创造这些偶发事件，并可以从中受益。我们否定了大部分你很可能听说过的关于人生、职业规划的常见谬论。看一下这个列表吧！

1.不要让偶发事件打乱你的计划

2.尽快地选定职业目标

3.只有在你很确定结果的情况下才采取行动

4.当所有的技能都具备时再去找工作

5.相信运气只是一个意外

为了能让你知道我们是如何打破这些误区的，下面我们将简单列出一些实际的建议。

1.充分利用偶发事件

2.给自己多一点选择

3.去折腾吧——即使不知道结果

4.牢记幸运绝非偶然

（选自约翰·D.克虏伯、AIS.列文《永远相信，幸运的事情即将发生》第22—23页）

永远相信，幸运的事情即将发生

作者：约翰·D.克虏伯／AIS.列文
出版社：中国华侨出版社
译者：李春雨／毛强
出版年：2015-3
页数：208
定价：32.80元
装帧：平装
丛书：新精英丛书
ISBN：9787511350091

豆瓣评分

7.2 ★★★★☆
49人评价

5星	51.0%
4星	26.5%
3星	12.2%
2星	8.2%
1星	2.0%

互动与分享

我的 SWOT 分析

（1）评估自己的优点和短处。请列一个提纲，列出自己的性格特点、长短处所在。这是进行个人分析非常重要的一步，通过分析自己的长处和短处，我们可以扬长避短，继续发扬自身的优势，并努力改正常犯的错误，提高自身的素质和能力。

（2）找出你的机会和威胁。我们知道，机会和威胁作为一个矛盾的统一体，总是同时存在于周围的环境中，对机会和威胁进行比较客观的分析将有助我们认清形势并果断地进行抉择。所以我们有必要对学习环境、专业前景以及就业形势等外部因素进行正确的分析、评估其机会和威胁。

（3）未来发展规划。计划是行动的向导，完成第一、第二步的分析后，我们就可以有针对性地简单制订自己的发展规划。

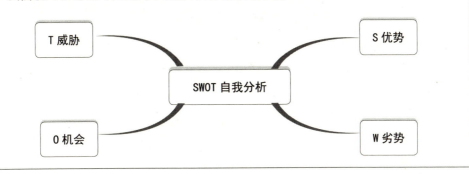

三、生涯决策的方法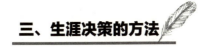

（一）认知信息加工理论

1991年，加里·彼得森、詹姆斯·桑普森和罗伯特·里尔登合著了《生涯发展与服务：一种认知的方法》一书。这本书阐述了一种思考生涯发展的新方法：认知信息加工理论，简称CIP（Cognitive Information Process），它基于以下基本假设：

（1）生涯选择以我们的思考和感受为基础。

（2）进行生涯选择是一种问题解决活动。

（3）作为生涯问题解决者，我们的能力以我们所知及我们如何思考为基础。

（4）生涯决策需要良好的记忆

（5）生涯决策需要有动机。

（6）生涯发展持续进行，是我们毕业学习和成长的一部分。

（7）我们的生涯很大程度上取决于我们思维的内容和方式。

（8）我们的生涯质量取决于我们对生涯决策和生涯问题解决所了解的程度。

（二）信息加工金字塔

1. 金字塔的底层：知识领域

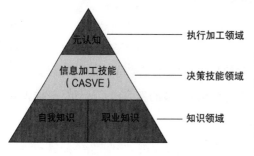

这一层包括自我知识和职业知识。自我知识包括对自己的职业兴趣、性格、技能、职业价值观的认识。职业知识包括职业的真相以及该职业对人的要求。当这两方面的信息越多，金字塔的底层就越牢固，也就意味着我们的决策能够建立在充足的信息的基础上。

2. 金字塔的中层：决策技能领域

这一层教给我们决策的五个步骤：沟通→分析→综合→评估→执行，也称之为 CASVE 循环。

（1）沟通（Communication）。沟通，包括内部和外部的信息交流，通过交流使个体意识到理想和现实之间存在的巨大差距。内部的信息交流，是指个体自身的身心状态，比如在毕业找工作的时

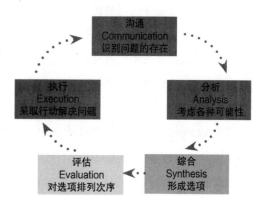

候，你可能在情绪上会感受到焦虑、抑郁、受挫等，在躯体上会有疲倦、头疼、消化不良等反应，这些情绪和身体状态都是一些提醒你需要进行内部交流沟通的信号。外部的信息交流，是指外界的一些对你产生影响的信息，比如宿舍同学开始准备简历就是给你提供了一种外部信息，你也需要开始准备找工作了；又如在求职过程中父母、老师、朋友给你提供的各种建议。通过内部和外部沟通，你意识到自己需要解决某些问题，这样的交流对开始生涯选择十分重要。沟通阶段需要回答的最基本的问题是：此刻我正在思考并感觉到的自己的职业选择是什么？

（2）分析（Analysis）。分析，是通过思考、观察和研究，对兴趣、能力、价值观和人格等自我知识以及各种环境知识进行分析，从而更好地理解现存状态和理想状态之间的差距。在分析阶段主要运用的是前两章认识自我和认识职业环境中提到的方法。在分析阶段需要对两方面的知识进行了解。首先是自我知识，包含兴趣：我喜欢做什么？做什么事情的时候我最能够投入？做什么事情能让我得到享受？价值观：我看重什么？我这辈子希望达到的目标是什么？我希望工作可以带给我什么？性格：我是内向的还是外向的？我关注宏观抽象的事物还是具体细节？我倾向理性思考还是感性体验？我习惯于有条不紊还是随机应变？其次是环境知识，每一个选择处于什么样的环境？会带来什么样的生活？需要付出什么努力？比如：对于考研来说，需要付出什么努力？花多长的时间准备？读研之后的生活是什么样的？研究生毕业之后的求职情况如何？而对于找工作也需要了解每一份职业相关的信息。

（3）综合（Synthesis）。综合，是根据分析阶段所得出的信息，先把选择范围扩展开来，再逐步缩小，最终确定3~5个最可能的选项。这个先扩大后缩小的过程非常重要。通过分析阶段，我们对自我的各方面都有了很多了解，每一个方面都分别对应着很多职业，把这些职业都列出来，就会得到一个范围很广的选择列表；再选取其中的交集，就得出了缩小的职业选择范围；然后，把最可能从事的职业限定到3~5个。最后，可以问自己"假如我有这3~5个选择，是否可以解决问题，消除现实和理想状态的差距？"如果可以，就进入评估阶段选出最适合的选择，如果还是不能解决问题就需要重新回到分析阶段了解更多信息。

（4）评估（Evaluation）。评估，对于综合阶段得出的3~5个职业进行具体的评价，评估获得该职业的可能性，以及这个选择对自身及他人的影响，从而进行排序。比如，可以问：①对我个人而言什么是最好的？②对我生活中的重要他人而言什么是最好的？③大体上，对我所处的环境而言什么是最好的？还可以通过生涯平衡单和SWOT

分析等方法进行评估。

（5）执行（Execution）。执行，是整个CASVE的最后一部分，前面的步骤只是确定了最适合的职业，还不能带来职业选择的成功，需要在执行阶段将所有想法付诸实践，如开始具体的求职过程；也为再一次回到沟通阶段提供线索，以确定沟通阶段所存在的职业问题是否得到了很好地解决。在执行阶段，需要制订计划，进行实践尝试和具体行动。如果没有解决可以再次回到沟通阶段，重新开始一次CASVE循环，直到职业生涯问题被解决为止。

3. 金字塔的顶层：执行加工领域

这一层就是我们的元认知，它负责"发号施令"，比如我们有了底层的关于自我和职业的知识，也知道CASVE循环的步骤，但在什么时候启动和终止这个循环的过程，在这个过程中需要从底层提取什么信息，提取多少信息，以及这个过程进展是否顺利，都由元认知来指挥和监控。

（三）发展元认知的三种重要技能

根据弗拉维尔的观点，元认知就是对认知的认知，其实质就是人对认识或认识活动的自我意识和自我监控。发展元认知有三种重要技能：

1. 自我对话

每天我们都在进行自我对话。"今天又起晚了，上课又要迟到了""作业还没写完怎么办""我要不要参加这个比赛呢"……尽管内容不尽相同，但我们每个人自我对话的方式都有些固定的模式。有些人倾向于积极的自我对话，肯定自己、鼓励自己，关注问题的解决；有些人却习惯消极的自我对话，怀疑自己、贬低自己，纠结于此无法自拔。

2. 自我觉察

自我觉察包括对外部世界的觉察和对自己内心世界的觉察。具有自我觉察品质的人，对外部世界，他们能觉察到周围事物的细微变化，能设身处地地去理解他人，与他人体会到同一种感觉，用他人的方法去认真思考，并能接受他人的观点，作出正确的判断。对内心世界，能了解自己是什么样的人，相信什么，了解自己在现实生活中所扮

演的角色，潜在能力和将来要去承担的角色及要达到的目标。

3. 自我监控

自我监控是在自我对话和自我觉察的基础上，形成随时监控和反馈的习惯。正是由于具有自我监控能力，故个体能自我进行审视与反省。在个体自我发展和自我实现的过程中，无论是目标的树立、方向的确立、计划的制订还是具体行为、行动的采取、实施、调整、控制，其中每一步骤的顺利完成都是以个体一定的自我监控与调节为手段的，实际上也都是个体自我监控能力的具体表现。因此，在这个意义上，可以说自我监控是个体自我发展和自我实现的根本保证。

生涯故事会

我和新闻有个约会

大一的时候，因为一次偶然的机会，我进入了当时的校报记者团。转眼，我在这里坚守了三年的时间，很多人问我走不走，我一次次摇头了。在这里我收获了许多纯真的情谊，更宝贵的是，在新闻采编工作中，通过采访十佳大学生、优秀校友、校领导等，我看到了他们表面光鲜、背后却拼命努力的鲜为人知的一面。他们的奋斗故事让我为之动容，也让我坚信作为一个新闻人的责任和自豪感。采访语言学院 2006 级校友雍波（现为交通银行深圳分行高管）的时候，他告诉我他一直都敬仰记者这个职业身份。电话的那头，他饱含激情地说："铁肩挑正义，妙手著文章。"采访后的那个晚上，我彻夜难眠，有欣喜有迷茫，那一刻我在心里作了一个大胆的决定。

这个决定就是："我想再为自己选择一次，为了新闻理想再选择一次，就算头破血流，我也要给自己一次拼搏的机会！"我希望能为自己心底的那个声音选择一次，哪怕只有一次机会，如果失败了，我认命；如果成功了，那么我定会努力朝着新闻梦想前进，用我的人力资源管理专业知识做后盾和背景，努力做一个用文字为社会各层群众伸张正义反映民情的好记者！"是的，这也是我心底的那个声音。

（秦钰：重庆理工大学经济与贸易学院 2013 级人力资源专业学生）

考研还是就业

考研也好，就业也好，都不是人生的最终目标。最终的目标是让自己和家人活得更幸福一点，考研和就业无非是走向目标的两条路，哪条更好，难以判断。

人生是由选择构成的，每种选择都有成本，选择了 A，就意味着放弃了 B。你的困境在于没有经历过 A，也没有经历过 B，所以无从判断 A 还是 B 哪种更适合。更糟糕的是，无论是 A 还是 B，都可能成功，也可能会失败，似乎没有一个安全的选择。

在一个快速变动的时代，企图用一次好的选择锁定终身幸福的念头，这个可以有，但是你绝不能真的相信。

很多孩子都喜欢做这样的假设：如果准备考研复试，就没有办法准备招聘；如果准备招聘，就没有办法准备考研复试，两个选择让我好痛苦、好纠结啊。

其实，这是一个虚假的"二难选择"，我就见过很多同学既拿到考研的录取通知书，又拿到几个好单位的录用通知书，再神勇一点的顺便还谈个恋爱、旅个游。谁告诉你 6 个月考研复习期里，只能做两件事？

（选自张志《不要等到毕业以后》第 104-105 页，有删减）

不要等到毕业以后

作者：张志
出版社：江苏文艺出版社
出版年：2013-6-1
页数：222
定价：CNY 30.00
装帧：平装
ISBN: 9787539962573

豆瓣评分

8.1 ★★★★☆
704人评价

5星	37.5%
4星	43.3%
3星	15.1%
2星	2.3%
1星	1.8%

我的决策平衡单

权重：1—5　分数：1—5

因素	选择	权重	职业选择一 +分数	职业选择一 −分数	职业选择二 +分数	职业选择二 −分数	职业选择三 +分数	职业选择三 −分数
个人物质得失	收入							
	健康状况							
	休闲时间							
	未来发展							
	升迁状况							
	社交范围							
他人物质得失	家庭收入							
	家人相处时间							
个人精神得失	所学所用							
	进修需求							
	改变生活方式							
	成就感							
	挑战性							
他人精神得失	父亲支持							
	母亲支持							
	爱人支持							
总分								

"伟伟"道来

基于机会成本和收益的职业决策

　　小王是一名大三的工科学生，他最近感觉比较迷茫，周围的同学似乎都有了目标和方向，而他还没有拿定主意，是先工作还是考研？在小王看来，先工作意味着先挣钱，但发展空间和潜力似乎没有研究生大；读研究生不仅要花学费、生活费，而且还要少挣三年的工资，但起薪一般要高于本科生，发展潜力也要大一些。这两个选择看起来各有道理，他实在难以决策。

小王的职业发展选择从经济学的视角来看，就是一个成本收益的问题，如果懂得一些经济学的基本概念和原理，有助于他作出理性的决策。

如果我们问小王读研究生的成本是什么？你会认为学费、食宿费和书本费是主要成本，或许有的人还会考虑到考研复习和考上后读书的辛苦而再加上心理效用损失。经济学家会告诉你这种计算方式既太多又太少。说它太多是指食宿费是不应该计入读研究生的成本。原因很简单，即使你不读研究生，你也需要一个地方住，也要吃喝。说它太少是指这种计算方式没有把如果小王不读研究生而直接工作，读研究生这个时间段他可以挣得的收入作为成本计算进去（因为这部分放弃的收入可以看成是由于小王读研究生带来的损失），这其实才是小王读研究生的最大单项成本。

经济学在考虑成本时使用的是"机会成本"的概念。机会成本的经济学解释是为了得到某种东西而所要放弃另一些东西的最大价值；也可以理解为在面临多方案择一决策时，被舍弃的选项中的最高价值则是本次决策的机会成本。因此小王读研究生期间可能挣到的收入是小王上研究生的机会成本的一个主要部分。

而小王读研究生的收益又包括些什么？一个是研究生的起薪普遍比本科生要高，薪酬增长的速度和空间也要大一些，事业发展而带来的社会地位、尊严等心理满足一般也要高一些。

在计算成本收益时，有另外一个经济学概念值得注意，那就是"贴现"。贴现本来是一种银行的票据业务，现在也指将未来支付货币值折合成现值的行为。一般而言，未来的货币值与现值之间会有一个利率差（即未来的钱不如现在的钱值钱）。小王读研究生的收益是未来收益，因此在作决策比较时需要"贴现"。

了解这些基本的经济学概念，对小王作出理性的职业决策是有帮助的。假设小王为考研复习准备花的费用（包括上补习班、复习资料、复习辛苦的心理损失等）是3万元，大学毕业后读研究生的学费是4万元，书本费是1万元，心理效用损失是5万元，读研究生的机会成本（小王大学毕业直接工作，在读研究生期间可能挣到的收入）的现值为30万元，预期研究生毕业后可以增加的收入的现值为 38 万元，心理满足收益的现值为 2 万元，那小王应该读研究生吗？如果预期研究生毕业后可以增加的收入的现值为 42 万元，心理满足收益的现值为 3 万元吗？

第一种情况：总成本 =3+4+1+5+30=43 万元；

总收益 =38+2=40 万元

总成本大于总收益，应该直接工作。

第二种情况：总成本 =3+4+1+5+30=43 万元；

总收益 =42+3=45 万元

总成本小于总收益，应该读研究生。

另外，经济学里面还有一个概念叫"沉没成本"，其含义是指由于过去的决策已经发生了的，而不能由现在或将来的任何决策改变的成本。如果你是一个"理性人"就应该忽视它，不应该让它影响现在的决策。当然大多数人并不太容易做到这一点。比如小王开始决定考本专业的研究生，并为此开始准备 1 年了，但到考试前半年，他觉得跨专业考经管类的研究生更符合他的想法，即心理满足收益更高，但由于时间已经很紧张，这意味着他需要重新准备专业课，承受较大的压力。

我们假设小王为本专业考研复习准备花的费用（包括上补习班、复习资料、复习辛苦的心理损失等）是 3 万元，大学毕业后读研究生的学费是 4 万元，书本费是 1 万元，心理效用损失是 5 万元，读研究生的机会成本（小王大学毕业直接工作，在读研究生期间可能挣到的收入）的现值为 30 万元，预期研究生毕业后可以增加的收入的现值为 42 万元，心理满足收益的现值为 3 万元，那小王读本专业读研究生决策思路是：

总成本 =3+4+1+5+30=43 万元；

总收益 =42+3=45 万元

结论是总成本小于总收益，应该读研究生。

现在，小王考虑要不要转换专业考经管类研究生，假设小王为考本专业的研究生准备已花费 2 万元，而换专业考试由于时间紧、任务重，他这半年的准备会付出更多，假设这半年的准备需要的费用（包括上更贵的补习班、复习资料、复习压力更大的心理损失等）是 5 万元，而读经管类专业毕业后心理满足收益的现值为 4 万元，那小王跨专业读经管类研究生决策思路是：

总成本 =2+5+4+1+5+30=47 万元；

总收益 =42+4=46 万元

结论是总成本大于总收益，不应该跨专业读研究生。

这个分析对吗？问题的关键是那"为考本专业的研究生准备已花费 2 万元"是"沉没成本"，即不管决策是继续复习考本专业的研究生（剩下半年复习时间继续花费 3-2=1 万元），还是跨专业考经管类的研究生（剩下半年复习时间准备经管类研究生考试花费 5 万元），这 2 万元都已经花出去了，它与你决策是否要跨专业考研究生无关。一旦不考虑这"沉没"的 2 万元，再进行决策就是：

总成本 =5+4+1+5+30=45 万元；

总收益 =42+4=46 万元

结论是总成本小于总收益，应该跨专业读研究生。

如果你理解了"沉没成本"的含义，就会理解李宗盛的《当爱已成往事》第一句为什么是"往事不要再提"，因为在爱情里，"往事"也是"沉没成本"！"放下"才是人生的大智慧！

当然你会觉得这些分析的数据都是事先设定的，真实世界的情况要复杂得多。你是对的！但用经济学的思维方式来考虑问题，思路无疑是对的，而且也会更加清晰和科学。当你对于经济学的成本收益概念有了深入的了解后，就能够理解在美国为什么大学里的优秀篮球运动员往往不能读完四年大学。因为相对于 NBA 的巨额高薪，读大学的机会成本实在是太高了！

学习收获

1. 生涯决策的概念与特点

（1）_____

（2）_____

（3）_____

2. 生涯决策的理论

（1）_____

（2）_____

（3）_____

3. 生涯决策的方法

（1）_____

（2）_____

（3）_____

生涯影视会

少年时代（Boyhood，2014）

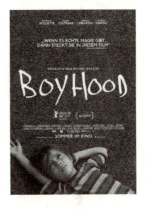

剧情简介：本片讲述一个男孩从 6-18 岁的成长历程，导演理查德·林克莱特花了 12 年时间来完成这部作品。该片仔细描画了孩子的成长过程及其父母亲各个方面的变化，可以让观众细致入微地体会岁月流逝的痕迹。

推荐理由：主人公在不停地改变，不停地前进，每一个决定都是想变得更好。那个面向阳光，脸上绒毛亮闪闪的小少年，长成瘦弱敏感纤细的少年，再成为内敛沉静的青年。

推荐指数：☆ ☆ ☆ ☆

飞越老人院（2012）

剧情简介：故事发生在一个民营的老人院里，老周（吴天明）和其他老人的生活像一潭死水，无论谁踏进这里，都会闻到一股死亡的气息。正在这时，老周的老朋友老葛（许还山饰）也加入到他们当中。为了使自杀未遂的老葛振作，同时也为了让其他老人不再浑浑噩噩地过日子，他组织大家做更有意义的事情，借助老人们喜欢的电视节目，唤醒大家沉睡的勇气和参与精神，组织大家一起排练节目去天津参加比赛。

老人们充满热情地集体排练，在排练中相互逗趣，设计逃离老人院，驾车

"飞越"驰骋公路。人生的热情再一次被点燃,生命的层层意义也被逐步揭开……等到如愿以偿登上了梦想的舞台,但他们谁也不知道,外表健康、乐观幽默的老周已经到了生命的终点。

推荐理由:走到生命末端决定圆梦,再重操旧业,时光有限,情却很长,那就燃尽生命里的最后一缕阳光吧。

推荐指数:☆☆☆☆☆

拓展阅读

1.《把时间当朋友》李笑来著,电子工业出版社

内容简介:这本书从心智成长的角度来谈时间管理,指出时间管理是成功的关键所在。作者引述自己从事的职业中所遇到的事例,告诉我们:如何打开心智,如何运用心智来和时间做朋友,如何理解时间管理的意义,在时间管理上取得突破,进而用心智开启自己的人生成功之旅。

一句话书评:心智模式是成功的关键。

2.《资深经理人带你入行》周丽虹,沈嘉桢著,北京大学出版社

内容简介:书中10位10个不同行业的资深职业经理人结合自己的职场经验,给刚毕业将要工作的大学生提供入行的建议,告诉他们本行业的特点及要求、本行业职业成长脉络以及要入行必须思考的10个关键问题和切实有效的建议,这些资深经理人基于经验的概括富有实用性和哲理性,是刚毕业的大学生入职前的必读之书。

一句话书评:真实的职场并不像我们想象的那样。

3.《元认知:改变大脑的顽固思维》大卫·迪绍夫著,机械工业出版社

内容简介:"不识庐山真面目,只缘身在此山中。"每个人的元认知能力也是不同的,这影响了他们的学习效率、人际关系、工作成绩等重要的人生要素。通过本书中提供的心理学知识和自助技巧,你可以获得高水平的元认知能力,从而更有效地解决生活和工作中的问题,实现人生目标,获得更多的幸福感。

一句话书评:改变我们的元认知,我们的世界就会不一样。

4.《万万没想到》万维钢（同人于野）著，电子工业出版社

内容简介：作者常用有趣的实验、数据来解读感性的事物，其理工科思维涉及行为经济学、认知心理学、社会学、统计学、物理等许多学科，以前沿的科学视角解读生活，为人们提供了认知的新方法。读完本书相当于精读了十几本经过筛选、再创作及通俗化处理的巨著，不仅有趣还十分有营养。

一句话书评：理性，科学，深度，有趣。

5.《决策与判断》斯科特·普劳斯著，人民邮电出版社

内容简介：本书的对象是希望了解决策与判断心理学的基础知识的非专业人士。它着重是实验结果而不是心理学理论，是出人意料的结论而不是猜想，是对研究的描述而不是数学公式。一句话，这本书是想要大家高兴而且思考，同时也是为了传播和普及心理学的知识。

一句话书评：关于决策的最科学的研究。

6.《思考，快与慢》丹尼尔·卡尼曼著，中信出版社

内容简介：人类究竟有多理性？在书中，卡尼曼会带领我们体验一次思维的终极之旅。他认为，我们的大脑有快与慢两种作决定的方式。常用的无意识的"系统1"依赖情感、记忆和经验迅速作出判断，它见闻广博，使我们能够迅速对眼前的情况作出反应。但"系统1"也很容易上当，它固守"眼见即为事实"的原则，任由损失厌恶和乐观偏见之类的错觉引导我们作出错误的选择。有意识的"系统2"通过调动注意力来分析和解决问题，并作出决定，它比较慢，不容易出错，但它很懒惰，经常走捷径，直接采纳"系统1"的直觉型判断结果。为了使读者真切体会到"系统1"和"系统2"这两个主角的特点，卡尼曼介绍了很多经典有趣的行为实验，指出我们在什么情况下可以相信自己的直觉，什么时候不能相信；指导我们如何在商场、职场和个人生活中作出更好的选择，以及如何运用不同技巧来避免那些常常使我们陷入麻烦的思维失误。

一句话书评：充满智慧和洞见的著作。

7.《别做正常的傻瓜》奚恺元著，机械工业出版社

内容简介：你正常吗？也许是的。你傻吗？也许也是的。"正常"的决策者往往做着"傻瓜"的决策，而他们自己还蒙在鼓里。这些傻的错误在许多决策中会出现，包括购物、投资、用人、择偶等。这本书基于获得诺贝尔奖的行为决策学，又基于作者10余年的管理教学经验，帮你揭示人们在工作和生活中熟视无睹的决策误区，并教你如何纠正。读完本书，希望你能"少几分正常，多几分理性"，在这充满竞争的世界里胜人一筹。

一句话书评：案例丰富生动，讲解浅显易懂。

8.《眨眼之间》马尔科姆·格拉德威尔著，中信出版社

内容简介： 不管是一拍脑袋作出的决定，还是脱口而出的想法，都不是随机事件。不管是快速约会的一见钟情，还是头脑发热的浪漫，都不是年轻气盛。我们在一眨眼之间作出的决定，比三思而后行，或许更具大师级的水准。只是，直觉背后的内涵，远比表象来得深刻。生活中的决策无论好坏，我们到底是如何做成的？为什么有些人的决策能力令人称绝？在本书中，格拉德威尔阐述并解答了这些问题。他通过多样化的个案，诸如快速约会的过程、流行音乐的运作以及无辜黑人遭警方枪杀的疑案，彰显了一项重大发现：人们在一眨眼间作出的决策，其内涵远比表相来得复杂。格拉德威尔援引心理学的最新研究成果，证实了影响决策优劣的关键，并不在于我们能够快速处理多少信息，而在于我们全神贯注的专注力。格拉德威尔在各个例证之间纵横挥洒，再度展现了他的精湛才华。他告诉我们在家庭关系、职业生涯到日常生活中，如何成为更成功的决策者。本书将令你有柳暗花明之感，从而改变许多成见与做法，更让你对"直觉思维"的了解迈入新的境界。

一句话书评：对人们决策的另类观察与研究。

9.《怪诞心理学》理查德·怀斯曼著，天津教育出版社

内容简介： 你走路的方式会透露出你的哪些性格？为什么女性的征婚广告最好由男性来写？全世界最好笑的笑话是什么？为什么有些人竟然会回忆起不曾发生过的事情？为什么女性驾驶员更容易超速行驶？夏天出生的人和冬天出生的人谁的运气更好一些？真心的笑容和虚假的笑容都打着哪些难以掩饰的烙印？……本书是作者和诸多卓越心理学家研究成果的结晶。它为读者打开了一扇重新认识自己和他人的窗户，书中的实验让我们意识到：其实人类的行为并不像我们想象的那么难以预测。这些独具匠心的实验读来一定会让你回味无穷、拍案叫绝，如果将其作为茶余饭后的谈资或用来搞活聚会气氛也会是一个不错的选择。

一句话书评：心理学无处不在。

《活得明白》

一、活动主题：我的生涯决策

二、活动时间：＿＿＿＿＿＿＿＿＿＿＿＿＿＿＿＿＿＿＿

三、活动地点：＿＿＿＿＿＿＿＿＿＿＿＿＿＿＿＿＿＿＿

四、活动负责人：＿＿＿＿＿＿＿＿＿＿＿＿＿＿＿＿＿＿

五、活动的参与者：＿＿＿＿＿＿＿＿＿＿＿＿＿＿＿＿＿

六、活动感悟：＿＿＿＿＿＿＿＿＿＿＿＿＿＿＿＿＿＿＿

线上资源

一、网站

1. 壹心理 http://www.xinli001.com/

2. 心理学空间 http://www.psychspace.com/

3. 果壳 http://www.guokr.com/

4. 科学松鼠会 http://songshuhui.net/

5. 决策网 http://www.juece.net.cn/

二、微信公众号

1. 大学糖

2. 泡泡心理

3. 张德芬

4. 古典古少侠

5. 欢乐答疑

赢在校园——职场精英挑战赛

1. 比赛简介：

赢在校园——职场精英挑战赛，是面向全国大学生职场技能考核的赛事（全国 200 所重点院校），旨在搭建一个展示大学生求职能力及软实力的平台，为企业选拔优秀人才。

赢在校园项目让同学们通过自我认知、简历制作、笔试、面试、职场潜力等相关职场技能考核了解校园招聘的流程和内容，在真实的企业招聘过程中明确自己的优势和不足。让大学生了解企业实习的重要性，了解企业工作内容，帮助中国的大学生认识自己的未来职场发展之路，切实帮助大学生自信求职，成功就业。

赢在校园比赛已经成功举办六届，受到了众多企业的好评，得到了学生们充分的认可，口碑效应一直都是赢在校园的核心。

2. 大赛流程：

网申

报名方式：个人

内容：网络报名参赛

初赛内容：视频／简历／才艺展示／市场调研

复赛内容：创意展示／团队 PK ／商业谈判

总决赛内容：无领导小组讨论／素质拓展／笔试／ Presentation/Dream Action

3. 大赛官方网站：http://www.genshuixue.com/xiaoyuan2016

第六章

职业能力培养

「大师语录」

> 如果只把工作当作一件差事，或者只将目光停留在工作本身，那么即使是从事你喜欢的工作，你依然无法持久地保持对工作的激情。但如果把工作当作一项事业来看待，情况就会完全不同。 ——比尔·盖茨

「推荐教学或学习时间」

大三第一学期

「热点要闻」

面向未来的大学生能力发展

终身职业的时代已经一去不复返，工作的流动性大大增加，刚出现的新兴岗位可能在五年后成为需求量最大的工作岗位。因此，学校培养的学生将要面对的工作可能是还不存在的工作，使用的是可能还未被发明的技术，所以他们将要解决的问题是未知的问题。2008 年欧盟通过的《关于建立欧洲终身学习资格框架的建议》提出，第六级教育即我们通常所说的大学教育对学生的技能培养目标，

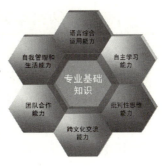

是让学生具有在特定工作或学习领域解决复杂和不可预知问题所需的高级技能、熟练技艺和创新精神。

早在 1991 年，美国劳工部通过了 SCANS 报告，其目的是界定职场必要的能力和技能。报告的结果基本是对雇主和教育工作者的深度调研，并经过了时间的考验。报告将职场的必要技能分为五大能力及三大能力基础。

五大能力包括：一是运用资源的能力，知道如何分配时间、金钱、物质和工具资源、人力资源。二是人际交往的能力，团队合作，传授他人技能，服务客户，有领导能力、协调能力，能与不同文化背景的人合作。三是运用信息的能力，获取和处理信息，组织和维护信息，诠释和传递信息，运用电脑处理信息。四是了解系统的能力，理解社会的、组织的及科技的系统，监控并调整系统性能，设计并优化系统。五是运用技术的能力，能选择设备和工作，应用科技完成具体的安装、维护设备并排除技术故障。

三大能力基础包括：一是基本技能，包括读、写、运算、听和说。二是思考技能，包括创造性地思考、决策能力、解决问题能力、观察能力、学习能力、逻辑推理能力。三是个人品质，包括责任心、自尊、社交能力、自我管理和诚信。

本章将从职业能力的层次说起，主要说明职业核心能力的重要性及培养，以及大学生应具备的几种能力和培养方法。

一、职业能力的层次及分类

（一）职业能力的层次

职业能力包括职业特定能力、行业通用能力和职业核心能力三个层次的能力。

职业特定能力是从事特定的职业、岗位和工种必需或应当具备的技能。

对特定行业而言，往往存在着一定数量的通用技能，它们是在一组特征和属性相同或者相近的职业群中体现出来的共性的技能和知识要求，称之为行业通用能力。

职业核心能力是指人们在职业中除专业能力以外的基本能力，既是生活必需的，也是从事任何职业工作都需要的，并能体现在具体职业活动中的最基本的能力。1998年，原中华人民共和国劳动和社会保障部在《国家技能振兴战略》中，把职业核心能力分为自我学习、交流表达、数字运算、革新创新、与人合作、解决问题、信息处理、外语应用八类。职业核心能力适用于各种职业，能适应岗位的变换，也是人终身可用的可持续发展能力。

职业核心能力具有普遍适用性和广泛迁移性，其影响幅射到整个行业通用技能和职业特定技能领域，对人的终身发展和终身成就影响极其深远。因而，核心能力是平台基础性的能力，是行业通用能力和职业特定能力的基础。

（二）职业核心能力的分类

职业核心能力可以分为两大类，即职业方法能力和职业社会能力。

方法能力是基于个体的，运用于职位上的方法和手段，指自我学习管理、信息分析与处理、数字应用等能力。它是从业者的基本发展能力，通过这些能力从业者可以不断在职业生涯中获得新的知识和技能。

社会能力是与他人交流、协作并与他们构建社会关系的能力，指交流沟通能力、团队协作能力、解决问题能力、创新能力及外语应用能力。社会能力是从业者在社会和职业生涯中的生存能力，也是基础发展能力，是个体必需具备的基本素质和能力。

生涯故事会

荣誉背后的汗水

很多人看到的是他率领全队在2013年第十九届全国大学生击剑锦标赛上取得了3金2银1铜的历史最佳战绩，"全国男子重剑个人冠军"成为我校建校以来第一位问鼎金牌的队员。但是，没有几个人看到他们团队为这些荣誉背后付出的汗水。击剑这个项目是脑力与体力、肢体的配合，因为要揣测对手的反应，必须在很快的时间内反应，这就要求他们拥有扎实的基本功。刚进击剑队，他练习了一个月的步伐等基本功后，才获得教练的批准上剑道练习。有很多动作都做不好，常被教练点名。但他有颗不服输的心，既然下定决心做一件事就一定要做好，每次训练都更加刻苦，回到寝室自己还会去网上找击剑比赛的视频来看。下课后，训练场上汗水一次又一次地打湿了他的衣襟，但他从来没有因为辛苦松懈过，因为他明白当他带上面罩就是一个人在战斗，不像足球场上状态不好的时候还能把球传给队友，击剑必须每一秒都保持高度的专注，得、丢分往往就在 1/25 秒之间。

（张崇航：重庆理工大学应用技术学院机械设计制造专业 2010 级学生，曾任重庆理工大学击剑队队长）

求知的三个层次

求知分为三个层级：信息、知识和技能。最差的学习者只接收信息，贪多求广；好一点的学习者看重知识，以记忆为目标；高手磨炼技能，只求日日精进。信息、知识和技能本不冲突，只不过技能是终点，前两者是迈向这个终点的路与桥。

写作是一种技能，玩牌是一种技能，炒股是一种技能，表演是一种技能，歌唱是一种技能，创意是一种技能，设计是一种技能，说服是一种技能，解题是一种技能，思考也是一种技能……这些技能都跟学习紧密相关，都离不开信息和知识，但又远远不止于此。获得技能也就意味着你拥有了改变世界的能力，哪怕一开始这种能力非常弱小。

不管我们想学或者正在学的是哪一领域的知识，我们都可以想一想，如何不把它当成是一种静态的、安安静静地躺在书本里的东西，而是把它当成一种动态的、可运用的、可以用来完成某件事情的技能。

（选自采铜《精进》第 142 页）

精进

作者：采铜
出版社：江苏凤凰文艺出版社
副标题：如何成为一个很厉害的人
出版年：2016-4-1
页数：304
定价：38.00元
装帧：平装
ISBN：9787539990484

豆瓣评分

8.0 ★★★★☆
2323人评价

5星	34.6%
4星	41.8%
3星	17.8%
2星	3.9%
1星	1.9%

互动与分享

好职位是分析出来的

请上网查找 3~5 则你感兴趣的职位的招聘启事，统计分析任职资格中的各项要求，完成下表。

职位名称	学历要求	职业特定能力	行业通用能力	职业核心能力

二、大学生应具备的几种能力

（一）自我管理能力

自我管理能力是个体根据需要和要求，调动主观能动性，自主制订目标和规划，并对自己思想、行为和心理进行管理控制，进行自主开发、自主教育、自主调整、自主评价，以达到不断提高综合素质的能力。自我管理能力是从业者必不可少的基本发展能力之一。

如何有效和高效地管理自己是人生的一大难题，"修身、齐家、治国、平天下"，修身是最基础的也是人生前提，修身就是人对自我的管理和约束。对在校大学生来说，提升自我管理能力，不仅是学业目标达成的有效手段，更是职业生涯目标乃至人生目标实现的基本和依据。

按自我管理的对象，自我管理可分规划管理、学习管理、时间管理、情绪管理。

1. 规划管理

"凡事预则立，不预则废。"凡事要有一定的计划和事先的打算，以减少落实的盲目性，增强自觉性和应变性。规划管理是指个体对未来的职业、生活、学习等方面进行有步骤地计划，明确目标和实施的措施，以达到成功。

2. 学习管理

随着社会的高速发展，知识不再是奢侈品，可通过网络随手可得，社会的竞赛不再是知识的竞争，而是知识获取和应用的竞争。而有强学习能力的人将会脱颖而出，站在时代的高峰。学习管理能力是指个体在工作生涯中，能根据工作和个人需要，自主制订学习目标和计划，运用有效的学习方法，并进行调整和评估的能力。

3. 时间管理

"只要我们能善用时间，就永远不愁时间不够用。"时间对每个人来说不多不少、不偏不倚、完全均等，可世界上成功的人都赢在时间的管理上。时间管理是指有效地利用安排时间来达成个人的目标和任务。时间管理就是有效率地用更少的时间取得最好的成绩。

4. 情绪管理

情绪是指人对环境、人、事物及事件的反映和体验。个体对自己的情绪进行有效管理和控制，以期利于自我身心健康和与他人的和谐发展就是情绪管理。

自我管理能力的提升，包括自我评估、自我认识、自我计划、自我指导、自我监控、自我强化和评价等过程，这些过程循序渐进，周而复始，需要经过反复和循环练习才能达到提升能力的目标。

（二）创新能力

创新能力是指人在顺利完成以原有的知识、经验为基础的创新活动中表现出来的潜在的心理品质，是个人提出新理论、新概念或发明新技术、新产品的能力。

创新能力不是一种单纯的能力，而是由多种能力组合并相互支持形成的一种能力，包括学习能力、分析能力、综合能力、想象能力、批判能力、创造能力、解决问题的能力、实践能力、组织协调能力。

创新是人们在项目活动中运用多种能力解决问题，发现新的思想、理论和方法，并产生一定的价值。一个人的创新能力不能像专业知识和技能一样通过学习和教授获得，也不可能从别处复制过来，是需要长期的自我培养和自我训练才可得到提升。大学生要提升自我创新能力，应打破传统的应试学习和单纯知识获取的学习思维，通过增强创新精神，提升知识运用能力及培养创新思维，将三者联合成一个整体，而达到创新创造的目的。

1. 创新精神的培养

创新不仅是能力提升，更是精神的培养，要提升创新能力，首先要提升创新意识，要有敢为人先、敢于挑战的精神。这主要包括解放精神、独立精神、乐观精神、社会责任感、意志力、观察力、幽默等人格品质的培养。研究表明，创新能力强的人大多好奇心强，喜欢不断地提问，思维和行为具有创造性和独立性，想象力丰富，特别是不随大流，不依赖集体的意志，具有顽强、坚韧的意志，富于想象力。大学生应树立起创新活动和能力的超越精神，打破传统唯标准论和唯知识论的束缚，解放思想，培养兴趣和好奇心，将自我实现的需要与创新活动的社会价值联系起来，形成创新内在推动力量。

耶鲁大学心理学家斯坦伯格（R. Sternberg）发现，个性中的兴趣和动机是使人们从事创造性活动的驱力。人们对其感兴趣的事物都会优先注意和积极探索，因此兴趣是个体创新的内驱力。兴趣让人带着欢愉的情绪和好奇心探索未知事物，正是这种好奇心和求知欲的兴趣引导着人们探索自然，从事科学认识活动。情感和认识密切联系，认识越深刻，情感越丰富，兴趣就浓厚，指导人们更好地投入和探索。意志是人们克服困难实现目标的心理品质。创新不仅仅要兴趣，更多还要经受艰苦曲折而又长期探索的考验，需要人们耐心细致的研究和持久集中的注意，绞尽脑汁的思考，呕心沥血的付出，如果没有坚强的意志力，创新活动的探索只是一种盲目和空洞的探索。意志力让创新活动更加深入，推动创新活动的发展，并调节情绪和情感，控制和克服人的消极情绪，让行动持之以恒。

2. 创新思维的培养

思维是大脑对客观现实的反映。创新思维是大脑联系事物及其关联进行再创造，整合各种思维的一种思维形式。一切创新活动都来自创新思维，培养创新思维是培养创新能力的重要途径和方法。创新思维是一种高级思维形式，它没有好坏之分，不同的人具有不同的创新思维，从不同的角色思考会得到大相径庭的结果，这是创新思维的差异性，同时创新思维也具有开放性和独特性。按形式分，创新思维是由抽象思维与形象思维、发散思维与聚合思维、横向思维与纵向思维、逆向思维与正向思维等多种思维形式的有机整合体。

聚合思维依据事物之间的逻辑关系，依据已有的信息和各种设想，寻找事物之间的前后联系而达到解决问题的目的。它具有条理性、逻辑性、评判性和收敛性。聚合思维一般包括演绎思维和归纳思维。

发散思维以某一事物为中心，从不同的角度、思维向外扩散以求得到新的思维和方法的思维形式。它具有发散性、广阔性、无序性和多维性。发散思维是创新思维最重要的特点，经常用来评估创新能力。

批判思维是对已有事物或定论进行逆向、审视和批判思考的思维形式。"反其道而行之"就是指批判思维，从事物的对立面思考，从问题的反面深入探索都是批判思维的体现。大学生应大力培养批判思维，敢于质疑权威，才能创造出新知识、新思想。批判思维是促使人们不断破除其思想认识中种种功能固着和思维惯性的关键，作为大学生应保持质疑精神，在不断的实践中，提高自我的批判思维能力，同时提高创新思维能力。

大学生对创新思维的培养，应遵从创造性思维发展规律，运用思维原理和方法，加以大量的实践和训练，提升创新思维能力。管理学中有很多方法都可用于创新思维的训练，比如"5W2H 法"。5W2H 法是由第二世界大战中美国陆军兵器修理部首创。简单、方便，易于理解、使用，富有启发意义。

★ WHY——为什么？为什么要有创新？理由何在？原因是什么？

★ WHAT——创新的目的是什么？

★ WHERE——何处？在哪里做？从哪里入手？

★ WHEN——何时？什么时间完成？什么时机最适宜？

★ WHO——谁？由谁来承担？谁来完成？谁负责？

★ HOW——怎么做？如何提高效率？如何实施？方法怎样？

★ HOW MUCH——多少？做到什么程度？

（三）沟通能力

沟通能力是与人交往过程中，通过交谈传递和反馈思想和情感的能力。沟通能力分语言沟通能力和非语言沟通能力。很多人将沟通能力狭义地理解为能说会道，但实际上它包括了从交往开始到结束一个人的穿着、行为、语言、环境等一切事物。《有效沟通》一书中指出：沟通是人们分享信息、思想和情感的过程。这种过程不仅包含口头语言和书面语言，也包括形体语言、个人的说话方式、物质环境，即赋予信息含义的任何东西。

沟通能力的提升和培养不仅包括外在表达交流语言技巧，还有沟通的内在素质的提升。全球零售帝国的沃尔玛公司总裁山姆·沃顿曾说："我的商业秘诀就写在脸上——尊重每一个人。"他将企业文化的核心理念确立为"沟通"。

大学生要提升自己的沟通能力，应客观评价自己的能力，找到差距，着重训练和练习。

1. 评估沟通能力

首先对个人的沟通能力进行评估和总结，了解自己的优劣势。回顾自己过去成功的沟通事例，看看自己优势在哪里？在什么样的情境、与什么样的人沟通最成功？相反，再回顾自己在什么样的沟通中感觉到压力甚至失误，失误的原因是什么？通过评估，找到自己在沟通能力方面的不足之处和长处。有意去改善不足，发挥优势，从而达到沟通目的。

2. 明确沟通的目的

无论是个体还是组织，沟通的初衷可能有多种，但最终的目的一定是为了取得理解与支持。理解是为了认同和认可，支持是为了实现个人和组织的目标。确定沟通目标，才能引领沟通内容。

3. 确定沟通计划

针对沟通对象和目标，了解沟通对象，拟订沟通的具体内容和信息，选择沟通的最佳方式，甚至对沟通的时间、地点、情境和环境都要进行模拟和思考，以达到将信息有效传递的目的。

4. 练习沟通的技巧

首先要主动沟通和保持专注，只有积极主动，保持专注于沟通，才能展示沟通的诚心和自信。其次把握好听说技巧，认真地听可以获得重要信息，也能表达诚意。很多人在沟通时都急于表达自己，常常打断他人的言语，这是过早对对方的表达进行了预判，加以自己的评论，很多时候容易产生错误的判断和引起误会，甚至是产生与沟通相反的结果。因此，加强聆听技巧的练习是提升沟通能力的基础，要专注地听，认真地听，虚心地听，听的同时要对获得的信息进行思考，并作出回应。善听才能善言，表达自己看似轻松，但如何将自己的意思完整地表达出来，然后能让对方完整地理解是沟通中最困难的部分。在信息的沟通传递中，通常对方能理解到你表达的 80% 都是可贵的了，因此，沟通要把握好说的技巧，扩充自己的知识面，多听他人有效高效的沟通案例，说的时候多运用身体语言、书写等辅助方式来更好地表达自己。

5. 保持沟通的美德

在沟通中故意迎合并不能有效沟通，有效的沟通是感同身受，站在对方的角度听，适时恰当地认可和赞美才能得到对方的认可。

（四）团队协作能力

团队是指为了实现某种目的而由个体组成的相互协作的正式群体。管理学家乔恩·R.卡曾巴赫提出，团队是由技能互补，而且愿意为了实现共同目标相互承担责任的人所组成的群体。团队区别于群体，它具有关系稳定、成员功能或作用互补、目标一致、团结协作、结果大于个体绩效总和的特点。

一个优秀的团队能产生 1+1>2 的效能。据统计，诺贝尔获奖项目中，因协作获奖的占三分之二以上。在诺贝尔奖设立的前 25 年，合作奖占 41%，而现在则跃居 80%。这样的团队具有以下特点：

（1）成员都具有较强的团队精神，团队有凝聚力。每个成员对团队有强烈的归属感和主人翁意识，团队成员有相近的价值观，能将团队的利益放在首位，个人服从于团队，个人利益服从于团队利益。

（2）团队的协作意识较强。团队成员在完成各项任务时表现出较强的协作能力，成员之间能相互补充、相互信任，有成绩共享、责任共担的特点。

（3）团队的氛围和谐。优秀的团队内部气氛和谐，成员之间相互帮助、相互关怀、相互尊重，成员积极进取，对团队及团队目标愿意投入，每个成员对团队都充满了热爱。

团队协作能力是指团队成员为了团队的共同目标和利益，团结协作，统一个体和团队的能力，将个体能力、利益和目标融入团队中的能力。具有较强团队协作能力的人表现出以下特点：

（1）具有奉献精神。优秀的团队只有一个主角——团队本身，而不是某个成员，对团队成员来说，有奉献精神才能更好地融入到团队，才能与团队成员的功能相互补充，才能产生个体对团队的价值，达到认同团队目标和利益。

（2）具有积极参与的精神。积极参与团队目标活动，才能更好地发挥个体才能和功能，并对团队产生影响，将个人目标和团队目标统一起来。

（3）具有责任感。个体表现出对团队目标和任务强烈的责任感和使命感，将团队目标内化为个人目标，并努力将个体功能发挥到最大以促使团队目标的完成。

（4）具有认同和尊重他人的精神。优秀的团队是由优秀的个体组成，但优秀的个体不一定能组成优秀的团队，个体必须认同团队的价值观和团队其他成员的价值观，认同团队其他成员的能力，尊重他们，求同存异，才能产生 1+1>2 的效能。

在技术高度发达和社会分工精细的今天，依靠个人打天下的时代已不复存在，纵观当今成功案例，大都是优秀团队创造出来的。大学生培养团队协作能力，是职业能力培养中最重要的能力之一，只有具有了较强的团队协作能力，才能发挥个人才华，运用其他的能力和技能，实现个人理想。

（1）培养团队精神。大学生首先要洞见团队协作能力的重要性，从思想上随时保持团队精神。在日常学习生活中，加强对奉献精神、协作精神、全局意识、责任意识和进取精神的有意培养。

（2）培养语言沟通能力。团队的和谐和协作，都是建立在团队成员充分沟通的基础上，才能达到统一。在团队中，应学会与团队领导、团队成员不同的沟通方法，学会日常沟通和工作沟通的方法，灵活运用。

（3）培养个人品质。要成为团队协作能力强的团队成员，应具有优秀的个人品质。首先应具有积极主动的品质，对团队的各项事物要积极主动参与，想领导所想，并进行合理的规划和计划。其次是培养对团队的责任心，对团队负责任，才能对自己负责任。个体的命运与团队的命运是息息相关的，有责任心，才能发挥个体才智，才能实现团队的目标。再次是培养大局观念。再优秀的团队都会有分歧和不同意见的时候，作为团队成员，可以保持个性，但在团队利益和目标前面，要有大局意识和全局意识，应将团队的利益和目标放在前面，个人服从大局，必要时舍弃小我，以大局为重。除此以外，提升团队协作能力，还应具有欣赏他人、奉献、与人合作的品质。

要提升团队协作能力，还应学会对人际关系的处理，提升化解冲突的能力。在一些特定的团队，还会需要一些特别的知识和技能，才能更好地融入团队。

生涯故事会

学工科的文青

作为工科生，课业压力相对比较大，许多同学的交际圈一般都局限在本班，最多也就是本系。但桂江一不一样，从大一开始，他就开始与各个专业、各个系的同学交往，几乎每个系他都有几个要好的朋友。他说，每个人都有自己的特质，从每个人身上都能学到不同的东西。不同专业的学生，思维模式有很大的区别，如工科生比较执着、逻辑性比较强，文科生思想活跃、思维发散、跳跃性强。

作为学生会成员，桂江一特别积极地参与学校里的各种活动。在校期间，他参与了车辆工程系学生会发起的"金秋风韵"系列活动。他说，作为其中组织者之一，他与小伙伴们一起从策划到实施，走完了整个流程。在这个活动中，虽然很辛苦但学到的东西也很多。

大学时他还参与编辑了车辆工程系主办的《重工车辆报》。在担任《重工车辆报》编辑期间，桂江一有幸接触到重庆知名的儿童文学女作家（时间比较久了，他已经想不起来对方的名字了），并在她的指点下，懂得了文字编辑加工、版式设计和排版印刷等完整的媒体制作流程。在学校的锻炼让他在工作上也比别人更加熟悉每一个流程，做事时会更得心应手。

（桂江一：1998年毕业于重庆理工大学，现由他主编的《汽车维修与保养》杂志是中国汽车后市场最具知名度和影响力的科技期刊）

名作推介

提高思辨能力的具体方法

多做事：比如学校搞活动，积极参加。如果你是组织者，就锻炼了筹划能力；如果你是执行者，至少得到了与人打交道的锻炼。比如发传单，这些你看不上眼的事情，组织方会事先培训你很多技巧和道理，然后你还可以锻炼那副尊贵但薄似蝉翼的脸皮等，还有很多。不要我提到的就趋之若鹜，没提到的就感悟不出来。总之，经历得越少就越幼稚。

多见识：经常关注各类图书报刊和网站，感兴趣、不感兴趣的都翻一翻，因为它们能增加你不同的信息点并完善你的知识结构。当然，你可能并不觉得它当时有什么用，但以后你要策划点子或作决策时，它就会将你所储备的东西自动调用起来。

多接触优秀的圈子：这个极其重要，优秀的人带给你的信息和启迪是不一样的，他们的行为习惯也会极大地影响你。

（选自刘兴奇《异类》第67页，有删减）

异类

作者：刘兴奇
出版社：华夏出版社
副标题：用软实力思维解决人生发展问题
出版年：2013-10
页数：286
定价：38元
装帧：精装
ISBN: 9787508077772

豆瓣评分

7.0 ★★★★☆
40人评价

5星	▓▓▓▓▓ 35.0%
4星	▓▓▓▓ 30.0%
3星	▓▓▓ 20.0%
2星	▓ 7.5%
1星	▓ 7.5%

生命之花 3——职业能力

说明：

请在下面的生命之花里写下你需要培养的职业能力，并写出计划。

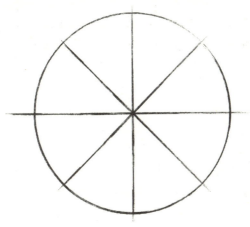

职场"小鲜肉"打杂的经济学思考

一、职场"小鲜肉"的困惑和苦恼

小王是一个新入职场的"小鲜肉"，入职已有半年的他在公司干的都是一些端茶送水、抄抄写写兼跑腿送信的杂事，最近也开始让他协助部门经理处理一些公司具体业务，但基本上也是查找资料、修改文件格式之类的辅助性工作。这让这位自认为"满腹经纶"的大学高材生颇为不爽，认为有力使不出，实在是浪费青春。

另外，小王还担心长期打杂会"自废武功"，在学校学的那些知识会很快还给老师，他心里也有些着急。因此，他最近在工作上有些懈怠，工作积极性也有些下降，一份只需要 6 分努力就能干好的事，他觉得没有挑战性或干脆就是漫不经心，于是只愿意付出 5 分的努力，得到的是 4

分的结果。于是就让部门经理得出结论，现在的大学生"眼高手低"，不愿从具体的小事情做起。"一屋不扫，何以扫天下"，更不敢把一些重要的事情交给他，对他的工作态度也提出了批评。这让小王十分苦恼，甚至觉得"此处不留爷，自有留爷处"，产生离职另谋高就的想法。

其实职场从本质上讲就是一个需要多人合作才能一起完成工作的场合。既然需要多人合作，就必然存在分工的问题。小王遇到的问题实际上就是一个工作分配，也就是分工的问题，那么怎样分工才能达到最好的效果？

二、职场分工的"绝对优势理论"

大家都知道人类是群居动物，人类的发展进程中"分工"起到了至关重要的作用，因此"分工理论"是经济学中最古老和最活跃的问题之一。最早的分工理论——"绝对优势理论"是由经济学界早期最大的"大咖"、有"经济学之父"美誉的亚当·斯密在其代表著作《国富论》中提出的。他是从国家之间的贸易，即国家之间的分工协作来论述的。他认为，每一个国家都有其适宜于生产的某些特定的产品的绝对有利的生产条件，去进行专业化生产，然后彼此进行交换，则对所有交换国家都有利。这个理论的本质含义就是分工会带来互利的双赢，当然前提是分工各方都有各自的优势，大家都生产自己有"绝对"优势的产品，再进行贸易合作，则大家都会从贸易合作中得到好处。

我们可以举一个个人分工的例子来说明按照"绝对优势理论"该如何进行分工协作。比如小王和小张是一个寝室的室友，他们在一家公司找到一份兼职工作：录入文章并校对好，报酬分别是录入每千字 5 元，校对每千字 3 元，但要求提交的必须是录入并校对好的文章。他们两人录入和校对的速度分别是：

	录入速度	校对速度
小王	10 千字 / 小时	20 千字 / 小时
小张	8 千字 / 小时	24 千字 / 小时

假设每天有 4 小时来从事这项兼职工作，他们每天能挣多少钱？

由于要求提交的必须是录入并校对好的文章，因此如果小王单独完成这两项工作，由于小王校对速度是录入速度的两倍，他最好用 2/3 的时间录入，1/3 的时间校对：

小王每天完成的工作量 $=10 \times 4 \times 2/3=20 \times 4 \times 1/3 \approx 26.7$ 千字；

小王每天的收入 $=26.7 \times （5+3）=213.6$ 元。

如果小张单独完成这两项工作，由于小张校对速度是录入速度的3倍，他最好用3/4的时间录入，1/4的时间校对：

小张每天完成的工作量 =8×4×3/4=24×4×1/4 ≈ 24 千字；

小王每天的收入 =24×（5+3）=192 元。

我们对上表稍加分析就会发现，小王和小张在录入和校对上各有优势：小王录入速度快，小张校对速度快。用专业的一点的语言就是：小王在录入方面有绝对优势，小张在校对方面有绝对优势。因此他们可以进行合作，按照"绝对优势理论"进行分工：小王4个小时全部用于录入，可以录入40千字，而小张校对40千字只需要40/24=1.67小时，小张还剩下4-1.67=2.33小时可以继续按照3/4的时间录入、1/4的时间校对的方式来完成，这样，小张还可以完成的工作量 =8×2.33×3/4=13.98 千字。

也就是说，小王、小张分工合作，小王完全负责录入，小张完全负责校对并部分时间录入，他们可以完成 40+13.98=53.98 千字的工作量，总收入 53.98×（5+3）=431.84 元。按照他们各自独立完成的收入 213.6+192=405.6 元补偿后，还可以剩下 431.84-405.6=26.24 元可以在他们两人之间分配。显然，分工合作可以促进他们两人的利益。

将这个理论用到职场分工中就是，职场中的分工也应该依据各位职场人士的绝对优势来进行，简单地说就是大家都要干自己最擅长的事情，这样对于组织来讲可以效用最大化，对组织成员来讲，也有好处。

但如果按这个理论来分工，像小王这样的职场"小鲜肉"就没什么事可干了。因为主管、部门经理这些职场"老鸟"从简单的端茶送水到复杂的项目策划，各类职场技能几乎都是"完爆"小王这种职场"菜鸟"的。我的一个朋友是一家公司的人力资源部部长，他说新来的大学生连怎么给客人倒开水、接电话等职场工作都需要学习！

三、职场分工的"比较优势理论"

好在这时英国古典经济学派的另一位"大咖"大卫·李嘉图站出来了。他提出"比较优势理论"。这个学说认为：国际贸易产生的基础并不限于生产技术的绝对差别，只要各国之间存在着生产技术上的相对差别，就会出现生产成本和产品价格的相对差别，从而使各国在不同的产品上具有比较优势，使国际分工和国际贸易成为可能，进而获得比较利益。这个理论的本质含义就是分工的基础不一定是各方都有"绝对优势"，如果你具有"比较优势"，只要大家都生产自己有"比较"优势的产品，再进行贸易合作，则大家同样会从贸易合作中得到好处，分工同样会带来互利的双赢。

我们仍以上面小王、小张的例子来说明按照"比较优势理论"该如何进行分工协作。假设他们两人录入和校对的速度分别是：

	录入速度	校对速度
小王	10 千字 / 小时	20 千字 / 小时
小张	6 千字 / 小时	18 千字 / 小时

假设他们每天有 4 小时来从事这项兼职工作，他们各自独立完成其收益为：

对于小王而言，结果和先前是一样的，他用 2/3 的时间录入，1/3 的时间校对：

小王每天完成的工作量 $=10×4×2/3=20×4×1/3≈26.7$ 千字；

小王每天的收入 $=26.7×（5+3）=213.6$ 元。

对于小张而言，情况有些变化，因为现在他校对的速度仍然是录入的 3 倍，因此小张也应该用 3/4 的时间录入、1/4 的时间校对，但单位时间的速度发生了变化：

小张每天完成的工作量 $=6×4×3/4=18×4×1/4=18$ 千字；

小张每天的收入 $=18×（5+3）=144$ 元。

现在这种情况小王似乎就没有必要和小张进行分工，因为小王在录入和校对两方面都是强于小张的。但仔细分析就会发现，小王在录入方面要比校对方面"强"得更多一些，或者说小张在校对方面比录入方面要"弱"得更小一些。所以，我们可以建议小王优先干"优势"更大的录入，小张优先干"劣势"更小的校对：小张专门从事录入，4 个小时可以录入 40 千字，小张校对 40 千字花 40/18=2.2 小时，剩下的 4-2.2=1.8 小时再按 3/4 和 1/4 的比例分配，可以完成 $6×2.2×3/4=9.9$ 千字。

也就是说，这种情况下小王、小张仍可分工合作，小王完全负责录入，小张完全负责校对并部分时间录入，他们可以完成 40+9.9=49.9 千字的工作量，总收入 49.9×（5+3）=399.2 元。按照他们各自独立完成的收入 213.6+144=357.6 元补偿后，还可以剩下 399.2-357.6=41.6 元可以在他们两人之间分配。显然，这种情况分工合作仍然可以促进他们两人的利益。

所以简单地说，"比较优势"的意思就是处于绝对优势的一方要做自己优势更大的事，处于绝对劣势的一方要做自己劣势更小的事。按照这个原理，即使马云先生是世界上最会干家务的男人，他老婆是世界上干家务最糟糕的女人，他们的家庭分工格局也应该是马云继续玩"阿里巴巴"，他老婆负责看孩子做家务，因为这才是他们各自的"比较优势"！

四、职场"小鲜肉"们的出路

说到这里，职场"小王"们是否明白了点什么？绕了这么远，拉起"亚当·斯密"和"大卫·李嘉图"这两张虎皮做大旗，甚至连马云也"躺着中枪"，无非是想说，由于刚毕业的大学生是职场的"绝对劣势"群体，大学生要参与组织的分工，只能寻找自己的

"比较优势"，显然在职场中，新人"打杂"的劣势最小。因此，对于新入职场的"小鲜肉""小公举"们来说，"打杂"既是大家在职场早期发展的"宿命"，某种意义上更是上天给大家在职场发展的起步机会。（我个人认为，现在大学生就业难，其中的原因之一似乎和互联网技术等新技术的发展和其他服务业的发展有关，因为这种发展趋势使职场的简单劳动和低端业务急剧减少，表现在就业上就是职场对缺乏经验的新人的需求降低了。这其实是国家、社会、学校更应该关注的问题。）

中国在改革开放参与到国际竞争的初期，也是按照"比较优势"的原理，主要从事的是劳动密集型的加工制造业，像职场新人一样干的都是"打杂"的事，辛苦不说，收益还很低。很多人也不理解"凭什么"？但国际竞争有其自身的游戏规则，要玩就只能按规则出牌。现在，我们自身实力提高了，提出"创新驱动""从中国制造迈向中国创造"等战略，表明我们的"比较优势"正在悄然发生变化，自然在国际分工中"杂事"就会干得越来越少，"大事"就会干得越来越多。

职场新人们也是这样，要认识到职业发展早期的"打杂"是一个阶段性的现象。这个阶段持续的时间有多长，取决于你"打杂"时的态度和表现，以及你为将来承担核心业务工作所作的准备。对于职场新人们来说，一份只需要6分努力就能干好的所谓"杂事"，要愿意付出10分的努力，争取得到8分以上的结果。只有这样，你才会在职业发展起步阶段得到更多的认可，进而更早有机会接触到你所在单位的职场核心业务，提升自己的核心职业能力。职场新

人要有"地命海心"（即使是喝地沟油的命，也要操中南海的心）的气度，在认真"打杂"做好职场"配角"的同时，要注意观察学习，使自己在职场的"比较优势"尽快地得到提升或转换，随时作好晋升职场"主角"的准备，耐心等待机会的降临。

学习收获

1. 职业能力的层次及分类

（1）_____

（2）_____

（3）_____

2. 大学生应具备的几种能力

（1）_____

（2）_____

（3）_____

生涯影视会

1. 穿普拉达的女王（The Devil Wears Prada）

剧情简介：初涉社会的安德丽娅·桑切丝（安妮·海瑟薇饰）来到著名时尚杂志 *RUNWAY* 面试，以自己的聪明得到主编米兰达·普雷斯丽（梅利尔·斯特里普饰）的特许，让她担任自己的第二助理。开始的时候安德丽娅感到十分委屈，就算自己多努力工作也无法得到赞赏，经一位老前辈的指点后她便重新改造自己，工作越来越顺，甚至取代了第一助理在米兰达心中的地位，主编决定带着这个聪明的女孩前往法国。可安德丽娅的改变让她失去了男友及朋友的爱，令她非常矛盾。

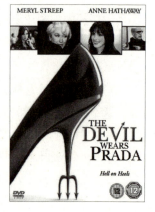

到达法国后，她得知了米兰达的地位不保，没想到米兰达竟然牺牲自己多年的好搭档保住了自己的地位，此事令安德丽娅深感失望，有了抽身离去的想法，到底安德丽娅会何去何从？

推荐理由：作为新人，你也许会遇到像恶魔一样的 boss，怎么办呢？不妨学一学这部片子里的女主角。如果你喜欢这份工作，那么好好干，拼命展现自己，以博得上司的青睐；如果不再喜欢了，那么改变自己或者改变工作！

推荐指数：☆☆☆☆☆

2. 国王的演讲（The King's Speech，2010）

剧情简介：1925 年，艾伯特王子——英国国王乔治五世的第二个儿子，被父王要求在伦敦温布利的大英帝国展览会上致闭幕词。相比于大儿子大卫——日后"不爱江山爱美人"的温莎公爵，国王更喜欢艾伯特，然而遗憾的是，艾伯特患有严重的口吃。当日，场内外都静静期待着艾伯特的初次亮相，可是最终却只听到广播里艾伯特断断续续的声音"……我……有事宣布……，我承诺……"由于结巴，他在二十秒内吐不出一个词。

1934 年圣诞临近，父王乔治五世发表全国广播演讲，演讲后鼓励在一旁的艾伯特试读演讲稿。艾伯特愁云惨雾，自己厌恶当国王，也不可能念得了这个，可父王认为：法西斯已剑拔弩张觊觎邻国，斯大林也虎视眈眈，国家、家庭都要靠你来支持。趁我还在，你必须做好！可艾伯特念不出声，父王大失所望。

正沮丧的艾伯特突然想起那天离开时罗格坚持让自己带回的录音唱片。在莫扎特激越的音乐中，传来一个男人坚毅流畅的声音："生存还是毁灭，这是个问题。当思想放松，放开胸怀，我们的行动就会变得更为灵敏，让我们更为勇敢！"这是自己的声音吗？！

艾伯特心甘情愿重回诊所，从物理治疗着手系统解决口吃问题。运动、加强呼吸、放松嘴部肌肉、加强舌头力量、绕口令……机械训练进步很快，可心理障碍依然。你平日最顺利的一句话是什么——"忘记我说过的话！"艾伯特几乎是在吼叫。罗格暗暗吃惊，伯蒂内心有多压抑！来，加强训练。发声——感觉——跳跃——放松，发声——甩头——吸气——呼气——倾听——就地来回滚动。训练有了效果。圣诞到了，演讲虽然不完满，但进步惊人。

推荐理由：乔治六世的勇气、隐忍与坚持，在面对缺陷时体现出了独有魅力与张力。一次次的挣扎与努力，自然而然又令人肃然起敬。从恐惧怯懦到勇敢，一个国王的能力培养非一日之功。

推荐指数：☆☆☆☆☆

拓展阅读

1.《发现你的能力优势》查克·马丁，佩格·道森，理查德·奎尔著，中信出版社

内容简介：《发现你的能力优势》道破了在生活和工作中不断取得卓越成就的成功者的秘密。这些成功人士知道，真正的机会在于发挥优势，而非克服弱点，理解了自己天赋的能力和局限后，他们对别人的优势与弱点也会更加容忍，更加耐心，这让他们成为优秀的老板、杰出的员工、默契的合作伙伴。我们每个人天生就拥有12种极为重要的认知能力，包括时间管理能力、组织能力、专注力、抗压性等。这些能力跟随我们一同出生、成长，到了成年，它们基本就定型了，但值得欣慰的是，我们可以后天加强这些能力。依据开创性的最新研究成果，三位作者将告诉我们，对两三种执行能力优势的及早发现并专注使用，将帮助我们取得卓越成就，同时也指出，对能力弱项视而不见也会阻碍我们的成功。我们可以使用书中提出的这些革命性的执行能力理论来发现和加强自己的能力优势，构建最佳优势能力组合，评估自身能力优势与工作环境的匹配度，从而更成功地工作与生活。

一句话书评：一本讲自我管理能力的书。

2.《精要主义》格雷尔·麦吉沃恩著，浙江人民出版社

内容简介：精要主义是一种人生思维方式和态度。精要主义不是如何完成更多的事情，而是如何做好对的事情。它也不是提倡为了少做而少做，而是主张只做必做之事，尽可能作出最明智的时间和精力投资，从而达到个人贡献峰值。

一句话书评：有的时候生活是要做减法的。

3.《学会学习》斋藤孝著，江西人民出版社

内容简介：有人早上念书头脑最清晰，有人晚上背单词效果最好；有人闭关，有人在咖啡厅；有人躺着读，有人要大家一起读。你适合哪一种学习法？在本书中，作者既总结了16位杰出人物的学习方法，又分享了自身的学习技巧，旨在为找不到适合自己学习方法的读者提供启示。发现特洛伊遗址的谢里曼，凭借自身独特的外语学习方法，阅读大量原文古籍，从而推测出特洛伊遗址的可能地点。日本畅销书作家村上春树，用长跑的方式打造强健体魄，长期坚持小说家的职业生涯，接连写出畅销书籍，等等。他们在人生中也曾遇过关键性的转折点，使他们成功转变的就是其独特的学习方法，在这些学习方法中，你一定可以找到适合自身情况、能够长期坚持的方法，也可在作者的基础上推陈出新，打造出属于自己的学习法则。

一句话书评：学习能力是一切能力中的首要能力。

4.《习惯的力量》查尔斯·杜希格著，中信出版社

内容简介：《习惯的力量》融汇各行业数十个生动的案例，告诉我们：习惯不能被消除，只能被替代。只要掌握"习惯回路"，学习观察生活中的暗示与奖赏，找到能获得成就感的正确的惯常行为，无论个人、企业和社会群体都能改变根深蒂固的习惯。学会利用"习惯的力量"，就能让人生与事业脱胎换骨。

一句话书评：习惯是人的第二天性。

5.《麦肯锡入职培训第一课》大岛祥誉著，北京联合出版社

内容简介：全球最著名的咨询管理公司麦肯锡是如何培训新人的？为什么麦肯锡新人能在短短几年内"脱胎换骨"，从职场菜鸟变成无往不胜的职场精英？是什么让"麦肯锡毕业生"走到哪里都抢手，在各行各业创造非凡的成就？在本书中，麦肯锡资深管理咨询师大岛祥誉将为你揭秘"麦肯锡新人培训计划"中最精华的部分——逻辑思考。这种包含"批判性思考＋逻辑性展开"的独特思考方式，是由一代又一代麦肯锡精英在工作中的不懈努力凝聚而成。它不仅能让你在刚进入职场时摆脱"处处碰壁"的尴尬处境，更能在未来的工作和生活中，为你提供跨越重重难关的力量。跟随作者的指引，从未进入麦肯锡的你也可以学到麦肯锡的超一流工作术，为自己的职业生涯打下坚实有力的根基。

一句话书评：职业能力的训练就要看麦肯锡。

6.《意志力》罗伊·鲍迈斯特，约翰·蒂尔尼著，中信出版社

内容简介：《意志力》的两位作者强强联合，一位负责从心理学的角度探索意志力运用的规律，一位负责将书写得好懂、好玩儿。意志力不再说不清、道不明，人人都可以修炼意志力。本书认为，意志力像肌肉一样，经常锻炼就会增强，过度使用就会疲劳，这是为何人们会在一些时候难以抵挡诱惑的原因。书中还介绍了一系列增强意志力的办法，解释了如何设置切合实际的目标（列任务清单真是门学问），如何监控进展（这样你就可以经常奖励你自己），如何在动摇之际坚定信念。当今世界，诱惑无处不在，人类的意志力时时刻刻在接受考验。《意志力》指出，一旦养成了正确的习惯，找到了适合的方法，自控就会更容易一些，人们就只需要较少的心智能量来回避诱惑。

一句话书评：坚定的意志是成功的保障。

7.《自律力》马歇尔·古德史密斯，马克·莱特尔著，广东人民出版社

内容简介：为什么我们成不了那个最想成为的人？我们的反应并不是凭空产生的，它们通常是环境中消极诱因（特定的人或事）的产物。它们诱使我们以一种完全不符合自我认知的方式对自己的同事、伙伴、父母或朋友作出反应。但如古德史密斯所说，看起来环境总是不在我们的掌控中，我们却能选择自己的反应。然而，选择不等于行动，无论需求多么紧急，改变对我们来说总是很难的事。知道应该怎么做并不代表我们就能成功。我们是优秀的策划者，但当环境在工作与生活中发挥影响时，我们就变成了蹩脚的执行者。在本书中，古德史密斯提供了一个简单的解决方案，它以每日问答为框架，提出了6个"迷人"的积极问题，帮助我们克服环境中的消极诱因，在工作和生活中做出意义深远的改变。

一句话书评：关于自律能力的培养，操作性很强。

8.《高效能人士的七个习惯》史蒂芬·柯维著，中国青年出版社

内容简介：本书为中国商界最经典、最著名的一部培训教材；世界500强企业必备培训课程。不仅是企业、组织机构，更是个人获得自我提升的人生必修教材。读者遍及工商业、政府部门、军队、学校以及家庭等各个领域。改变人的思维方式和行为方式，这种改变甚至帮助实现一个国家的强大。柯维博士"七个习惯"为忙碌人士带来超价值的自我提升体验。用最少的时间，参透高效能人士的持续成功之路。

一句话书评：最简单的模型，最有效的工具。

9.《暗时间》刘未鹏著，电子工业出版社

内容简介：刘未鹏说，写博客这件事情给我最大的体会就是：一件事情如果你能够坚持做8年，那么不管效率和频率多低，最终总能取得一些很可观的收益。而另一个体会就是，一件事情只要你坚持得足够久，"坚持"就会慢慢变成"习惯"，原本需要费力去驱动的事情便成了家常便饭，云淡风轻。这本书便是从刘未鹏8年的博客文章中精选出来的，主要关于心智模式、学习方法和时间利用，《暗时间》的书名便来自于此。

一句话书评：自律、自控才是最基本的职业素养。

生涯读书会

《精进》

一、活动主题：如何成为一个高手

二、活动时间：＿＿＿＿＿＿＿＿＿＿＿＿＿＿＿＿＿＿＿

三、活动地点：＿＿＿＿＿＿＿＿＿＿＿＿＿＿＿＿＿＿＿

四、活动负责人：＿＿＿＿＿＿＿＿＿＿＿＿＿＿＿＿＿

五、活动的参与者：＿＿＿＿＿＿＿＿＿＿＿＿＿＿＿＿

六、活动感悟：＿＿＿＿＿＿＿＿＿＿＿＿＿＿＿＿＿＿

线上资源

一、网站

1. 职业能力培训与测评网 http://www.ccwt.org/

2. 全国职业核心能力网 http://www.cvcc.net.cn/

3. 重庆市职业技能鉴定指导中心 http://www.cqosta.org.cn/

4. 民政部职业技能鉴定指导中心 http://jnjd.mca.gov.cn/

5. 勤学网 http://www.qinxue.com/

二、微信公众号

1. LinkedIn 中国

2. 新海归精英联盟

3. 管理技巧

4. 顶尖合伙人

5. 人力资源研究

课外实践

我赢职场 UI 设计大赛

1. 大赛简介:

由全国最大的原创 IT 在线教育平台我赢职场与 UI 中国主办的"我赢职场 UI 设计大赛"正式启动。大赛是以用创意诠释你的梦想为主题,目的是为大学生打造一个展示创意和技术的平台,切实提高实践动手能力和创新思考能力,并通过举办 UI 大赛挖掘和培养优秀设计人才。

赛程历时一个半月,主要面向全国大学生征集参赛作品。参赛选手需在我赢职场官方网站报名页面进行报名,并在规定时间内提交作品进行网上展示、投票。

大赛获奖者除了奖品以外,还有机会获得实习和工作的机会。

2. 报名要求:全国大学生及设计爱好者

3. 流程:报名——作品征集——入围筛选——网络投票——获奖公布——实习／工作对接

目前 UI 设计市场广阔,UI 设计薪资年薪在 10 万～15 万,是很多大学生毕业后的首选行业,本次大赛旨在培养和选拔更多优秀的 UI 人才,为更多的 UI 人才提供技术支持与就业支持。我赢职场期待您的参与。

4. 比赛官网:http://www.wyzc.com/huodong/160329?tg=3004259330

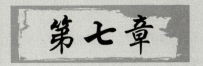

第七章

合理安排闲暇时间

「**大师语录**」

> 真正的闲暇并不是说什么也不做，而是能够自由地做自己感兴趣的事情。
>
> —— 萧伯纳

「**推荐教学或学习时间**」

大三第二学期

「**热点要闻**」

"展翅计划"推陈出新，2016 重磅出击

2016 年由共青团广东省委和展翅网联合主办的"展翅计划"项目即将拉开帷幕，旨在切实引导和帮助大学生从社会实践和职场体验中提升就业创业和职业转换能力。项目从 2013 年开展至今，已积累助力了超过 70 万名大学生走上优质实习岗位，帮助他们获得宝贵的实践经验。

所谓的闲暇，根据里尔登在《职业发展与规划》一书中所说，是指根据可随意支配的收入、时间和社会行为，相对而言由自己决定的活动和经验。这些活动可以是身体的、智力的、志愿的、创造性的，或是以上四种结合。而闲暇时间，指的就是大学生在课后以及假期的时间。大学生拥有充裕的闲暇时间，但并不是每个大学生都能合理地分配并利用好自己的闲暇时间。有一项研究对云南、广西、四川、湖北、河北、山东、吉林七个省的10所高校的420名在校大学生进行了一次问卷调查，发现有31.8%的被调查者表示他们的闲暇时间不足8小时，而有54.8%的被调查者表示他们的闲暇时间为8-12小时，还有13.4%的被调查者表示他们的闲暇时间超过12小时。可调查显示，大部分大学生对自己闲暇时间的安排并不是很满意，由于自控力的不足和诸多外界因素的影响以及不知道自己除了玩电脑外还可以干什么，时间都被白白浪费了，所以你总能在网上找到那些有关"大学里最遗憾的事情"这样的视频，而背景音乐就是《时间都去哪了》。本章将从闲暇开始说起，强调闲暇在生涯发展中的重要性，然后介绍一些大学生可以在闲暇时间里做的有意义的事情，让你过上充实而不断成长的大学。

一、闲暇

早在100多年前，马克思在《以李嘉图理论为依据反对政治经济学家的无产阶段反对派》一文中就说道："自由时间，可以支配的时间，就是财富的本身。"当然，他是从经济学的角度看闲暇，他认为关注闲暇，关注人们的工作生活质量，是一个国家经济发展的重要指标。

而在职业生涯规划中，闲暇也是一个非常重要的组成部分。拥有一张被排得满满当当的日历表是一种能人的象征，而无所事事则是无能的标志。这种看法部分归咎于我们的文化——那种一刻也不放松地追求自我价值的行为总会被视作模范和榜样。事实上，一个从不空闲的人，就像一个从未倒过的垃圾桶，一个从未排泄过的膀胱，这个比喻是否让你有些不舒服？你的身体有反应了吗？是不是觉得很难受，很压抑？是的，这都是正常反应。任何被工作填满的人都会出现这种感觉，我们将工作安排得越满，就越是感觉受束缚和不安。

自古以来，中国人大多似乎喜欢以忙自居。见面问候一声"忙"，那不但是对对方的关爱，同时也是一种称赞。汉语成语用"日理万机"形容大人物的忙，一般人即使再忙，也不能用这个成语。其实，汉字也是前人用心机造出来的。忙字由"心"与"亡"组成，"亡"，既可以解释为死亡，也可以解释为丢失。因此，忙字，也就既可以解释为"心死了"，也可以解释为"丢掉了自己的心思"。其实无论哪种解释，忙字里已经不可能产生出智慧。仔细分析起来，说一个人忙，其实无异于等同于骂人。

如果在职业生涯的发展中没有闲暇时光，那你会成为一个工作狂、加班达人，你的上级可能很高兴，可是你的家人会怎么看你，你的爱人会怎么看你，你的身体会怎么看你，你也许会成就工作，在事业上获得很大的满足，可是这是你在放弃家庭、放弃健康的前提下获得的，这样的生涯是不平衡的、残缺的、单调的，所以这样的人也显得兴趣寡淡、朋友较少、终日忙碌、身心疲惫，这不是职业生涯的健康模式。而如果在职业生涯发展中闲暇时光太多，以至于时常为找不到事情做或浪费时间而焦虑，这也不是正常的发展模式。日本有个管理学家叫大前研一，他曾经写过一本书，名为《OFF学》，他提到生涯中一个让人没有注意到的现象，就是你下班后的活动决定了你的竞争力。

可见，在生涯中，闲暇是一个非常重要的部分，如何合理地安排闲暇就成了生涯发展中一个很重要的课题，无论是在读书期间，还是工作之后，闲暇都一直伴随我们。它对生涯发展的重要性在于：

（1）在闲暇时光里，你能自己决定你所要扮演的角色。这是在别的环境和场合中有可能无法做到的，在很多场合中，我们可能要带上面具，活成别人期待或社会期待的样子，做一些我们必须做但不一定喜欢做的事，而在闲暇时间里，你能够更换这些面具，扮演你想扮演的角色，做你感兴趣的事情。

（2）闲暇时光是一个人休息的过程，同时也是一个人充电的过程，大学生通过参加各种文艺体育活动，能够更好地实现自我，提升能力，提高综合素质，锻炼大学生的角色平衡能力，让你的生活更为圆满，为下一个阶段作好准备。

（3）闲暇能开阔人的视野，丰富人的生活，弥补工作的缺憾和不足，也可以让你在工作中培养的技能在另一个领域中得到运用，从而在身体上、智力上、精神上、创造性上都有全新的体验，丰富你的生命故事。

一般在闲暇时光里可以开展的活动有：

（1）创造活动：发明、写作、作画／书法、作曲／作词、园艺、养宠物、制作木工／手工／模型／陶艺／雕塑、服装服饰设计等。

（2）收集活动：收集／收藏古物、签名、钱币、枪支模型、昆虫、装饰品、艺术品等。

（3）教育活动：动物研究、书籍研究、旅游、天文活动、语言研究等。

（4）竞争性运动和游戏：体育竞赛、击剑、赛球、猜字谜、下象棋、竞争性的网游等。

（5）非竞争性运动和游戏：骑马、舞蹈、演戏、骑脚踏车、划船、露营、钓鱼、徒步旅行等。

（6）观赏活动：观看芭蕾舞、电影电视、歌剧戏剧、音乐会等。

（7）社会团体活动：领导露营，辅助育婴室和运动场活动，参加唱咏组织、社团组织、学生联谊、合唱团、青年会、管弦乐队等。

生涯故事会

"自虐"的旋风少年

林禹上大学后第一个参加的科研比赛是学校的发动机拆装大赛。这对完全没有接触过汽车内部构造的他来说是一个不小的挑战。从全校初赛的300多个组，层层筛选，脱颖而出进入决赛，最后拆卸发动机创造了新的校纪录。这背后是无尽的付出：每晚都去学校后山上的汽车博物馆拆发动机，在冰冷的地板上，工具敲击机器的响声成百上千次地回荡在空无一人的博物馆里，不下50遍对庞大机械的拆卸枯燥又乏味，有时专心得忘了时间常常在寝室关门前最后一刻才回到宿舍。他正是靠着这种坚持不懈的精神，在全国制图建模大赛上击败其他来自国内名校的同学获得来之不易的亚军。

作为一名十佳大学生，林禹建议同学们，一定要自省自律，注重时间管理。这些品质，是当代大学生最缺乏的。"哪怕是在打游戏的时候，也要想一想我在做什么，想一想未来。是甘于现状，趋于平凡，还是将力量作用在自己内心的深处。"他说，"我这么拼命全是自己的想法，外界施加不了任何压力，都是自己的意念。"

这个阳光的大男孩在平时空闲时间也听音乐、看电影、旅行。前不久才前往大理旅游的他兴奋地说旅游也是一种思考，游行中不单单是为了用双眼欣赏风景，而是为了用心灵与不同的人们相遇，他曾从学校骑自行车去交通大学在江津的双福校区，来回100多公里，他还多次和朋友一起骑车50多公里去看重庆的夜景，感受呼啸的风和自由的时间。他说毕业后想骑行到拉萨，在高原去相遇更多的旅人，在青春里活出不一样的世界。

（林禹：重庆理工大学机械工程学院2013级机械设计制造及其自动化专业学生）

名作推介

过得刚好

功名富贵，人间惊见白首；诗酒琴书，世外喜逢青眼。市争利朝争名，伶逐势恶逐威。且看沧海日、赤城霞、峨嵋雪、巫峡云、洞庭月、潇湘雨、彭蠡烟、广陵涛，奇观宇宙但赏何妨？我争者人必争，极力争未必得。我让者人必让，极力让未必失。真放肆不在饮酒放荡，假矜持偏要慷慨激昂。万事留一线，江湖好相见。

遇好晴天、好山水、好书、好字画、好花、好酒、好心情，须受用领略，方不虚度。人生苦短，一定要知恩、知足、知命、知道、知幸，心不贪荣身不辱。杨柳风、芭蕉雨、梅花雪、香椿芽、野菜根、茄子把、豆腐泥、俗与雅、素与荤，全能招呼，人生一乐也。

人活一世，草木一春。低头做事，睁眼看人。齿以刚亡，舌以柔存。大贵由命，小贵由勤。同田俱富，分贝则贫。慈悲为本，方便为门。势败奴欺主，时衰鬼弄人。真金岂俱火，怕死不忠臣。疾风知劲草，逢难显高人。无本休言利，有货不愁贫。沥血栽花花不放，无心插柳柳成林。

（选自郭德纲《过得刚好》第125—127页，有删减）

过得刚好

作者：郭德纲
出版社：北京联合出版公司
出版年：2013-6-1
页数：288
定价：39.80元
装帧：平装
ISBN：9787550214224

豆瓣评分

6.9 ★★★★☆
2577人评价

5星		15.3%
4星		33.3%
3星		39.3%
2星		9.3%
1星		2.7%

我的闲暇时光安排扇形图

说明：

1.写出你目前在闲暇时光里所扮演的全部生活角色，然后按照投入的多少画一个饼图。

2.如果你的生活可以朝你理想的方向发生改变，把理想的角色分配好再画一个饼图。

3.对照理想和现实，看看有什么因素妨碍了你理想的实现？你可以做什么朝理想更进一步。

4.不同的部分可以用不同颜色的笔标注。

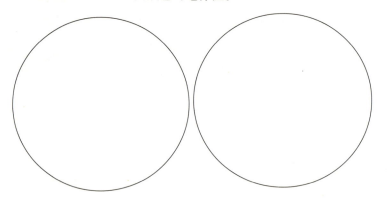

二、合理安排闲暇时间

（一）大学生闲暇活动的类型

现在的大学生安排闲暇时间的活动总体特征表现为多层次、多样化、个性化、从众性与时尚性（这一点在女性大学生中表现得尤为突出）。大学生休闲方式大致可分为以下几种类型。

1.延伸性学习活动

学习专业性知识，阅读课外书籍，进行科学实验，参加辅导班与培训班、选修课、学术专题讲座、座谈会、研讨会，参观艺术展及博物馆等。在闲暇时间里，部分大学生继续从事与专业学习有关的活动，丰富自己的知识，提高文化素质，提升未来就业的竞争力。

2. 社会实践活动

家政服务、勤工俭学、公益活动、公司兼职等。这类活动已经不再仅仅是家庭困难的学生所为，越来越多的学生希望通过此类活动，熟悉社会、追求独立、拓展能力，为未来人生发展奠定基础。

3. 娱乐休养活动

户外漫步、逛公园、旅游、野炊、跳舞、唱卡拉OK、观赏影视等。在闲适与轻松中，大学生的身心得到放松与舒展，人际关系更加融洽，陶冶情操。

4. 体育健身活动

球类活动、舞蹈、体操、武术、气功、滑翔、冲浪、蹦极与美容等。体育休闲与大学生的活泼好动、表现欲强的个性相吻合，受到普遍青睐。在体育休闲活动中，大学生能够展现活力，结交朋友，强身健体，平衡心态，回归自然。

5. 社团活动

由各种大学生社团组织，主要有文化、运动、科技、艺术和社会交往等活动。这类活动能够提供一种有益的环境和氛围，激发创造力，开发潜能，让大学生自由意志得到发挥，不断超越自我。

（二）大学生社会实践的意义

大学生社会实践是指大学生在校期间有计划、有目标、有组织地参与到社会各项工作中，并获得学习提升或获得经济收益的活动。大学生社会实践既是高等教育的一个组成部分，也是大学生自我提升、认识社会、了解国情、职业体验、勤工助学的重要途径。更重要的是，社会实践是大学生涯不可或缺的任务，大学生的学习不仅在校园，还在校园外，不仅在课堂，还在课后，不仅在课本，还在生活中。大学生社会实践作为大学生参与社会活动的重要手段，联结着学校教育和社会教育，具有学校属性和社会属性。社会实践既是学校课堂的延伸，又是学校课堂的升华，是学校知识的运用和实践。大学生社会实践活动的积极意义主要有以下几点。

1. 有利于大学生了解国情、了解社会，增强社会责任感和使命感

现代大学生，大多是在书本知识中成长起来的，对我国的国情、民情知之甚少，而社会的复杂程度，远不是读几本书、听几次讲座、看几条新闻就能了解的，社会实践活动则为他们打开了一扇窗口。

2. 有利于大学生正确认识自己，对自身成长产生紧迫感

通过广泛的社会实践活动，能让学生看到自己和市场需求之间的差距，看到自身知识和能力上存在的不足，比较客观地去重新认识、评价自我，逐渐摆正个人与社会、个人与人民群众的位置。

3. 有利于大学生对理论知识的转化和拓展，增强运用知识解决实际问题的能力

大学生以课堂学习为主要接受方式，这对大学生来说非常重要，但这些理论知识并不代表大学生的实际技能，往往难以直接运用于现实生活之中。社会实践使大学生接近社会和自然，获得大量的理性认识和许多有价值的新知识，同时使他们能够把自己所学的理论知识与接触的实际现象进行对照、比较，把抽象的理论知识逐渐转化为认识和解决实际问题的能力。

4. 有利于增强大学生适应社会、服务社会的能力

社会实践活动使大学生广泛地接触社会、了解社会，不断地参与社会实践活动，在实践中不断动手、动脑、动嘴，直接和社会各阶层、各部门的人员打交道，培养和锻炼实际的工作能力，并且在工作中发现不足，及时改进和提高，更新知识结构，获得新的知识信息，以适应社会的需要。

5. 有利于发展大学生的组织协调能力和创新意识

社会实践活动没有课堂教学太多的束缚和校园生活的限制，学生们的积极性被充分调动起来，兴趣高涨，思维也空前地活跃起来，往往会产生一些创造性火花，在实践中勇于开拓，敢于创新。

6. 有利于提高大学生个人素养，完善个性品质

社会实践活动现场是考验大学生修养、品性的好环境。在那些平凡而伟大的人民群众面前，大学生养成的"娇、骄"二气会得到克服；在实践的困难和危险面前，要求大学生们具有一定的牺牲精神和坚强的品质。这种实践活动多了，并且能深入下去，大学生在积极参与的过程中，就会逐渐养成坚韧、顽强的优良品性，养成务实的学习态度和生活作风，不断提高自己、完善自己。

（三）当代大学生社会实践的主要形式

1. 暑假"三下乡"活动

暑假"三下乡"活动是指全国大学生在团中央的号召下，利用暑假时间志愿报名参加送文化、科技、卫生到农村、基层。这项活动已持续多年，并取得了可喜的成绩和成效。每年的暑假，全国各大中专院校在团中央的号召下，组织大学生志愿者围绕"三下乡"活动主题，结合专业、地方和个体特色，在农村、企业和基层开展科技扶助、企业帮扶、思想宣传、政策宣传、文化宣传、医疗服务、法律普及、支教服务、环境保护、科普宣传等活动。"三下乡"实践活动既促进了先进生产力的发展，又帮助和引导了大学生按先进生产力发展要求成长成才；既传播了先进文化，又帮助和引导了大学生接受先进文化的哺育；既服务了人民群众的根本利益，又服务了大学生的全面发展。

2. "青年志愿者"行动

志愿服务是指任何人志愿贡献个人的时间及精力，在不收取任何物质报酬的情况下，为改善社会、促进社会进步而提供的服务。青年志愿者活动是专指青年一代参加志愿者活动，大学生是青年志愿者活动的主体。大学生青年志愿者们在团中央的号召下，利用课余时间和假期开展包括扶贫开发、社区建设、环境保护、大型赛会、应急救助、海外服务等在外的各项服务活动，弘扬着"奉献、友爱、互助、进步"的志愿者精神。在国内外的各类大赛和大型活动中，处处都活跃着志愿者的身影。例如，北京奥运会期间，志愿者服务于各国的运动员及来自世界各地的观众和游客，获得了全世界的好评。

我国的志愿服务活动是随着改革开放而发展的，开始于 1978 年。1993 年底，共青团中央开始组织实施中国青年志愿者行动，中国志愿服务进入了有组织、有秩序的阶段。中国青年志愿者行动实施以后，志愿服务日益广泛发展，全社会对志愿服务的认知程度已大大提高。据不完全统计，2008 年累计有超过 506 万名志愿者参加抗震救灾和灾后重建，170 多万志愿者直接服务北京奥运会。

2006 年 11 月共青团中央印发的《中国注册志愿者管理办法》规定："团组织、志愿者组织根据服务对象的需求，向注册志愿者发布服务信息、提供服务岗位，志愿者按照相关要求开展志愿服务。注册志愿者也可按照相关规定自行开展志愿服务。提倡具有相同服务意向和志趣爱好的注册志愿者在团组织、志愿者组织指导下结成志愿服务团队开展服务。"

志愿工作具有志愿性、无偿性、公益性、组织性四大特征。

3. 课外科技活动

课外科技活动是指大学生利用课余时间参加校内外的学生科学研究活动和竞赛等。这类社会实践活动有的是参与到实验室、校内老师的科研项目中，协助老师开展科研工作并在其中得到锻炼；有的是直接参与企业单位的技术难题或管理咨询工作中，或者参与企业的技术开发和产品开发中；有的是参与到群众组织、政府和管理部门等进行专题调查研究和理论研究活动中；有的直接从事发明制作等。课外科技活动不仅充分培养大学生的主动性和创新精神，而且大学生还可以参加国家、教育部门及一些行业协会等组织相关的竞赛活动，在比赛中检验自己，提升能力。例如，"挑战杯"全国大学生课外学术科技作品竞赛。它是一项全国性的竞赛活动，创办于 1986 年，由教育部、共青团中央、中国科学技术协会、中华全国学生联合会、省级人民政府主办，承办高校为国内著名大学，"挑战杯"系列竞赛被誉为中国大学生学术科技"奥林匹克"，是目前全国最具代表性、权威性的大学生课外科技活动竞赛。每两年举办一次的"挑战杯"，坚持"崇尚科学、追求真知、勤奋学习、迎接挑战"的宗旨，鼓励大学生创新，已成为大学生课余科技活动中的一项主导性活动。国家教育部门和一些专业协会都针对大学生开展各专业和学科相关的课外竞赛，以此推动学生专业知识的创新学习和课外拓展。

4. 课外创业活动

课外创业活动是大学生利用课外时间开展创新创业活动。在国家提出大众创新、万众创业的号召下，特别是国家和各地政府出台一系列扶持大学生自主创业的优惠政策后，越来越多的学生在学习之余加入到自主创业的行列中，课外创业活动已经成为大学生社会实践和体验社会的重要方式之一。国家和各地政府也同时开展了大学生创业计划大赛，如"挑战杯"全国大学生创新创业大赛，中国"互联网+"大学生创新创业大赛等。"挑战杯"大学生创新创业大赛与课外学术科技作品大赛相对，大赛以"电子对抗系统"和"ERP 管理软件"为竞赛平台，以创业计划书为基础，经专家评审团点评和网友投票进行综合评判，最终赛出名次。中国"互联网+"大学生创新创业大赛是从 2015 年开始举办，以"'互联网+'成就梦想，创新创业开辟未来"为主题。大赛旨在深化高等教育综合改革，激发大学生的创造力，培养造就"大众创业、万众创新"的生力军；推动赛事成果转化，促进"互联网+"新业态形成，服务经济提质增效升级；以创新引领创业、创业带动就业，推动高校毕业生更高质量创业就业。

5. 勤工助学活动

勤工助学原来特指家庭经济困难学生参加社会实践而获得报酬资助学习，随着高校教育的收费制度改革，越来越多的学生以勤工助学的方式自助学业，勤工助学已经是大学生运用课余时间，参加社会的商业活动或自主利用个人优势开展短暂的务工活动，获得一定的劳动报酬来支持学业的社会实践活动，如家教、参与商业的宣传促销活动、饭店宾馆等从事服务性工作等活动。

6. 课程实习及专业实习

课程实习是根据课程的内容研究一定课时的实践教学环节，以学生在课堂的参与、体验和自主开展体验学习的形式。专业实习是高校根据专业设置和人才培养方案，结合课堂教学内容，安排大学生到企业与所学专业相关的专业岗位开展实践工作和体验岗位的实践活动形式。比如，机械专业的学生安排到机械生产一线开展实习工作，医学院学生一般安排一年时间在医院进行轮岗实习等都是属于专业实习。重庆市自2011年开始在假期，组织全市部分在校大学生到国有企业生产和服务一线，并由重庆市财政补贴大学生报酬，被称为大学生带薪实习，获得了大学生和企业的认可。大学生假期走进企业一线，与工人一起工作，了解国情企情，了解生产流程，提高操作技能，促进学以致用，是进一步培养和提高大学生社会实践能力的重要途径。

生涯故事会

他人笑脸就是最大的回报

2012年暑假的一个偶然机会，他在家乡加入了"红叶行动——巫山大学生志愿服务队"。这是巫山首支大学生公益服务队，也是重庆大学生返乡公益团队的典型代表。

第一次他跟随服务队走进了巫山县曲尺乡，也走进了乡里唯一的一所希望小学。怀着忐忑的心进入校门，热情的孩子们就向他围拢来，像明星般争着和他拍照，因为小孩子认定：这是来自城里的大学生。随后，他们一起打球、一起赛跑、一起画画、一起大笑，全然看不出农村小孩与城里小孩的区别。中午，服务队志愿者和孩子们一起来到食堂，他看到孩子们的午饭，突然有种想哭的冲动，孩子们就吃白米饭没有菜，可是他们还是吃得很香。校长告诉他，因为大学生志愿者的到来，孩子们格外高兴，小孩子有好多问题想问，早早就把心里的问题写下了。他想，即使凭他的力量还不能改变孩子们的生活学习条件，但至少可以尽他所能告诉他们更多山外面的精彩世界。就这样，面对着一块破旧残缺的黑板、一张张打着补丁的课桌、一双双渴望知识的眼睛，他的山区支教之旅开始了。随后的每个假期，他都和志愿服务队的小伙伴去那里支教，他真诚地告诉孩子们："不管我身在哪里，只要你们有问题，都可以打电话第一时间找到我。"

（孙凯：重庆理工大学材料科学与工程学院 2011 级焊接技术与工程专业学生）

名作推介

大学生实习期间的十项注意

1. 到一个实习单位后，先要主动自我介绍，考虑一下怎样用引人注意的方式介绍自己的名字、学校、专业与爱好，诚恳地请大家多帮忙。

2. 穿相对正式的职业装总是好的，拖鞋与短裙都不适合上班穿，在开始的时候穿比较正式的西装，不但可以使你看起来老练，而且是比较保险的，不会引起其他人的负面议论。

3. 出早勤，主动问候其他同事。

4. 保持办公区域的整洁。

5. 带上实习笔记本，要把工作感想及时记在上面。

6. 多问，多听，少发表议论。

7. 积极参加单位的员工活动与同事聚会，这将使你很快被大家接受。

8. 不要在实习单位传播八卦消息，背后议论别人，或者打小报告。

9. 在一个部门找一名骨干做你的老师或者导师。

10. 离开单位时请你的业务主管给你写一份内容具体生动的推荐信。

（选自袁岳《黑苹果》第 28 页，有删减）

黑苹果

作者：袁岳
出版社：中信出版社
出版年：2010
页数：237
定价：29.00元
ISBN：9787508621722

豆瓣评分

7.1 ★★★★☆
397人评价

5星	12.6%
4星	40.3%
3星	40.6%
2星	6.0%
1星	0.5%

我的社会实践总结

1. 你所参与的社会实践活动有：

（1）＿＿＿＿＿＿＿＿＿＿＿＿＿＿＿＿＿＿＿＿＿

（2）＿＿＿＿＿＿＿＿＿＿＿＿＿＿＿＿＿＿＿＿＿

（3）＿＿＿＿＿＿＿＿＿＿＿＿＿＿＿＿＿＿＿＿＿

2. 这些活动所体现的价值有：

（1）＿＿＿＿＿＿＿＿＿＿＿＿＿＿＿＿＿＿＿＿＿

（2）＿＿＿＿＿＿＿＿＿＿＿＿＿＿＿＿＿＿＿＿＿

（3）＿＿＿＿＿＿＿＿＿＿＿＿＿＿＿＿＿＿＿＿＿

3. 这些活动给你带来的收获有：

（1）＿＿＿＿＿＿＿＿＿＿＿＿＿＿＿＿＿＿＿＿＿

（2）＿＿＿＿＿＿＿＿＿＿＿＿＿＿＿＿＿＿＿＿＿

（3）＿＿＿＿＿＿＿＿＿＿＿＿＿＿＿＿＿＿＿＿＿

4. 你未来准备从事的实践活动有：

（1）＿＿＿＿＿＿＿＿＿＿＿＿＿＿＿＿＿＿＿＿＿

（2）＿＿＿＿＿＿＿＿＿＿＿＿＿＿＿＿＿＿＿＿＿

（3）＿＿＿＿＿＿＿＿＿＿＿＿＿＿＿＿＿＿＿＿＿

学习收获

1. 闲暇

（1）＿＿＿＿＿＿＿＿＿＿＿＿＿＿＿＿＿＿＿＿＿＿

（2）＿＿＿＿＿＿＿＿＿＿＿＿＿＿＿＿＿＿＿＿＿＿

（3）＿＿＿＿＿＿＿＿＿＿＿＿＿＿＿＿＿＿＿＿＿＿

2. 合理安排闲暇时间

（1）＿＿＿＿＿＿＿＿＿＿＿＿＿＿＿＿＿＿＿＿＿＿

（2）＿＿＿＿＿＿＿＿＿＿＿＿＿＿＿＿＿＿＿＿＿＿

（3）＿＿＿＿＿＿＿＿＿＿＿＿＿＿＿＿＿＿＿＿＿＿

1.五个小孩的校长（2015）

剧情简介：吕慧红（杨千嬅饰）曾经是名校校长，和丈夫谢永东（古天乐饰）结婚多年依然恩爱如初，幸福美满的两人即将迎来他们的十周年结婚纪念日。吕慧红早早离开了工作岗位，为了半年之后的环球旅行作准备，内心满怀着期待和盼望。

一次偶然中，吕慧红得知一所名叫元田的幼儿园濒临倒闭，而园中仅有小雪（何浣漾饰）、珠女（王诗雅饰）、嘉嘉（傅舜盈饰）、凯蒂（李咏珊饰）和珍妮（陈丽儿饰）五个天真单纯的孩子。如果幼儿园倒闭，那么这五个孩子将面对无学可上的糟糕现实。冲动之下，吕慧红决定成为元田幼儿园的园长，哪知道想要胜任这一职位，需要付出那么多的努力和那么大的代价。

推荐理由：你能有多高的成就，除了自己的努力以外，一些贵人至关重要。在职场打拼多年，回首再看，很多人会遗憾没有遇到一位真的启蒙心灵、影响深远的老师。就像吕校长那样，身体力行，用教育思想，用智慧和爱，来呵护那些孩子，真的很珍贵。

推荐指数：☆☆☆☆☆

2.弱点（The Blind Side，2009）

剧情简介：家，这样温馨的生活仿佛是与生俱来的事情。妻子莉安（桑德拉·布洛克饰）温柔贤惠，丈夫西恩（蒂姆·麦格劳饰）事业有成，还有一双听话乖巧的儿女，更在杯觚交错中深受上流社会欢迎。如果不是那天下午的意外，如果不是莉安心思细腻，他们或许还是像原来一样活在自己完美无缺的世界中。

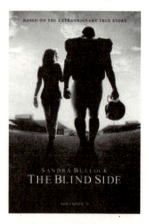

那是一个高大壮硕、皮肤黝黑的孩子，面无表情的脸上，掩不住些许苦愁的滋味。明明天气阴冷，他

却穿着单薄的Ｔ恤和短裤，在寒风中瑟瑟发料。不管他看起来高大得多么让人戒备，但他只是个16岁的孩子，和自己儿子同校的孩子。更别提这个名叫迈克尔·奥赫（昆顿·亚伦饰）的孩子从小就成了孤儿，辗转于无数收养家庭之间，在9年里上过11所学校，连小学一年级也能留级一年！莉安又有什么理由不收留他呢？从领进家门暂住一宿到提供衣食住所视为己出，甚至专门为他请来了私人家教苏小姐（凯西·贝茨饰），奥赫第一次从"莉安"一家感受到了家的温暖。

除了无微不至的照顾，因为"莉安"夫妇的鼓励，奥赫决定善用自己的天赋，加入学校的橄榄球队。在赛场上，他就像一堵铜墙铁壁，没人能够突破他的防线。很快，奥赫就成为橄榄球场上的风云人物，不仅为所在的中学赢得区域冠军，还吸引了众多大学球队星探的注意，愿意为他提供全额奖学金。可是，对于平均成绩只有0.6分、IQ仅在低智边缘的奥赫，要想顺利踏上橄榄球之路，眼前还横亘着诸多障碍……

推荐理由：有弱点并不可怕，最强悍的人也有弱点，而主人公选择了成为职业橄榄球员来弥补。人生在世，要明白一点：所有选择都是你自己作出的，你的一生由你自己决定，同时我们也要明白，尊重他人的决定和选择比任何物质奖励都重要。

推荐指数：☆☆☆☆☆

拓展阅读

1.《趁年轻折腾吧》袁岳著，上海财经大学出版社

内容简介：为什么有的人刚毕业OFFER就一大堆？为什么有的人毕业几年后年薪几十万，有的人却还在"啃老"？职场需要什么样的人？人际关系该如何处理？要不要去创业……如果你是个年轻人，你正在烦恼很多事，那么《趁年轻折腾吧》就是你需要的。"年轻的时候两样东西很重要，第一要折腾，第二脸皮厚。"从吃饭、喝酒、送礼等社交细节，到职业规划、创业、价值观等人生大事，袁岳先生以最诚挚的态度、最生动的实例，引导年轻人从青涩走向成熟，活出精彩的人生！再不尝试就老了，趁年轻，折腾吧！

一句话书评：年轻就是拿来折腾的。

2.《我的江湖方式》袁岳著，鹭江出版社

内容简介：作为深受大学生和职场新人欢迎的节目主持人，备受关注的博主和演讲家，袁岳先生一直关心青年后辈的成长问题。在袁先生看来，社会即江湖。一个"说大就大，说小就小"，既"纷争不断"又"精彩异常"的江湖。青年学子初涉江湖，需要师傅的引领，需要懂得各种"规矩""门道"，才能走好这"一入深似海"的风雨江湖路。本书汇集了袁先生的全国高校巡回演讲词和精彩博文，结合他求学岁月和职场生活的感悟，集中表达了他对青年如何面对成长、步入社会，特别是如何在职场获得成功、实现自我价值的主张，涵盖了青年读者关注的自我学习、职业态度、创新精神、人情世故等方方面面，足可充作一本初入江湖者必备之指南。

一句话书评：袁岳的演讲生动精彩，满是干货。

3.《寻路中国》彼得·海斯勒著，上海译文出版社

内容简介：我叫彼得·海斯勒，是《纽约客》驻北京记者。这本书讲述了我驾车漫游中国大陆的经历。2001年夏天，我考取了中国驾照，在此后的七年中，我驾车漫游于中国的乡村与城市。这七年也正是中国汽车业的高速发展期，单在北京一地，每天申领驾照的新人就有一千多，其中有好几年，乘用车销售额的年增长率超过了百分之五十。仅仅两年多的时间，中国政府在乡村所铺设的公路里程数，就超过了此前半个世纪的总量。《寻路中国》一书有几条不同的线索。它首先叙述了我由东海之滨沿着长城一路向西，横跨中国北方的万里行程；另一条线索集中讲述了一个因中国汽车业的高速发展而发生巨变的乡村，在这里，我特写了一个农民家庭由农而商的变化经历；最后，则是中国东南部一个工业小镇的城市生活场景。书中所描述的这种由农而工而商、乡村变身城市的发展，正是1978年改革以来中国所发生的最重要的变化。

一句话书评：一个老外眼中的中国。

4.《江城》彼得·海斯勒著，上海译文出版社

内容简介：1996年8月底一个温热而清朗的夜晚，我从重庆出发，乘慢船，顺江而下来到涪陵。涪陵没有铁路，历来是四川省的贫困地区，公路非常糟糕。去哪里都得坐船，但多半你哪里也不会去。在随后的两年，这座城市就是我的家。在这里，我有时是一个旁观者，有时又置身于当地的生活之中，这种亲疏结合的观察构成了我在四川停留两年的部分生活。这并不是一本关于中国的书，

它只涉及一小段特定时期内中国的某个小地方。从地理和历史上看，涪陵都位于江河中游，所以人们有时很难看清她从何而来，又去往何处。

一句话书评：一段中国曾经的历史。

5.《永不抵达的列车》杜涌涛，徐百柯著，中央编译出版社

内容简介：在一片纷乱喧嚣中，冰点仿佛一位笃定的观察者，将目光一次次投向大变革中那些普通的小人物，注视他们被时代裹挟的命运，诉说他们微小的愿望与简单的快乐、深深的无奈与绵长的苦痛……透过冰点所讲述的故事，你能看到自己的同胞——那些老人、那些孩子、那些青年、那些作为社会中坚力量的沉默的大多数——在经历怎样的命运。从关注人的命运出发，冰点一直着力维护许多最基本的价值，比如悲悯、比如同情、比如宽恕、比如正义、比如自由。它让我们相信，这个社会上不是光有丛林法则；它让我们看到，在这个世界上、在我们的社会中，还有另一些没被压倒的，也不可能被吞噬的价值。

一句话书评：我们这个时代中普通人的命运。

6.《失控》凯文·凯利著，电子工业出版社

内容简介：这是一部思考人类社会（或更一般意义上的复杂系统）进化的"大部头"著作，对于那些不惧于"头脑体操"的读者来说，必然会开卷有益。大众智慧、云计算、物联网、虚拟现实、网络社区、网络经济、协作双赢、电子货币……我们今天所知的，绝大多数是我们20年前就已知的，并且都在这本书中提及了。

一句话书评：一部有关人类命运的奇书。

7.《必然》凯文·凯利著，电子工业出版社

内容简介：凯文·凯利对于经济和社会发展的趋势有着深刻的见解。20年前，他的《失控》一书，便已预见了当下几乎所有的互联网经济热点概念，如物联网、云计算、虚拟现实、网络社区、大众智慧、迭代等。此次，凯文·凯利在新书《必然》中提到了未来20年的12种必然趋势。

一句话书评：凯文·凯利的睿智、哲思很能打动人。

8.《乡土中国》费孝通著，上海人民出版社

内容简介：著名社会学家费孝通教授，一生行行重行行，实地调查和考察总结中国农村经济发展的各种模式，写下了诸多不朽篇章。本书推出的是学界共认的中国乡土社会传统文化和社会结构理论研究的代表作《乡土中国》《生

育制度》《乡土重建》和《皇权与神权》四篇著作，可供社会学工作或教学、研究者参考。

一句话书评：中国的传统和现代。

9.《江村经济》费孝通著，商务印书馆

内容简介：这是一本描述中国农民的消费、生产、分配和交易等体系的专著，是根据对中国东部、太湖东南岸开弦弓村的实地考察写成的。它旨在说明这一经济体系与特定地理环境的关系，以及与这个社区的社会结构的关系。同大多数中国农村一样，这个村庄正经历着一个巨大的变迁过程。因此，这本书将说明这个正在变化着的乡村经济的动力和问题。

一句话书评：中国农村经济状况的真实写照。

生涯读书会

《黑苹果》

一、活动主题：我的志愿者经历

二、活动时间：＿＿＿＿＿＿＿＿＿＿＿＿＿＿＿＿＿＿＿＿

三、活动地点：＿＿＿＿＿＿＿＿＿＿＿＿＿＿＿＿＿＿＿＿

四、活动负责人：＿＿＿＿＿＿＿＿＿＿＿＿＿＿＿＿＿＿

五、活动的参与者：＿＿＿＿＿＿＿＿＿＿＿＿＿＿＿＿＿

六、活动感悟：＿＿＿＿＿＿＿＿＿＿＿＿＿＿＿＿＿＿＿

线上资源

一、网站

1. 中国大学生网 http://www.university-china.com/

2. 行之校园网 http://www.xzxyw.net/

3. 大学生兼职网 http://www.jianzhiba.net/

4. 勤工俭学吧 http://www.qgjxb.com/

5. 校园无忧网 http://www.school51.com/

二、微信公众号

1. 哟！兼职

2. 秋叶 PPT

3. 校园百态

4. 鲍金勇

5. 大冰辅导员

课外实践

"中金所杯"全国大学生金融及衍生品知识竞赛

1. 大赛简介：

为普及金融衍生品知识，培育行业后备人才，中金所联合中期协先后举办了三届"中金所杯"全国大学生金融及衍生品知识竞赛，受到境内外大学生和高等院校的热烈欢迎以及市场机构的积极关注。高校学生踊跃报名，三届大赛累计参赛近9万人次；参赛高校逐年递增，第三届已达1 080所；同时，约80所高校将大赛与学科建设及学生学业挂钩，近200家金融机构吸纳获奖学生实习及就业，取得了良好的社会效果。

2. 参考题库：

参赛者可在中金所期货期权学院网站（"金融衍生品知识竞赛"栏目）查阅竞赛大纲及参考题库。

3. 竞赛流程：

初赛（网上竞赛）参赛者自备电脑，登录中金所期货期权学院网站参与网上在线答题，答题时间为50分钟。

复赛（集中竞赛）：复赛采取现场机考方式。主办方将根据复赛入围人数在主要城市、大学城、高校设置考点，安排入围参赛者就近参赛。参赛期间的食宿、交通等由参赛者自理。

比赛除奖品外还将获得暑期实习机会。

4. 比赛官网：http://www.e-cffex.com.cn/index.html#/channel/competition/1

中金所期货期权学院网站：http://www.e-cffex.com.cn

同时，还可通过"中金所"官方APP、"中金所发布"官方微信、"中期协发布"官方微信实时了解竞赛动态。

第八章

求职、就业与创业

「大师语录」

> 我所享有的任何成就，完全归因于对客户与工作的高度责任感，不惜付出自我而成就完美的热情，以及绝不容忍马虎的想法、草率粗心的工作与差强人意的作品。
>
> —— 李奥贝纳

「推荐教学或学习时间」

大四第一学期

「热点要闻」

大学生另类就业盘点

除了"硕士粉"，还有一条新闻被热议：我为什么要辞职去卖肉夹馍。研究生一毕业，都会经历"不是在面试，就是在去往面试的路上"的找工作阶段，费尽九牛二虎之力找的工作，又往往专业不对口或发挥不出自身优势。很多用人单位不愿招收高学历员工入

职，一是老板本身的学历水平有限，员工学历太高用不起，更合不来。再有，日常工作大专生就能完成，价格低廉，没必要非硕士、博士不可。结果就是，高学历打工者们要么委屈求全、无安全感地当"忍者神龟"，要么自己出去闯天下。

"大学生就业"——从高校不再包分配，开始双向选择就业起，大学生的就业就关系到千家万户的生存和发展，就成了国家政府、社会和高校关注的重点，特别是近几年随着大学应届毕业生人数年年攀升，而经济形势下行，国家经济发展转型，带来的大学生就业一年比一年难的问题日益突出。有研究表明，对大三、大四年级的学生和刚毕业的学生调查显示，他们对就业都有不同程度的焦虑和担心。从麦可思连续七年发布的就业报告来看，就业率和满意度呈现出稳定趋势，说明大学生就业市场保持着良好的运行。但就业率和满意度相差较大，说明大学生在就业过程中对"找工作"和"找到我要的工作"还有差距，期望和现实存在不相符的巨大差距。大学生要找到一份工作，找到一份满意的工作，需要做大量的准备，运用大量的社会关系，可能延续很长的时间，反复地试验，必要时还要作出后期的评价调整。对每一位求职大学生来说，都是一项"专项工程"，需要有计划、有组织、有能力去完成这项工程。

一、就业前的准备

就业信息的收集是就业准备的第一步，是求职过程中关键的环节。随着信息时代无以数计的信息涌现，能及时地从大量的信息中收集整理出有效的信息，就已成功了一半。大学生求职过程中要特别注意如何高效地收集和吸收就业信息，提高求职的成功率。

（一）就业形势与政策的了解

大学生首先应对当前经济社会形势进行了解，明确社会就业形势，作出大学生就业形势判断，来指导个人的就业思路。其次是近年来国家、地方政府越来越重视大学生就业工作，针对大学生就业有很多宏观层面上的政策和措施。大学生应针对个人的职业诉求了解相关的政策和法规，利于个人进行求职定位和职场信息的收集。比如每一位大学生都应了解《劳动合同法》《中华人民共和国劳动法》等相关法规。近几年，国家实施强军计划和鼓励大学生创业，国家和地方都出台了鼓励应届大学生应征入伍和创业的相关规定和扶持政策，有意向的大学生都应对相关政策和法规有详细的了解和认识。为了鼓励大学生到基层和边远地区就业，国家和地方政府同样有相关吸引大学生的优惠政策。再如，有些地方和城市对外地生源大学生在本地就业有相关的户口规定等，各大高校还会根据国家和地方的政策和要求制定一些补充规定和政策支持，这些都应是大学生在求职前应了解和掌握的信息。

（二）就业的方式和方法

大学生就业的方式和方法有很多种，没有哪种是必需的，也没有哪种是多余的，大学生多使用的和企业多接受的方式方法有以下几种。

（1）通过邮件求职：应聘者通过邮箱、招聘网站、企业官网等给企业或者企业的招聘人员发送个人简历，由企业进行筛选确定招录人员。

（2）通过招聘会求职：应聘者通过参加政府、学校、人才市场或者企业等组织的招聘会，现场向企业投递简历进行应聘。

（3）通过他人推荐求职：应聘者请老师、友人、家长等与企业有联系的人员进行推荐求职。

（4）通过实习求职：应聘者先通过实习实践的方式进企业工作，然后再向企业发出求职申请。

（5）通过电话求职：应聘者通过与企业招聘人员通电话、视频交流等方式进行应聘。

（三）了解就业市场

大学生首先应了解本专业在国内或本地区近三年的就业状况、社会需求情况、竞争情况等，了解行业发展形势，关注国家对行业的宏观政策和发展战略，了解与所学专业相关的行业发展形势和发展前景。还应了解行业的从业要求、待遇、发展方向等信息。比如近几年，随着"互联网+"的发展，信息行业的发展状况和发展前景及对从业人员的要求都发生了巨大的变化，大学毕业生想要进入"互联网+"行业，就应及时了解这些变化。

其次，对大学生就业市场的运行作全面的调查了解。国内专门针对大学生就业的市场繁多，从国家到各省市和地区、学校都有专门的人才市场和招聘网站，这些市场和招聘网站都会定期和不定期地召开应届毕业生专场招聘会，随时发布招聘信息。这些市场还会针对行业、职位和特殊地区或企业举行招聘会或发布相关信息。

（四）了解职位信息

当大学生确定了就业意向后，应主动收集足够多的相关职位信息，以帮助个人的就业。第一，企业的类型和规模，发展历史沿革，发展前景和潜力，企业架构，企业精神等；第二，企业的业务内容，涉及的行业领域，服务对象和影响地区，竞争对手和竞争产品等；第三，公司的管理风格，文化氛围，组织结构，员工规模，用人机制及工作氛围等；第四，公司的员工发展及培养计划，公司员工的待遇、福利等相关信息；第五，具体职位的工作性质，工作内容，岗位要求，在公司的发展路径和政策支持等内容。

生涯故事会

扎根基层的女村官

也许是传承理工大学首任校长李承干在金陵兵工厂时流传下的"兢兢业业，恪尽职守，严谨求实"的精神，也许是身上流淌着理工学子那股踏实肯干的精神劲儿，孙思敏这个女大学生村官总是尽职尽责地做好每一件事情。

作为土生土长的重庆城区人，对农村诸多的不了解，她刚开始工作并不顺利。上任时恰逢全国林改工作，她所在的村是全镇面积、林地面积最广的一个村，自然林改工作开展遇到困难。初入工作岗位的她决定从头做起，白天积极开展工作，晚上不断恶补林权制度改革方面的知识，有时甚至熬到深夜。不断地为百姓讲解、宣传林改知识，加强与老百姓的交流，自己下乡一尺一丈地为老百姓丈量，积极化解林改矛盾，做到让老百姓满意为止，使林改工作深入人心。这其中的辛苦，日复一日的努力，当地的老百姓也都看在了眼里，记在了心里。甚至她的同事都开玩笑地说，"思敏啊，你再这样都成了拼命三娘了"。孙思敏却只是笑笑，又一头扎进了工作中。

（孙思敏：重庆理工大学化学化工学院2005级毕业生）

名作推介

求职的两种方式

基本上，你可以用两种方法找工作。一种是大多数求职者用的，我们称之为传统方式。另一种我们称之为新的方式：创造性方式。

两种方式的主要区别在于如何确认到哪家公司求职。

第一种方式，你分析劳动力市场需求，以确定能工作的地方，然后等着，直到那个领域某家公司宣布有空缺。那时候，你就通过简历——一张或电子版或打印版的纸——接触对方。

第二种方式，你先对自己做详细盘点，以决定什么样的公司适合你。然后你不消极等待，不等着对方宣布空缺。你要主动出击，通过"牵线搭桥者"——既了解对方也了解你的人——来接触对方。

所以，找工作时该用哪种方式呢？这是个问题。

答案：你来定。

（选自理查德·尼尔森·鲍利斯《你的降落伞是什么颜色》第100-101页）

你的降落伞是什么颜色

作者: 理查德·尼尔森·鲍利斯
出版社: 中国华侨出版社
译者: 李春雨 王鹏程 陈雁
出版年: 2014-11
页数: 320
定价: 36.8
装帧: 平装
丛书: 新精英丛书
ISBN: 9787511346544

豆瓣评分

7.6 ★★★★☆
139人评价

5星		22.3%
4星		37.4%
3星		34.5%
2星		5.8%
1星		0.0%

互动与分享

我的职业信息卡

目标职业名称：_____

目标职业所属行业：_____

目标职业对人的基本需求：_____

目标职业的发展前景：_____

影响职业发展的因素：_____

职业生涯发展道路：_____

我的技能优势：_____

我的性格优势：_____

我所面临的机会：_____

我所面临的挑战：_____

二、求职材料准备

求职材料是大学生敲开用人单位大门的第一步，也是用人单位对应聘者的第一印象。求职材料包括应聘者的基本信息、就业意向和所具备的一切胜任应聘职位的知识、能力等资料。大学生应在对个人和职位有充分了解的情况下，将个人所拥有的知识、能力和品质等与职位要求相匹配，有针对性地准备求职材料，才有机会敲开用人单位的大门。

求职材料内容和撰写没有统一的格式和要求，不同单位对求职材料的要求不尽相同，大学生求职时应根据用人单位和职位的要求撰写材料，甚至也可创新性地设计出有个性的求职材料。无论什么风格的求职材料，一般都会涉及以下内容。

（一）求职信

求职信又指申请信和自荐信，是应聘者以信件的形式向用人单位表达求职意向，简略展示个人职位的相配性。事实上，求职信是应聘者向用人单位推销自己，引起用人单位对应聘者感兴趣并产生深入了解和交流的意愿。一封求职信应包括：

你是谁？

你如何获得企业的信息及招聘信息的？

你要申请什么职位？

你为什么要申请这个职位？

明确希望加入企业的意愿，并提出希望获得面试机会。

留下你的联系方式。

求职信的撰写技巧：

第一，求职信首先应明确表达出求职的主观愿望，然后才是展示个人知识素质和特长与职位的相适性。但作为应届毕业生，没有工作经验和具体的职位技能，因此不要过分强调个人能力和资格正是用人单位的需要，可以通过表述对职位的了解和对加入组织的兴趣，并解释它为什么让你感兴趣。如"我深刻认识到当今的销售人员与以往传统的销售人员完全不同……"这样的表述会让你的求职信更个性化，更突出你对职位的理解和兴趣。

第二，求职信要突出你的优势和技能，把职位的要求具体化、详细化，站在用人单位的角度，看看你的哪些优势和技能是他所欣赏和需要的，并在信中把你的职业目标、专业背景、价值观和用人单位的需要建立一种匹配，让用人单位认同和认可。

第三，在求职信中突出你的创新能力和务实精神，会让你的求职信脱颖而出。因为这是大多用人单位对应届毕业生的期望和要求。

第四，针对招聘要求写。仔细分析用人单位的招聘要求，注意哪些内容是要直接而明确地告知，哪些内容可以用案例、事实来表述。

第五，撰写要简洁明了，可以是个性化的，但文字一定要简练，内容真实，情感真诚。

第六，留下联系方式，表达希望获得面试的意愿和请求。

第七，注意发送求职信的电子邮件时，一定要按照商务沟通和用人单位的要求发送，而不是使用网络常用的格式、缩写等格式。

（二）求职简历

简历，即简要履历，是对一个人所经历的学习、工作及成绩的概述，突出展示个人与工作相关的经历。简历的目的和求职信相似，主要是帮助求职者获得面试的机会，有时候，用人单位要求不用求职信，但没有哪家用人单位不要简历的，简历是求职过程中必不可少的材料。

据统计，有的用人单位每年会收到超过10万份的应聘简历，招聘官在每份简历上花费的时间是15秒，而要近300份简历中才会有1份获得面试机会，大部分简历都是被扔进了垃圾筒。所以，如果想你的简历不那么轻易地被扔进垃圾筒，写出一份好的简历是很有必要的。一份好简历不仅是针对职位的个性化简历，而且还要能让招聘官多停留几秒。好简历的撰写没有标准和模式，但用人单位认可的准则和技巧是可以通用的。

第一，简历一定要简单。对于大学毕业生，一般包括个人基本信息、求职意向、教育经历、实践经历、与职位相匹配的知识技能和品质、获奖情况等主要内容。

个人基本信息：姓名、性别、证件照片、学历、联系电话等。

求职意向：明确说明目标职位或岗位。

教育经历：与目标职位相关的专业学习经历、就读学校、学习掌握与目标职位相关的系统知识的经历（包括专门的培训经历）。

实践经历：与目标职位相关的校内外工作实践经历，应对用人单位、工作时间、职位、工作内容及成绩作简要描述。

获奖情况：在各项活动、工作中的获奖情况，特别突出与目标职位技能或品质要求相关的获奖，有利于用人单位了解你的突出优势正是他所需要的能力。

其他信息： 应聘者在简历中还可以根据用人单位的要求和喜好对个人作出自我评价，列出对胜任目标岗位有帮助的爱好特长。

应届毕业生因为经历简单，人生经历时间短，一般用一页简历就足够了。

第二，简历一定要有针对性。对用人单位来说，他只招聘最合适的人才到指定的职位，而不是最优秀的人才。简历一定要针对应聘岗位的要求来写，而不是做一份通用的简历投向无数的用人单位，这只会让你的简历石沉大海，而不是脱颖而出。

第三，简历一定要真实。有个别应届毕业生会因成绩不理想或实习实践经历单一而在简历中编造虚假的信息，以期望提升用人单位给予面试的几率。但事实是用人单位一旦发现简历中存在不真实信息，无论你多优秀，都会被完全拒绝。简历的真实性表现出的是应聘者的诚信品质，任何一家用人单位都不会用一个品质有问题的人。

第四，简历一定要有条理性。简历的风格可以多种多样，具有个性，但内容一定要条理清晰，容易阅读。简历是应聘者的名片，只有清晰可见的简历，才能让应聘者的才能一目了然地展示在用人单位面前。

第五，简历中不能做的事。简历中不能出现低级错误，如错别字、排版错误等。不要在简历中提出薪资要求，不要提到任何负面的信息，不要过多说明个人的人生观和价值观。

对于简历撰写和制作会有很多不同的看法和方法，甚至每个人都会有自己的看法，有关简历的书籍也非常多，在网络上能搜索到所有你能想到的与简历有关的问题和主题，我们这里提到的是针对大学毕业生关于简历撰写最重要的部分。关于简历的模板，更是数不胜数，而你完全可以自制模板而不是抄录他人的。

（三）推荐表（信）

《毕业生就业推荐表》是高校为向用人单位推荐毕业生设计的统一格式的表格，内容包括毕业生的一些基本信息、在校表现及成绩、所在学校的鉴定意见，并证明内容是真实可信的。《推荐表》上一般都会盖上学校公章，因此用人单位都比较看重。

推荐信是指针对应聘职位专门向用人单位推荐应聘者的信函，推荐信一般由与用人单位有一定联系的人，或者有一定社会声望的人，或者与用人单位有联系的企业，或者同行业的企业撰写，推荐信内容应是对应聘者的才能进行推荐和证明，以达到帮助应聘者应聘成功的目的，推荐信一般都具有可信度高和认可度高的特点，用人单位会比较容易接受被推荐的应聘者。

（四）附件

附件主要是指各类证明材料和用人单位特别要求的材料。比如获奖证书、成绩单、能力证书、公开发表的作品等，附件一般只需要提供复印件，有需要时才准备原件。有些特别行业会要求应聘者提供如身份证明、政审材料等相关材料，应聘者应按要求提前准备好。

生涯故事会

乐于挑战，勇于开荒

1998 年蔡建军大学毕业，他选择的第一份工作是进入长安汽车做一名销售员。他先是在广州销售一线卖微车，后因各方面表现突出，特别是出色的文笔被提升为销售公司常务副总经理秘书。1999 年 8 月 27 日，乐于挑战自己的蔡建军向长安汽车销售公司总经理陈永强递交了"请战书"，提出想到一线艰苦的地方去锻炼。当时正值月末人事调整的时候，他便被委派到东北担任长安汽车辽宁分销中心的经理。在东北一干就是三年，蔡建军经过努力把辽宁区域从最初的空白市场变成了整个公司成长性最好的市场之一。

2002 年长安汽车与河北长安胜利汽车联合组建了河北长安汽车，而蔡建军被调派到了河北长安全面负责筹建销售事业部。这一段经历是他职业生涯中浓墨重彩的一笔。当时河北长安的组织架构、营销体系基本为零，蔡建军为了在第一时间了解市场动态，甚至会挨家挨户登门拜访客户，了解他们的需求。一切以市场和客户为导向，在这种精神下，河北长安的销量三年内从零增长到 10 万辆。蔡建军本人的营销才能也被合资公司长安福特所相中。

（蔡建军：1998 年于重庆理工大学（原为重庆工业管理学院）毕业，后加入长安汽车，在销售和营销的岗位上奋斗了近 17 年，素有汽车行业"军座"之称）

名作推介

求职前，你做好四件大事了吗

第一件大事：职场礼仪，打造最佳第一印象

世界 500 强企业的 HR 70% 是女性，她们对于细节、求职者形象的要求往往比较高。

第二件大事：与你申请的职业交往甚至"试婚"，而非"单相思"

如果你毕业以后想做人力资源，你最好在学校的某个社团里负责招聘和培训新人的工作。如果你想毕业后去做销售，你有没有想过大二的时候去参加友邦保险或者中国人寿等组织的培训？

第三件大事：每天找一个陌生人交流

如果你真正想锻炼面试时必需的表达能力，你一定要去找陌生人做陪练，如果你是大学生，多多去和老师、学校的管理人员沟通；如果你是在职人士，大胆去和不同部门的人熟识，在公司聚餐的时候，不要躲避自己不熟悉的领导。

第四件大事：实战三次以上，再上大战场

千万别把你宝贵的第一次（面试）交给你最心仪的企业。人家要的，不是羞涩的新人，而是职场老手。

（选自杨萃先，张有明，万泓楷，郭丹锐《这些道理没有人告诉过你》第84-85页，有删减）

这些道理没有人告诉过你

作者：杨萃先/张有明/万泓楷/郭丹锐
出版社：北京联合出版公司
副标题：迄今最实用的求职工具书
出版年：2012-11
页数：366
定价：36.80元
装帧：平装
ISBN：9787550209824

豆瓣评分

8.0 ★★★★☆
706人评价

5星	30.5%
4星	44.8%
3星	21.0%
2星	2.5%
1星	1.3%

互动与分享

我的简历

请你为自己写一份求职简历！如果你想要得到心仪的职位，你认为简历上应该有些什么内容才能打动企业的 HR？目前哪些栏目已经有一些内容了？还要补充哪些内容？

记住：简历是你的真实经历，不是写出来的，而是做出来的！

姓名：＿＿＿＿＿＿＿＿＿＿＿＿＿＿＿＿＿＿＿＿＿

手机：＿＿＿＿＿＿＿＿＿＿＿＿＿＿＿＿＿＿＿＿＿

邮箱：＿＿＿＿＿＿＿＿＿＿＿＿＿＿＿＿＿＿＿＿＿

求职意向：_____

● _____

教育背景（专业教育、第二专业、各类培训、证书……）

● _____

● _____

相关经历（全职、兼职、志愿者、实习、社区服务……）

● _____

● _____

● _____

课外活动（社团活动、各类竞赛……）

● _____

● _____

● _____

获得奖励

● _____

● _____

其他（特别技能、独特经历）

● _____

● _____

三、求职过程

　　一般应届毕业生求职，都会经过投递简历、笔试、面试，然后确定录用、签订协议等过程。

（一）投递简历

　　简历的投递方式一般分为纸质简历投递和电子简历投递。

　　（1）纸质简历投递是指应聘者本人或者通过中间人将简历投放到用人单位。这种投递方式多用于大型的现场招聘会，投递时就进行初步的面试。在现在信息处理高度发达的时代，采用纸质简历投递方式的用人单位越来越少了。

（2）电子简历投递是指通过电子邮件、招聘软件等电子数据传递的方式将简历投递到用人单位指定的邮箱或数据库内。电子简历投递方便快捷，现多被用人单位采用。用人单位收到简历后会进行筛选确定面试人员，特别是对于大型企业，应聘投递的简历数量多，处理投入的简历都会直接通过电脑进行筛选。因此，电子简历投递时应注意：

①如果用人单位有要求，应严格按照用人单位的要求发送电子邮件和上传简历，以防因为邮件格式和关键词不对直接被电脑筛选出去。

②发送电子邮件时应按照商务公函的方式发送，避免运用一些邮箱自带的缩写和简称。

③电子邮件应清晰简洁，方便用人单位进行初步的筛选。电子邮件的主题中应明确应聘的职位和个人基本信息，告之姓名、专业和学校。电子邮件中一定要有正文，有些应聘者为了省事直接发送附件，这同样不方便用人单位快速地从邮件里了解你的基本信息，邮件正文一般表达求职意愿，做简单的个人推荐，可以参照求职信的内容进行撰写。

投递电子简历后，可以通过电话确认用人单位是否收到。

（二）笔试

笔试也是在招聘过程中考察应聘者的一种书面考试方式，用于考察应聘者的特定知识、专业知识、文化素养及综合分析能力等。

笔试在招聘中有相当大的作用，尤其是在大规模的和专业性强的职位招聘中，运用较多。笔试的可量化性强，可以高效地用标准化的测量快速地区分开，然后可以划分出一个基本符合需要的界限，通常作为面试前的重要筛选方式。

不同单位对笔试内容要求不一致，主要是看用人单位希望通过笔试考察应聘者哪方面的知识和能力，但用人单位的笔试考核方向都会提前告知应聘者，应聘者可以提前做好准备和复习。例如，公务员的统一笔试就是可以提前复习和练习的一种笔试，而且现在很多企事业单位也开始参照公务员考试内容，在招聘时加入笔试环节。另外一些专业性强和有特殊要求的岗位也会在面试前后加入专业知识测试或素养测试，如信息行业的单位在招聘时多会加入计算机类知识的测试，教师招录时多会加入心理测试等。

笔试测试只是用人单位在招聘过程进行筛选或辅助考核的方式，应聘者应客观冷静地参加测试，无须紧张，提前做好功课，增强信心，沉着应答就行。

（三）面试

简历投递后通过初步筛选，将进入下一环节——面试。面试就是面对面的交流、考察和确认，不同的用人单位会有不同的面试方式，不同的面试官也会有不同的面试方式和要求，因而面试没有屡试不爽的方法和技巧，需要应聘者做好准备，准确定位，以展示自己胜任应聘职位的才能，应对多变的面试题目和情境。

1. 面试的形式

（1）单独面试。单独面试即面试官一次只面试一名应聘者，这是常见的面试方式，单独面试有利于交流和考察的深入，全方面了解应聘者，应聘者也不会受其他应聘者影响。

（2）团体面试。团体面试即面试官同时与多位应聘者进行交流考察，通常团体面试会让应聘者做小组讨论交流，相互协商，或者让应聘者轮流发言，团体面试多用于考察应聘者的沟通能力、协调能力及洞察能力等。

（3）结构化面试。结构化面试是指面试内容、流程、评估标准和方式、面试官等都事先统一规范，按统一制定的标准和要求进行的面试。结构化面试能帮助面试官发现应聘者与招聘职位职业行为相关的各种具体表现，在这个过程中面试官可以获得更多有关候选人的职业背景、岗位能力等信息，并且通过这些信息来判断该候选人是否能成功胜任这个职位。公务员录用面试即采用结构化面试的方式。

（4）非结构化面试。非结构化面试是相对结构化面试而言的，指没有固定的面谈程序，提问的内容和顺序都取决于面试官的兴趣和现场应聘者的回答。这种面试方法给谈话双方以充分的自由，面试官可以针对应聘者的特点进行有区别的提问，不同应试者所回答的问题可能不同。缺点是结构性较差，缺少一致的判断标准，面试结果和评价标准受面试官的影响较大。

（5）电话或视频面试。由于空间的限制，面试官通过电话或视频的方式对应聘者进行面试的方式。一般面试官会提前和应聘者约定好时间，保证面试环境条件，然后通过电话或视频向应聘者进行提问面试。

2. 面试的准备

虽然面试会变化多样，但提前做些准备，会让应聘者有更大几率获得成功。面试前可以作哪些准备呢？

（1）了解有关用人单位的所有信息。了解企业发展历史、企业精神、企业文化、发展前景、主要业务和产品、企业管理、组织文化等信息。虽然这些内容不一定用得上，但用人单位一定会希望应聘者是真正对企业感兴趣的人，同时这些信息也有利于你深入了解企业是否符合你的需求。

（2）全面了解应聘职位的信息。面试前对所应聘的职位要进行认真分析，职位的工作内容、性质、时间等都作具体的了解，并将其与其他企业的相同岗位作比较，明确自己岗位的匹配度在哪些方面。

（3）准备自我介绍。将自己的基本信息和简历的关键点进行复习，思考个人的兴趣、技能和价值观有哪些与应聘岗位是相匹配的，准备好几个常见问题的答案。鲍利斯指出用人单位希望了解五件事：①你为什么到这儿来？②你可以为我们做什么？③你是什么样的人？④你和别人有什么不一样？⑤我们请得起你吗？这五个问题基本已经概括了用人单位希望了解你的所有信息，你要做好这五个问题的回答准备，同时还应准备几个要问招聘方的问题。

（4）准备好相关的材料。将所有相关证明材料、推荐表（信）、公开发表的文章、展示个人才能的作品等都准备好。

（5）礼仪准备。着装要得体，应聘者应以正装为主，至少与应聘岗位相匹配；不要浓妆和太浓的香水，不要有过多的饰物。

精神饱满地应对面试。紧张是个人看重面试的正常表现，学会在面试前调节心情，做放松练习，保持自信和精神饱满的状态参加面试。

3. 面试过程

一般的面试过程不会超过30分钟／人，有的面试可能几分钟就完成了，在短暂的时间内甚至处于被动的状态下，如何将自己胜任职位的才能充分展示，让面试官认可并录用你呢？前面的准备就很有必要，并能在面试中随时帮助到你。

面试一开始就要应对面试官的提问，面试官提问的意图就是考察应聘者各方面才能和素质是否与职位匹配，应聘者是不是单位需要的人。从考察的内容和目标来看，面试提问主要分为以下几种类型：

（1）考察应聘者的基本信息和背景。通过提问了解应聘者简历的真实情况，详细掌握应聘者基本信息。例如：

请用三分钟详细介绍一下自己。

你为什么选择我们公司？

你认为你最大的优点和缺点是什么？

（2）考察应聘动机。了解应聘者求职动机及动机背后的价值观等。例如：

你为什么想要加入我们公司？

你为什么要应聘这个岗位？

你期望的工作是什么样子的？

你觉得在我们这样的组织中，成功需要什么？

是什么让你选择了你所读专业和学校？

（3）考察应聘者的素养和能力，了解应聘者的才能与品质。例如：

曾经让你觉得最满意的两三个成就是什么？为什么？

你的职业规划目标是什么？五年内你期望达到什么程度？

描述一次你认为失败的经历及给你的启发？

你的大学经历对你现在的应聘有哪些帮助？

（4）考察应聘者与职位的匹配度，评估应聘者是否适用招聘岗位及录用条件。例如：

你觉得你可以通过什么方式来为组织作贡献？

如果你获得这个工作机会，你认为是什么让你成功的？

你对这份工作有何期望和目标？

你期望的工资待遇是多少？

了解了面试的意图和目的，你的应答就不再困难了，你做的准备工作也会有帮助的。但是要注意的是面试实际上就是社会交往，是应聘者的语言沟通能力的直接体现，不要将自己准备的材料背下来给面试官听，这样的面试效果会适得其反。

当面试官提完问题，应聘者同样可以在面试过程中向面试官提问。问题应与应聘职位相关，并能表现出应聘者对职位的兴趣和知识，通过提问，向面试官展示出应聘者对企业的态度很认真。以下问题可作参考：

公司对员工有什么样的期望？

怎么描述这个岗位上的员工典型的一天呢？

这个职位在公司典型的发展路径是什么？

这份工作的最大挑战是什么？

在这个职位上能得到什么样的培训和发展？

公司的发展规划是怎样？

公司的企业文化是什么？

在面试过程中除了提问与回答上的语言沟通，还会有一些非语言沟通也很重要，这些非语言沟通传递出来的信息甚至比语言内容更会影响到面试结果。交谈中保持眼神的适当交流是必要的，反之，可能说明应聘者没有自信或者对这次面试的不重视。保持一个端正的坐姿也是必要的，不要有一些小动作，一些小动作会让人觉得慵懒、傲慢和分心。保持不急不躁的态度，不要因为有的问题做了准备就急着回答，也不要因为心里没底就吞吞吐吐，应该听到问题先想一想，再简洁明了地回答。鲍利斯提出面试20秒～2分钟法则，即应聘者的回答时间应控制在20秒～2分钟。

当面试官确定这次面试结束时，并不是就可以安心等待消息或者等待录用了，你还应确定这次面试是不是最终面试，会不会还会有下一轮的面试，向面试官索要一张名片或者方便了解面试结果的联系方式，表达你对这个职位的兴趣并对面试官表示感谢。

4. 面试后

（1）感谢信。面试结束后，有机会给面试官写一封感谢信，再次表达感谢及你对职位的热情和自己的优势。即使你被拒绝，同样可以去一封感谢信，以保持与招聘官的联系，以保持对你的支持甚至去获得他们的推荐，因为你被拒绝的原因可能不是你不优秀，只是不适合。

（2）从面试中学习。每次面试结束后，无论结果，学会去总结学习。总结准备得如何，表现得如何，是不是与上次面试相比更加清晰自己的目标，有没有更好地展示自己，可以怎样帮助到下一次面试等。

（3）正确对待面试结果。对于大学生求职，在面试过程中出现紧张心理是常见的，个别大学生还会出现焦虑、自卑、怯懦心理。大学生要学会培养自信心，端正求职心态，学会和自己积极对话，明确求职不是一蹴而就的，这次面试不成功还会有其他企业适合自己，即使被拒绝也是经验的积累，更要明白在一次面试和求职中，被拒绝的一定是大多数求职者，录用的只是小部分，通常这个比例是 20 ：1。

（四）合同及协议的签订

1. 就业协议

就业协议是指全国普通高等学校毕业生就业协议书，是普通高等毕业生与用人单位在正式确立劳动人事关系前，经双方协商选择，学生与学校、用人单位三方签订，在规定期限内确立就业关系，明确双方权利和义务而达成的书面协议。其目的在于约束学生和用人单位在毕业后建立劳动关系。就业协议作为用人单位、毕业生双方之间的一份意向性协议，不仅能为毕业生解决工作问题，保障毕业生在寻找工作阶段的权利与义务；同时，也保障了用人单位能够从不同学校找到合适、优秀的毕业生。就业协议书一式三份，毕业生、用人单位、学校各一份，复印无效。

就业协议主要的作用是保障毕业生和用人单位双方的权益，约束双方在毕业生与用人单位建立正式劳动关系前的行为。学校在其中起鉴定、监督的作用，并通过就业协议为毕业生服务。

毕业生应如实地向用人单位提供个人基本信息；在签订协议书前，毕业生应了解用人单位提供的工作岗位基本信息；签订协议书后，毕业生应按与用人单位的约定及时参加实习、报到等。

用人单位应如实介绍本单位的基本情况，明确对毕业生的要求和接收岗位；签订协议后，做好学生的人事关系、户口档案等接收工作；安排毕业生具体的实习和工作内容；不得无故违约或拒收学生。

学校应如实向用人单位提供毕业生的情况，并做好推荐工作；签订协议书后，经学校审核登记并编制就业方案，报教育部备案，学校依据协议书内容进行毕业生就业管理、毕业生办理就业落户手续等有关事项；学校负责办理派遣手续。

就业协议书规定若学校、用人单位、学生三方有其他约定，应在备注中注明，并视为协议的一部分。通常，用人单位和毕业生会将双方达成的除协议书规定内容以外的协议写在这里，比如对入职要求、违约处理的约定，该部分内容一定要写清晰并签字盖章，以防之后发生争议。

就业协议书的签订应在毕业生、用人单位双方了解的基础上，共同协商，对协议内容达到一致后三方签订生效。协议应在双方主体合法、平等协商和诚信的原则下，对协议书的各项内容及其他应约定的内容进行共同商定认同后，各方人员签字盖章生效。

就业协议书明确了毕业生和用人单位双方的权益和义务，具有法律效应，涉及双方的利益。毕业生在签订协议书前，应注意以下几点：了解相关法规和政策规定；了解用人单位的资质和合法性；明确有关条款的内容，包括实习、工作期限、工作岗位、工作内容、户口档案、违约等内容。

2. 劳动合同

我国《劳动合同法》规定，劳动合同是劳动者与用工单位之间确立劳动关系，明确双方权利和义务的协议。劳动者加入企业、个体经济组织、事业组织、国家机关、社会团体等用人单位，成为该单位的一员，承担一定的工种、岗位或职务工作，并遵守所在单位的内部劳动规则和其他规章制度；用人单位应及时安排被录用的劳动者工作，按照劳动者提供劳动的数量和质量支付劳动报酬，并且根据劳动法律、法规规定和劳动合同的约定提供必要的劳动条件，保证劳动者享有劳动保护及社会保险、福利等权利和待遇。

劳动合同是在双方建立了劳动关系后签订的协议，与就业协议书不同，协议书只是毕业生、用人单位、学校三方之间签订的就业意向，不是劳动关系的法律文件，对劳动关系没有约束力，只有毕业生到单位报到，并与单位签订了劳动合同或形成了事实劳动关系，意向变为现实之后，毕业生才能和用人单位形成正式的劳动关系。

劳动合同的签订及主要内容，我国的《劳动合同法》内都有明确的规定和说明，大学毕业生在与用人单位签订劳动合同前，应认真了解相关的法律和法规，避免产生纠纷和争议。

（五）就业过程中的情绪管理及心理调适

对大学生来说，就业是职业生涯的第一步，面对复杂多变的职场世界，未入先争，在求职过程中出现情绪的波动和心理不适是不可避免的，大学生应学会自我调节，以积极正向的心态面对职业生涯的第一份挑战。

1. 正确的自我认知

心理学认为，自我概念及形成相对稳定而清晰的自我认识是职业发展中的关键，完善的自我意识是成功就业的基础。面对就业，大学生除了作好知识、能力的准备，还要正确、全面、客观地认识自我和评价自我，人无完人，大学生初次就业，年轻社会经历浅，自我认识本身都存在困难，所以最重要的是要学会全面、无条件地接纳不完美的自我，正确认识到自我的优点和缺点，形成客观的自我观念。

2. 积极的求职心态

很多大学生在求职过程中遇挫、失败后都容易产生消极心理，结果产生盲目就业，或放弃就业等情况，直接影响个人发展。建立就业过程中的积极心态，才能让大学生在客观地认识自我的基础上，结合现实和个人需求，确定出合理的求职目标，更能经受住就业过程中的困难和挫折。首先大学生在就业过程中要有主动的求职态度，明确就业是个人职业生涯重要的第一步，主动了解就业市场和宏观政策，主动收集单位信息，以积极主动的态度面对就业的各个环节和各类挫折。其次大学生要建立积极进取的心态，要清晰认识到自己的不足和成长的空间，要勇于学习，善于总结经验教训，正视困难，努力地向前看，通过主动调整和总结，以提升自己和发展个人为最终目标。

3. 调节情绪和调适心理

出现消极情绪和心态，在就业过程中是正常的，大学生要学会有效地进行自我调控，自我激励，面对就业目标的确定，要在客观正确的自我认知的基础上，结合家庭情况，根据社会需求进行调整；面对困难和挫折，学会用乐观、积极的心态面对，要充满自信，学会用辩证的思想看待挫折和困难；面对未来的职业，要明确这是个人的职业，同时也是承担起社会职责的时候，要有担当和独立的意识；面对个人方面的心理异常，大学生不要沮丧，学会寻求心理疏导，向朋友、老师等进行倾诉，寻求帮助，以得到减轻和缓解。

生涯故事会

砥砺前行

大四找工作时，赵海龙将简历投递给了重庆市龙湖物业管理公司，经过精心准备，他成功通过两轮严格的面试，顺利拿下工作。赵海龙笑着说，相比周围同学四处投递简历等待音信、到处笔试面试的漫漫求职经历，他将这份经历归结为长久努力的汗水最终凝聚在工作面试那一刻的运气。正是这份凝结了无数汗水的幸运，让他更加坚定机会是留给有准备的人。

回首在龙湖工作的岁月，赵海龙认为那是他经历的最快乐的时光之一。"跟着大家一起努力工作，为公司的未来、为自己的未来努力拼搏，这样的目标深植于每一位志同道合的同事心里。"赵海龙坦言自己很喜欢龙湖自由人文的工作氛围，这对他的成长十分有益。他从一路 PK 顺利进入龙湖开始，便十分努力地开始工作。

后来赵海龙也做过高校教师，当过三年"村官"。赵海龙认为，每一份工作都有它的不可替代性，他始终带着一颗真诚之心努力去完成。正是这样，赵海龙才能在后来参加中央党校的公务员考试中拥有突出表现，拥有了现在的工作。他称现在自己只想就就业业做好本职工作，享受生活所赐予的每一份惊喜。当然，在机会来临时，他也不会放任它溜走，感谢上苍赐予机会的同时，也会抓住机会持续努力。

（赵海龙：2003 级重庆理工大学知识产权学院社会工作专业毕业生）

名作推介

做职业的模仿秀

当我们来到一家新公司、一个陌生的组织，两眼一抹黑，面临各种新问题：开会流程、邮件风格、PPT 要求、工作内容……全都是新内容，在他们看来驾轻就熟，在你看来又面临新的磨合。此时，我们进入了一个新的迷茫期和成长期，不妨把模仿的绝技开启，先去相中一个职业导师做模仿对象。

这个模仿对象，首先得有魅力。你看中的那个人要么自信干练，要么学富五车，要么智慧深刻，反正无论怎样，他在这个组织里气场够足。

其次得跟你臭味相投。假如某天，你看到他在茶水间跟人聊天提到了某个民国大家，而你竟然也曾经深入研究过该大家的野史，你就会对这个职业导师有惺惺相惜之感，从而跟他有了那么一点共同语言。

再次，最佳方案是，他还会跟你经常在一起工作，如果是你的顶头上司或项目合作伙伴，那就是天赐的机会，吃定他。即便不能经常在一起工作，那你也可以尽量创造出在一起工作的机会，抓住每一个会议、每一次邮件、每一个可能的项目。

（选自马华兴《现在的泪都是当年脑子进的水》第 170–171 页）

现在的泪，都是当年脑子进的水

作者：马华兴
出版社：九州出版社
出版年：2014-8-1
页数：256
定价：35.00元
装帧：平装
丛书：新精英丛书
ISBN：9787510829956

豆瓣评分

7.5 ★★★★☆
416人评价

5星		24.3%
4星		40.6%
3星		31.0%
2星		2.4%
1星		1.7%

四、创新与创业

（一）创新

创新是指以现有的思维模式提出有别于常规或常人思路的见解为导向，利用现有的知识和物质，在特定的环境中，本着理想化需要或为满足社会需求，而改进或创造新的事物、方法、元素、路径、环境，并能获得一定有益效果的行为。创新是人类特有的认识能力和实践能力，是人类主观能动性的高级表现，是推动民族进步和社会发展的不竭动力。

创新是所有发展的基础和必要条件，人类社会从低级到高级、从简单到复杂、从原始到现代的进化历程，就是一个不断创新的过程。创新对个人来说更是如此，一个具有创新精神的人，会更容易实现人生价值和社会价值。各门类学科对创新都有不同的解释，创新可以是知识的发明、技术的革新、管理方式的改变，但无论什么样的创新都会包含在更新、创造新的东西、改变这三类中。创新的产生，可以是对未知的好奇引发，也可能是对某种事物产生浓厚的兴趣而深入挑战引发，可能是对传统和旧的思想、事物的质疑而引发的创新。

（二）创新与创业

创新与创业的关系如何？在科学界存在多种态度。熊·彼特指出，创新来源于创业，创新是评价创业的标准。国内有学者指出，创业的本质是创新、变革，没有创新的创业不可能发展并长存，没有创业精神也不可能有创新产生。无论哪种论述，创新与创业存在差异的同时，两者也存在密切的相关性和融合性。

创新是创业的源泉，是创业管理的基础。无论创业运用的技术和资源是否存在创新，创业者必须要有创新的精神和意识才可能有创业的动力，创业者要成功，也必须有不断的创新思想指导，才能有出路。

创业推动创新思想的发展。创业可能带来的经济效益，推动新的技术、产品和管理等的发展，推动创新的发展。创业者要持续发展，必须不断地创新拓展。

（三）创业者素质能力

创业是一项敢于冒险的创新活动。对创业者来说在整个创业过程中需要完成三个角色的工作，即创业的角色、管理的角色和技术职能方面的角色。要完成这三个角色的任务，创业者应具备的基本素养和能力有以下几种：

（1）较强的自我管理能力。创业者首先要能清晰地认识自我，正确评估自我，并能有效地管理自我，才能规划出切合个人特点的创业目标。作为创业团队的创业领头人，更是需要有自我管理能力，才能管理好团队，领导团队开展创业活动。

（2）远见和洞察能力。作为创业者，就是团队的灵魂，必须要有远见和洞察力，有战略思想，能看到其他人找不到的机会、发现价值，并进行识别和开发创新，产生价值推动创业。企业能否发展，能发展到什么程度，都取决于创业者的洞察能力，同时还要具备风险承受能力和素质。

（3）运营管理能力。创业就是经营管理，无论是单一个体的创业还是团队的创业，都需要对人力、市场、信息、财务资金等方面进行管理，对规划、决策、实施、管理、评估、反馈所组成的企业管理的全过程具有控制和运筹能力。特别是创业初期，运营管理能力是决定创业者能否成功的关键能力。

（4）学习能力。现代社会要想取得成功，必须具备持续的学习能力。不学习，就没有新思路和新思想，就难于作出正确决策，就不能成为具有较强领导能力、决策能力的领导者。市场和行业的竞争日益激烈，大到一个企业，小到个人要想力争上游，那就必须比竞争对手更快地掌握更多的知识，通过不断地学习使自己处于不败之地。

（5）社会交往能力。良好的人际关系，不仅能给人生带来快乐，还能助人走向成功。从创业最开始就要学会跟各种人打交道。创业者要具有在企业内外处理和配置各种可利用和需要的关键资源的沟通、交流、谈判等能力。

（6）分析与决策能力。创业者要通过消费者需求分析、市场定位分析、自我实力分析等过程，根据自己的财力、关系网、业务范围，依据"最适合自己的市场机会是最好的市场机会"的原则，作出正确决策，才能实现自己的创业目标。

（四）创业者精神

（1）创新精神。创新是体现创业精神的特殊工具。德鲁克提出创新是一种常态，而且是健康的表现。要创业，就不应墨守成规，保持开放的心态，用创新的视角审视周边事物，用创新的方法处理各项事务。创新精神是创业的手段和实现发展的必要精神。

（2）冒险精神。冒险是敢于人先，有冒险才会有创新，才会有先机，创业者要有人胆的冒险精神，勇于开拓未知世界，接受挑战，同时也要培养风险承担精神，敢想敢做，并能承受环境中的各种不确定性。

（3)团队合作精神。团队是成功的保障，只有合作才能实现个人无法达到的目标，成功的创业大都是团队合作的成功，要想建立一个成功的创业体系，必须要分工合作，作为创业领导者，首先在团队中要有合作精神，能欣赏他人，统领全局并善于合作。

（4）自信心和坚定的信念。自信、乐观和坚定的信念是非常重要的。创业是具有较强挑战性的，一定时期内受到挫折是在所难免的，自信、乐观、意志坚定能让创业者克服困难，在不确定的情况下仍然敢于作出决策。

（5)诚实守信精神。诚实守信不仅是做人的基本准则，也是市场经济的必然要求，企业经营状况在很大程度上依赖于良好的信用，任何一次失信的行为都潜伏着危机。同时，市场经济不能没有诚信，这是其道德价值的体现。创业者必须具备诚实的创业态度，才能走向成功。

（6）进取精神。进取精神是积极向上的精神。只有进取精神才能让创业者不断向前，不甘落后和平庸，才能不断创新开拓，才能有更高的目标激励自我不懈努力。

（五）大学生创业的类型

关于创业的类型，克里斯汀（B. Christian）等人依照创业对市场和个人的影响程度，把创业分为四种基本类型：复制型创业、模仿型创业、安定型创业和冒险型创业。

（1）复制型创业。这种创业模式是复制原有公司的经营模式，创新的成分很低。现实中这类创业特别多，创业成功的可能性也很大，所以被创业者广泛使用，特别是在跨城市的复制型创业。例如，某人在东部沿海城市的一家加工企业做部门主管，离职回到家乡西部城市，创建了一家与原来这家加工企业相似的企业，将他在原来企业的生产管理、经营模式都照搬过来，并取得成功。这种创业有经验可循，而且有成功的管理经营案例，可以直接复制，所以当市场还不饱和并有可拓展的创业机会时，被创业者所利用，并快速取得成功。但这种类型的创业模式中，创业过程简单，创新贡献较低，缺乏创业精神的内涵，不是创业管理主要研究的对象。

（2）模仿型创业。这种创业类型，对于市场来说没有太多新价值的创造，创新的成分也很低，但与复制型创业的不同之处在于，模仿型创业不是完全的照搬复制，它可以是跨行业和跨专业的模仿，模仿可能是经营方式，也可能是管理模式，还可能是创业者模仿他人。比如说看到连锁经营和加盟经营模式的收益，大学毕业生以自家祖传的酿制牛肉秘方以加盟经营的方式开办商店。这种创业过程具有一定的冒险成分，具有较大的不确定性。模仿型创业存在学习过程中，经营失败的可能性也比较大，相比于复制型创业，模仿型创业更具备创新精神和开拓精神，特别是对创业者来说具有很强的挑战性，创业者需要在创业过程中加强学习和培训。

（3）安定型创业。这种形式的创业是指创业者在熟悉的领域内进行拓展性、提升性或外延性的创业。对创业者来说，不会有太多的风险，也不会有大的变革，企业内部创业即属于这一类型，并不会对原有组织结构进行重新设计和调整。这种创业类型强调得更多的是创业精神的实现和创新活动。例如，某企业研发小组在开发完一项新产品后，继续在该公司开发另一个新产品项目。

（4）冒险型创业。冒险型创业模式是指创业者将一些新技术、新产品、新理念等用于市场创业，开创性强，风险高，不确定性大，带来的成功率低，但一旦成功，创业的回报是较高的。这种类型的创业如果想要获得成功，必须在创业者能力、创业时机、创业精神发挥、创业策略研究拟订、经营模式设计、创业过程管理等各个方面，都有很好的系统能力。比如，某人抓好大数据时代信息处理和分析的商机，创建一家信息服务公司，专门为政府、企业等做大数据分析处理。这样的创业模式就是抓住了市场机遇和技术革新的机会，通过合理的创业及管理，取得了成功。但同时也要注意，这类创业一旦技术、管理或市场未跟上，失败的可能性也是非常大的。

按角度分类，创业还有多种类型。例如，按创业者的动机分，可分为机会型创业与就业型创业。按创业风险分类，可以分为依附型创业、尾随型创业、独创型创业和对抗型创业。按创业项目分类，可以分为传统技能型、高新技术型和知识服务型三种。

（六）重庆市鼓励大学生自主创业相关扶持政策

（1）根据财政部《关于加强小额担保贷款财政贴息资金管理的通知》（财金〔2013〕84号）、《关于实施重庆市大学生创业引领计划的通知》（渝人社发〔2014〕214号、渝府发〔2011〕86号、渝就业办〔2008〕16号）等文件精神，对在本市内持有《就业失业登记证》的高校毕业生，可申请个体工商户不超过10万元、小微企业不超过200万元的小额担保贷款，并按规定享受财政贴息。其从事的经营项目必须是微利项目，国家明文限制的行业如建筑业、广告业、房屋中介、典当、桑拿、按摩、网吧、氧吧，以及美容、美发、水吧、酒吧、洗脚，从事金融保险业、邮电通信业、娱乐业以及销售不动产、转让土地使用权等除外。申请小额担保贷款须提供的要件及程序：贷款申请人在其户口所在地或企业经营所在地社区居委会申请小额担保贷款。借款人申请贷款时，应持工商、税务核发的工商登记证、税务登记证，抵（质）押物清单或担保合同以及本人有效证件到所在地社区居委会申请。经社区居委会审查符合条件的，向所在地街道（乡镇）推荐；街道（乡镇）初审同意后报所在地区县（自治县）劳动就业部门，区县（自治县）就业部门会同财政部门审查汇总，并将相关资料送到承贷金融机构。承贷金融机构提出初审意见，不同意贷款的，会注明原因并将资料返还劳动就业部门；同意贷款的，即可通知借款人办理相关手续，完善贷款抵（质）押担保等手续后，向借款人发放贷款。

（2）为进一步鼓励和引导全市高校毕业生自主创业，近几年计划在每年9月左右启动实施"泛海扬帆——重庆大学生创业行动"，其申报主体为当年重庆市普通应届高校毕业生和毕业五年内在渝创业的普通高校毕业生，个人或团队均可申报。自主创业申报项目要符合国家产业政策，个人或团队限申报一项创业项目，须符合发展前景广阔、经济效益较好、吸纳就业容量较大等要求。创业项目投资额应在15万元左右。项目办公室将对通过评审获得资助资格的每个创业项目资助2万～5万元，作为创业项目的经营性资金。同时还会享受创业培训、社保补贴、创业指导专家辅导、小额担保贷款等扶持政策。可登录活动官网 http://fanhaiyangfan.org 进一步了解。

（3）高校毕业生自主创业的（国家明文限制行业除外），可申请入驻其工商注册所在地的创业孵化基地，孵化基地主要为入驻企业提供场地保障、创业指导、市场推广、事务代理、政策落实（小额担保贷款、微企扶持政策等）等孵化服务，并对孵化对象实行场租减免等优惠。

（4）可到创业所在地就业局申请参加创业培训，并按相关规定给予培训补贴。

（5）可向创业所在地就业局申请创业项目推荐服务。准备创业的大学生应根据自有资金、技能及对市场熟悉程度等情况，谨慎选择使用就业局推荐的创业项目，其一切风险自负。

（6）可向创业所在地就业局申请创业导师辅导。创业导师主要为创业大学生提供观念引导、政策解读、信息咨询、技能辅导、法律援助等免费的创业帮扶。

（七）创业行动

1. 确定创业意愿和机会把握

大学生创业，首先是要有创业的意愿。创业意愿不是一时兴起，也不是跟风，而是对个人及环境进行了认真的分析，确定了明确的态度，愿意在今后一定时期投入创业中去。然后寻找创业机会和项目，创业者发现创业机会和项目，应运用科学的方法评估市场和收益，并结合市场需求与地区经济特色将自身的条件进行分析：创业的意愿和意志是否坚定？知识和技术的准备是否符合机会？能力、资源是否具备？只有充分对机会和自身进行了评估，才会降低风险提高成功率。

2. 创业计划

创业计划是创业者为创业制订的具体目标及运营手册，更是创业者为寻求投资和融资的推荐书，创业计划书的好坏，直接决定了投资的多少。创业计划书一般包括：

（1）创业计划摘要。简明扼要地介绍企业的建设思路、发展规划和策略，主要产品技术及业务范围，企业的运营及管理，财务及资金管理等方面内容。

（2）产品介绍。详细介绍产品基本信息、市场竞争力，特别是着重明确产品能带来什么价值，与其他同类产品的区别和比较。

（3）市场及营销。分析预测产品市场占有情况，竞争产品的情况，以及自己的优势和战胜竞争对手的方向；产品营销的策略和方法等内容。

（4）人员及组织架构。企业的人员组成，企业的整体组织架构，特别是管理人员的组成。

（5）财务状况预测分析。对公司财务进行专业分析，包括现金流量表、资产负债表及损益表的预测分析报表。

（6）资金结构。公司资金筹集和使用情况、公司融资方式、融资前后的资本结构表。

（7）附录。支持上述信息的资料，如管理层简历、销售手册、产品图纸等。

3. 创业团队

成功创业的经验表示，创业团队更能产生创业成绩。创业团队的组建要具有共同理想，以优势互补，具有团队合作能力和精神的人为主。创业团队创建后还要注重团队的维系和成长才能让组织和团队共同成长和发展。

4. 创业资金

再好的创业项目和创业团队，都需要有资金来运行。大学生创业的资金来源主要有个人资金、家庭或朋友资金、间接融资和直接融资等方式。间接融资主要是指各种贷款，如抵押贷款、担保贷款及项目开发贷款等，国家和地方政府为了鼓励大学生创业，出台无抵押贷款的相关扶持政策。直接融资主要有股权融资、债权融资、内部集资等，近两年出现很多专业的出资人专门为好的创业项目做天使投资等方式。

生涯故事会

不是所有的创业过程都是财富

田之富告诉记者："我的创业之路并不是一帆风顺，陆陆续续做过三次尝试。"经历过多次挫折和失败，田之富不断地检讨自己的定位和方向，最终明晰了自己的核心优势。如今田之富创立的香港第一胜任力咨询机构，致力于成为中国最具实践力的胜任力研究与咨询机构，坚持价值理念，追求行业口碑而非规模收入，帮助中国企业实现高效率领导力人才的评估、选拔和发展，已经为上百家企业超过5 000名职业经理人提供咨询、培训和高管教练辅导服务。田之富也在专业领域笔耕不辍，拥有教练、行动学习、引导师、课程设计与开发等领域的专业认证，先后有几百篇专业文章发表在各类媒体平台，并著有《企业成长问题诊断》。

对于当前大学生的创业大潮，他提出了一些诚恳的意见。创业对于国家来说，是一件好事。田之富认为，"大众创业、万众创新"是时代潮流，创业对于国家来说，可以促进经济发展和人才培养。但创业并不是一味的横冲直撞，对于大学生来说，创业要理性。田之富建议："对于有相对明确目标、明确价值导向的同学来说，所有的创业过程都是财富；但对于盲目跟风者来说，创业却是一场'灾难'，反而是浪费青春。"因此，田之富希望重理工学子们发扬"自强不息，求实创新"的重理工精神，在校期间对自己未来的职业发展有一定的明确目标方向，清晰判断自己的优势和兴趣，从而走好迈出校园的第一步。

（田之富：重庆理工大学机械工程学院机电系 9042 班毕业校友）

名作推介

享受创造力的心流

富有创造力的人彼此之间千差万别，但他们有一点是相同的：他们都非常喜欢自己做的事情。驱动他们的不是出名或赚钱的欲望，而是有机会做自己喜欢做的事情。雅各布·拉比诺解释说："我进行发明只是因为好玩。我不会想着什么能赚钱而去做某件事情。这是一个严酷的世界，金钱很重要，但是如果我必须在好玩的事和能赚钱的事之间进行选择的话，我会选择好玩的事。"小说家纳吉布·马哈福兹以更文雅的语言表示了赞同："我爱我的工作本身甚于它所产生的附属品。无论结果如何，我都会献身于工作。"我们发现每一位被访者都有这样的感觉。

不同寻常的是，我所访谈的工程师、化学家、作家、音乐家、商人、社会改革家、历史学家、建筑师、社会学家及医生等，都赞同他们从事这份职业的主要原因是因为它很有趣。但是做同样职业的其他很多人却不喜欢自己的工作。我们不得不推断，重要的不是这些人在做什么，而是如何做。

（选自米哈里·希斯赞特米哈伊《创造力》第 103 页）

创造力

作者: Mihaly Csikszentmihalyi
出版社: 浙江人民出版社
副标题: 心流与创新心理学
原作名: 米哈里·希斯赞特米哈伊
译者: 黄珏苹
出版年: 2015-1-1
页数: 366
定价: 62.90
装帧: 平装
ISBN: 9787213064128

豆瓣评分

8.3 ★★★★☆
134人评价

5星		37.3%
4星		44.8%
3星		14.2%
2星		2.2%
1星		1.5%

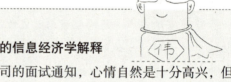

互动与分享

关于创业

1. 如果你创业，你会做什么？

2. 你觉得自己创业有哪些优势？

3. 你觉得就业与创业有什么不同？

4. 如果人生就是一场创业，你现在在哪个阶段？

5. 你身边创业的同学都有哪些特点？

6. 在生活中，你的创意会表现在哪些方面？

7. 是什么阻碍了你的创意？

"伟伟" 道来

面试的信息经济学解释

　　小王接到一家心仪已久的公司的面试通知，心情自然是十分高兴，但又有几分忐忑，不知道面试会问些什么问题，怎样才能给面试官一个好的印象，获得工作。小王形容自己的心情，就像终于获得自己暗恋多时的女神的恩准，约自己去见面聊聊，也许会获得芳心，也许会失之交臂。爱一家公司就像爱一个人一样，越满意就越在意，越在意就越紧张。真是"爱一个人好难！"

　　为了做好这次面试，小王在网上和图书馆疯狂收集关于面试技巧方面的信息，看到了很多靠谱或不靠谱的面试建议，这些建议说法各异，甚至互相矛盾，莫衷一是。比如有的文章建议面试者进入面试室后，应该主动四下搜寻，因为面试官可能会在某个角落扔一个小纸团，看你是否注意到来了解你的观察能力，以及观察你如何处理。但另一篇文章说，从进入面试室开始就要把注意力放在面试官身上，因为专注往往是面试官最为看重的职业素养。小王应该听谁的？

　　面试按照百度的解释就是"一种经过组织者精心设计，在特定场景下，以考官对考生的面对面交谈与观察为主要手段，由表及里测评考生的知识、能力、经验等有关素质的考试活动"。通俗地讲，面试就是用人单位和求职者由于相互的情况还不够十分了解或需要求证而进行一种面对面的双向沟通活动。面试的这样一些特点倒是和经济学最近二三十年非常火的一个分支——信息经济学的研究领域蛮契合的。其实不光是面试，职业发展的很多问题都可以从信息经济学中获得思路。

经济学家很早就注意到，人们对各类行为进行决策需要掌握足够完整的信息，并且早期的经济学理论也通常会假设人们掌握了完全的信息。但实际情况是，在现实世界中，人们通常掌握的信息不仅是不完全的（即有遗漏，这通常是由于能力不足或成本太高导致的），而且往往是不对称的（经济行为的各方当事人拥有不同程度的信息，如二手车的卖主通常比买主更了解二手车的质量状况）。更要命的是，出于自利考虑，人们还会故意发送虚假信息或隐瞒重要信息，这使得与人们掌握完全信息的情形相比，人们对信息掌握的不完全性和不对称性，有时候会从根本上改变企业或个人的行为。

最近30年的诺贝尔经济学奖多次眷顾从事博弈论和信息经济学研究的经济学家，这充分说明这个领域对客观经济世界解释的有力性。目前，信息经济学的研究触角已深入社会经济生活的各个领域，正在不断发展和完善经济学的版图。由于篇幅的原因，我们在这里不打算给大家介绍更多的信息经济学相关知识，感兴趣的同学可以自己下去阅读相关书籍。在这里，我们想借用信息经济学的基本概念或理论来说说面试的一些事。

面试通常发生在招聘单位认为求职者基本符合招聘要求，但对求职者的信息了解还不够完全，同时考官和求职者的信息也是不对称的（求职者显然比考官更了解自己的职业技能、工作态度等信息）的情形下，因此本质上讲主要是一种考官通过面试来向求职者"了解"或"求证"相关职业信息的行为（虽然也有求职者通过考官"了解"或"求证"招聘单位相关信息的成分，但相对较少，为了讨论简单，我们在本文中暂不讨论。）

目前各类面试技巧主要讲的都是"怎么样让考官相信你就是他(或企业)要找的人"。由于信息的不完全和不对称，而且考官知道你为了获得职位，是有非常大的动机来"扮

演"，甚至通过提供虚假信息来获得一个"符合"要求的结论。因此，他对你提供的信息总是持怀疑态度的，个别面试官甚至可能是"先否定，再求证"。因此，如果小王是一个优秀的毕业生，确实符合他心仪公司的要求，怎样向考官传递"可置信的信息"（即让人相信的信息），就成为小王面试成功的关键。

按照信息经济学的观点，"可置信的信息" 传递是否有效主要与不同类型的求职者传递同样信号的成本差异有关。成本差异越大，则信号模仿越困难，信号也就更有效。因此，小王可以：

●花大功夫了解公司的愿景、战略目标、历史沿革等信息，甚至对公司的发展战略提出自己的想法。这样做一方面可以加深小王对心仪公司的了解，更重要的是向面试官发送了小王迫切希望来公司的"可置信的信息"，因为那些只是简单试试的求职者才不会为一家公司花费太多的时间精力呢，小王投入的时间、精力"成本"越大，和其他求职者的区别就越大，这个信号就越难模仿，信号也就越有效。

●请公司所属行业领域有知名度和影响力的"大咖"写推荐信。这当然有难度，但请记住：难度越大，信号也就越有效。能够找到"大咖"写推荐信，传递的信息一是你对这个领域很了解，是"圈内人士"；二是"大咖"认可你，等于"大咖"帮助公司进行了一次有效的评估。这也是一个成本差异大的信号，因此非常有效。

●提出可以接受较低的试用期工资，极端的情况甚至可以先试用（不要工资）再签约。这又是一个"成本差异极大"的信号，就像对自己的产品质量没信心的企业是不敢承诺较长的保修期一样，对自己职业能力不够自信的求职者是不愿作出这种承诺的。按照信息经济学的说法，"承诺"使信息变得"可置信"。

●提供一个学生阶段"有图有真相"的、能够反映你"独特"职业能力的案例。信息经济学还有一个主要的观点就是：行胜于言。普林斯顿大学经济学教授迪克西特（《策略思维》的作者）说：口水太廉价，而行动则有其直接代价，关乎赢利。如果你能够提供一个你在大学期间成功完成的一次集体活动策划、一个学业困难的克服或参与的一项有价值的课外活动等案例，而且能够让面试官从中得出对你职业能力的判断，那这也是一个"可置信的信号"。

●符合公司企业文化的着装。一个人的外表打扮也会提供很多有效的信息，一些有经验的 HR 还十分相信这类信息。选择符合公司企业文化的着装对于在面试中获得良好印象（尤其是第一印象）至关重要。我们看到大学生在面试时大都是"西装革履"的职业装扮，他们认为这样才能给面试官一个"成熟稳重"的职业形象。但问题是，不是所有的公司或职位都需要"成熟稳重"，应聘一些创意性强的公司或岗位，也许"嘻哈"一些的装扮更容易被认为是有创造力的表现。

上面这些做法都是为了向面试官传递"成本差异"足够大的信号，大家可以沿着这个思路自己考虑怎样向面试官传递"可置信的信号"。可能也有同学会认为这些都是"笨"办法，"求职面试技巧"有没有？我们想要的可是"一招制胜"的"武功秘籍"好不好？

求职者为面试作一些有针对性的准备是我们提倡的。但同时，我们更提倡求职者真实地表现自己，而不是把自己"扮演"成企业"想要"的人。一方面，有经验的面试官会设计一些"信息甄别"机制让求职者"自动"说真话（信息甄别和信息发送本来就是一个问题的两个方面），"扮演"并不是件容易的事。另一方面，真实地接受企业的挑选，也是对自己负责的表现，自己想要的不一定是适合自己的。其实就像大多数人谈恋爱，年轻的时候总觉得"非你不娶"或"非你不嫁"，后来才知道"天涯何处无芳草"，我爱的人也爱我才是幸福的真谛。

由于劳动雇佣领域是典型的信息不对称领域，因此信息经济学在这个领域颇有建树，我们这里只是给大家提了一个基本思路。如果大家感兴趣，建议大家阅读《信息经济学平话》（王则柯）、《无知的博弈》（董志强）和《博弈论与信息经济学》（张维迎）等信息经济学专业书籍。前面两本是入门级读物，比较简单也很有趣，张维迎教授的书比较专业全面，需要一定的数学和经济学基础。相信大家一定会有不一样的收获！

学习收获

1. 就业前的准备

（1）_____

（2）_____

（3）_____

2. 求职材料的准备

（1）_____

（2）_____

（3）_____

3. 求职过程

（1）_____

（2）_____

（3）_____

4. 创新与创业

（1）_____

（2）_____

（3）_____

生涯影视会

1. 叫我第一名（Front of the Class，2008）

　　剧情简介： BoBo（詹姆斯·沃克饰）患有先天性的妥瑞氏症，这种严重的痉挛疾病，导致他无法控制地扭动脖子和发出奇怪的声音。而这种怪异的行为，更是让他从小不被周围的人理解，在学校里老师经常批评他，同学们更是对他冷嘲热讽，就连他的父亲也对他失望透顶。只有他的母亲一直是他的坚实臂弯，母亲的坚持与鼓励，让他能够在正常人的生活里艰难前行。然而面对这个不能理解他的世界，BoBo一直在痛苦的旋涡里挣扎。直到在一次全校大会上，校长在众人面前巧妙地让大家了解了BoBo的真实情况，让他有了成为一名关爱学生的教师的坚定梦想，即使因为这个病症让BoBo在寻求教师梦想的道路上遭到众人怀疑，屡屡受挫，但他始终坚持着自己的这份梦想，为了找到一个愿意接受自己的学校，不抛弃梦想，不放弃信念，默默地努力。而他曾经曲折的人生道路在他的坚持下也开始慢慢好转……

该片根据布拉德·科恩的真实故事改编。

推荐理由：相信人生的真相是阴霾，所以更愿意激励自己用绝对的阳光和积极去驱散它们，要努力从内心深处接受各种磨难和挫折，要完全面对一切的负面，要让自己完全的阳光和透明，并且积极地改变命运和追求心里的那些遥远的梦想，证明我可以是人的基本能力。

推荐指数：☆☆☆☆

2. 终极面试（Exam，2009）

剧情简介：某实力雄厚、背景神秘的大集团公开招聘，经过激烈角逐，最终有8名精英男女入围最终测试。他们被带入一间近乎全封闭的房间，在测试期间只有三条规则：①禁止与考官和警卫交谈；②禁止污损考卷；③禁止离开房间。违反其中一条规则，将丧失考试的资格。应聘者面前的考卷是白纸一张，却发现贸然落笔也是污损考卷的一种。在各种奇怪的规则之下，这几位精英变得手足无措，个性张扬的白人男子（卢克·梅布利饰）率先提议应试者们要共同合作，解决问题。拥有不同背景的男女看似走到一起，却不知机关暗藏其中。

与其说是一场激烈的就业测试，毋宁说是一场人性与智慧的大考验。

推荐理由：面试的主题，让人往往会想到只有一个人合格。于是主要矛盾凸显在相互的竞争和排挤上。

推荐指数：☆☆☆☆☆

拓展阅读

1.《应届生求职面试全攻略》，上海交通大学出版社

内容简介：本书介绍了面试前的准备，面试类型及应对技巧，各类面试题型以及面试之后要注意的事项。书中对电话面试、小组面试、AC面试、行为面试、压力面试、结构化面试等一一进行了介绍。书中有大量面试实例，可供学生参考。本书可供广大应届学生及广大求职者阅读。

一句话书评：对面试一网打尽。

2.《谁都可以进外企》蒋裕华，李振林，魏艳蕾著，山西经济出版社

内容简介： 创作成员是三位来自世界500强著名外企的资深职业人士，他们曾经就职于 IBM、HP、Motorola、Free-scale，都是业内顶尖的外企公司。在加入外企之前，他们还分别任职于晓通网络公司、华为公司、大唐电信、国家气象局等民营企业及国家事业单位，丰富的职场经历，才能让他们理智地深入分析和比较国企、民营企业和外企各自的优缺点，从而为初涉职场或者即将进入职场的大学生指明职业发展的方向。

一句话书评： 目标很重要。

3.《别告诉我你会做简历》陈乾文著，龙文书局

内容简介： 我没有相关工作经验，怎么办？为什么我投了50多份简历，也没个回音？用人单位最在乎什么东西，是学历吗？我还蛮优秀的，为什么也找不到好工作？……针对求职者最常见的问题与困惑，资深HR陈乾文现身说法，教你如何与用人单位过招儿，掌握脱颖而出的求职秘笈。掌握这些技巧，你也可以像"牛人"一样，笑傲职场，秒杀HR！

一句话书评： 做简历的技术。

4.《赢在路上》王雪著，天津教育出版社

内容简介： 本书是一本人生规划的实战启迪书。作者辞掉国企工程师职位转而做销售，两年多时间，她辗转三个行业，从秘书做到中国市场总经理。当IT行业进军中国时，不懂英语、计算机的她硬是闯进了世界500强的IT公司，靠着惊人的学习毅力和天才销售绝技，把价值500万元一台的打印机卖到了各行各业，并八年领导着这个顶尖的高端销售团队。一个契机让她开始寻求能帮助更多人成功的职业——而今她被誉为培训大师。在不同职业舞台上展示自己独特的优美舞姿，她可以让你发现自己的天才潜能。《赢在路上》从外企招聘方、顶尖销售高手、人力资源专家、求职者等不同角度，手把手教你写简历、电话面试一直到上班注意事项等求职问题，让你赢在职场路上。作者通过自己真实的成长历程，引导寻找成功法门所在：目标、勤力、信心；又通过亲身实践的案例，手把手教你寻找机会，踏入社会的入门技巧。

一句话书评： 成功没有捷径。

5.《无领到白领》许国庆著,中信出版社

内容简介: 每年数百万毕业生不断走向社会,造成了巨大的就业压力。而很多招聘单位却常常抱怨大学生的简历及面试不够专业,经常招不到满意的毕业生。求职技巧工具书《无领到白领》应市场之需走进高校,以大量生动的案例揭示了高校学生在求职中的误区及成功经验。许多中外著名企业招聘经理撰写点评,分享案例,指导学生提高求职技巧。

一句话书评: 求职就是细节取胜。

6.《简历》胡鹏著,机械工业出版社

内容简介: 作者基于多年从事为大学毕业生提供简历辅导的工作经验,全面参考国内外简历辅导类相关图书和简历辅导网站的精华内容,为国内求职者量身打造这本集系统性、针对性、全面性、实用性于一体的简历写作宝典。另外,书中还收录了大量中英文简历案例,并加上了作者精辟的点评,可以帮助读者在最短时间内迅速提高简历写作水平。第2版根据近年来求职市场发展形势的变化,应广大读者的要求,特别突出了"网申"的内容。对网申、典型简历案例进行了全面更新,为读者提供更直接的帮助。

一句话书评: 简历从来都不简单。

7.《招聘中的45个细节》皮埃尔·莫奈尔著,机械工业出版社

内容简介: 这是一本实用的介绍人才招聘的书籍。本书的作者皮埃尔·莫奈尔博士是一位帮助各类公司评估和选择重要人才的心理学专家,他不仅在语言文学方面颇具造诣,而且在旧金山的加州大学医学院取得了医学硕士学位,拥有多年的心理学临床经验和研究成果,并且经常应各大著名组织、团体和公司的邀请进行有关人力资源的演讲。本书共有5章,涵盖了招聘过程中的所有阶段,既可把它作为一步完整的著作仔细研读,也可以按需选读,提取对自己有用的策略细节。

一句话书评: 求职是一场持久战。

8.《职场新物种》徐小平著,光明日报出版社

内容简介:《职场新物种》把所有的案例汇集在一起,昭示着一个新的潮流已经出现。让所有的中国大学生把人生的主要负资产扭亏为盈,使追求奋斗的亏损变成追求奋斗的盈利,从而在人才市场上获得 killing the market 级别的

成功。

一句话书评：自我教育就是要终身学习。

9.《骑驴找马》徐小平著，光明日报出版社

内容简介：本书以徐小平与学生间的 40 封通信的形式，解决了现代年轻人碰到的 6 大问题：考研、出国、就业何去何从；金钱、爱情、代沟谁是谁非？所有的问题最终都归结到人生的问题，希望通过这些故事，照亮所有人的前程。

一句话书评：职业生涯设计首先应该确定人生目标。

生涯读书会

《这些道理没有人告诉过你》

一、活动主题：我的求职经历

二、活动时间：_____

三、活动地点：_____

四、活动负责人：_____

五、活动的参与者：_____

六、活动感悟：_____

线上资源

一、网站

1. 中国就业网站（http://www.chinajob.gov.cn/）

2. 大学志愿服务西部计划（http://xibu.youth.cn）

3. 选聘高校毕业生到村任职工作（http://cunguan.youth.cn）

4. 高校应届毕业生应征入伍（http://www.gfbzb.gov.cn）

5. 创业第一步（http://www.cyone.com.cn/）

二、微信公众号

1. 花椒创业

2. 创业邦

3. 猎聘网

4. 创业寻宝园

5. 乔布堂

课外实践

全国大学生工业设计大赛

1. 比赛简介：

"全国大学生工业设计大赛"是教育部高等教育司指导，教育部高等学校工业设计专业教学指导分委员会、广东省教育厅、广东省经济和信息化委员会、广东省东莞市人民政府联合主办的全国大学生学科竞赛活动。

大赛是面向全国大学生开展的公益性工业设计创意实践活动。大赛旨在贯彻落实《国务院关于大力推进大众创业万众创新若干政策措施的意见》《国务院关于深化高等学校创新创业教育改革的实施意见》以及《国务院关于推进文化创意和设计服务与相关产业融合发展的若干意见》《中国制造 2025》等文件精神，深入推进高校工业设计人才培养模式改革，向全社会展示高校工业设计教育与时俱进的面貌，搭建高校工业设计教育成果与经验的交流平台，为中国制造业、创意产业寻找设计新力量提供最佳途径和机会。大赛按照"专家指导、部门协调、高校承办、学生参赛、企业参与"组织实施。本次大赛邀请香港、澳门、台湾地区的高校学生参加。

2. 参赛对象：

（1）大赛参赛的学科专业范围主要是工业设计、产品设计及服饰配件设计等相关学科专业。

（2）参赛对象为普通高校全日制在校大学生，包括研究生、本科生及高职高专学生。

（3）鼓励不同学科专业学生跨学科、跨专业报名参赛。

（4）所有参赛者均须以所在院校为单位，集体报名参赛。

3. 参赛类别：

提交参赛作品应符合大赛主题要求，按照工作、生活、学习、沟通与交互、出行、健康与娱乐、服务与公共设施、服饰配件、专项赛(智能装备、可穿戴设备、无人机）九大类别提交原创设计作品，鼓励协同创新。

（1）工作（Work）：工业生产用机械装备、检测设备、加工设备、生产工具，商务活动用办公设备、金融机具等。

（2）生活（Live）：消费生活用家用电器、视听设备、厨卫设备、家具、餐饮器皿、照明器具、园艺用品、个性用品等。

（3）学习（Study）：电脑及周边设备、学习工具、教育设备、文具等。

（4）沟通与交互（Communication & Interaction）：以人机交互关系创新为特点的各类产品与具有突出界面设计特色的应用软件等产品，包括各类通信设备及导航设备等。

（5）出行（Transportation）：汽车、卡车、摩托车、自行车、船只、飞行器等。

（6）健康与娱乐（Healthy & Entertainment）：医疗、保健、运动等与健康相关的设施用品、户外用品、训练装备；玩具、乐器、游乐设备、娱乐设备等。

（7）服务与公共设施（Service & communal facilities）：以整合创新理念进行商业模式的服务设计创新所完成的包含产品、传播、物流、渠道、终端及公共设施在内的新型业态系统。

（8）服饰配件（Fashion Accessory）：兼具艺术与文化，时尚与品位融为一体的新概念服饰配件设计，包括鞋帽以及箱包、首饰配件等。

（9）专项赛（Special Project）：本次大赛特设与东莞地方当地产业接轨的三个专项赛：①智能装备（Intelligent Equipment）；②可穿戴设备（Wearable Device）；③无人机（UAV）。

4. 大赛官网：www.cuidc.net；去大赛网（www.godasai.com）

第九章

职业发展与幸福人生

「大师语录」

> 成熟的和真正的公民意识：把为社会服务看作一个人最主要的美德。
>
> —— 苏霍姆林斯基

「推荐教学或学习时间」

大四下学期

「热点要闻」

如何提升幸福能力？

"获得幸福的秘诀之一，是找到你的最大优势，并用这些优势经营你的工作和生活。这需要人们对自己的优势和情绪知情。"塞利格曼教授指出，当今积极心理学一个重大变化，是与现代科技结合，运用云计算、大数据等技术，追踪、研究人类幸福形态。

"拥有幸福是一种能力。"清华大学心理学系主任彭凯平表示，面对信息高度透明、变化迅猛难测的未来世界，人们更需要这种能力，家长更应该帮助孩子拿到这种能力。

"钱不是万能的，没有钱是万万不能的。"这句玩笑话正被越来越多的人接受，但在中国，大家似乎更加关注这句话的后半部分。金钱很重要，但没有我们通常认为的那么重要。经济学和社会学的研究都表明，当人们处于贫困状态时（国际上通行的标准是人均 GDP 3 000 美元以下，中国人均 GDP 是在 2008 年超过 3 000 美元的），幸福和经济收入正相关，即财富的增加会显著提升幸福感。当贫困问题解决后，幸福和经济收入的正相关性便开始减弱。当人均 GDP 达到 8 000 美元时，进入一个"拐点"。跨过这个拐点，幸福和经济收入就不再正相关。

　　2012 年 10 月，中央电视台进行了"你幸福吗？"的街头采访和问卷调查，屡屡遭到"神回复"，反映中国人对幸福的理解似乎还很模糊。当物质越来越丰富后，幸福就不仅是一个我们内心渴望的话题，而是一个现实的追求。尽管我国近年来经济增速减缓，但人均 GDP 达到 8 000 美元也就是这一两年的事。也就是说，最多到 2020 年，不管怎么挣钱，都不会显著提升我们的幸福感。

　　如果金钱不是这么重要，那么对于我们大多数人来讲，我们赚钱的渠道——工作又当如何？中国人传统观念总是把"工作"与"吃苦"联系在一起。有道是"吃得苦中苦，方为人上人"。工作似乎从来就是一种负担，当然也就很少有人能够从工作中去寻找幸福。其实，随着社会经济发展水平的不断进步，职业作为谋生手段的功能不断被弱化，职业更多地成为实现个人人生价值、寻找生活意义的方式。工作可能是我们仅次于人际关系，使生活更好的重要来源。西格蒙德·弗洛伊德说：健康生活是指人有能力去爱和去工作的生活。所言极是！

一、了解你突出的优势

　　现代职业生涯规划理论特别强调自身优势的认识。前面第五章谈的"自我认知"部分实质上可以看作"寻找自身优势"的过程。其实不仅职业发展过程中"发掘和发挥"自身优势是一件特别重要的事情，人生幸福的基础实质上也需要找到自己的优势并在生活的方方面面发挥自身优势。

美国心理协会（ARA）前主席，"积极心理学之父"马丁·塞利格曼教授在《真实的幸福》中最后写道：美好的生活来自每一天都应用你的突出优势，有意义地生活还要加上一个条件——将这些优势用于增加知识、力量和美德，这样的生活一定是孕育着意义的生活，如果神是生命的终点，那么这种生活必定是神圣的。

（一）拉近幸福的六种美德

一般社会学理论认为，道德似乎是一个相对概念，美德也被视为一种社会的约定俗成。事实的确如此，不同时期、不同生活环境、不同文化背景的人对美德的看法都会有所不同。但有没有不同的宗教和文化传统都倡导的美德？即是否存在一些所谓"放之四海而皆准"的公认"美德"？

为了得到这个问题的答案，美国密西根大学克里斯多夫·彼得森教授带领团队，研读了亚里士多德、柏拉图、富兰克林的著作，以及《旧约》《犹太法典》《论语》《道德经》《古兰经》、佛教经典、日本武士道等，这个团队从中找出了200多种美德。令人惊奇的是，在研究整个世界横跨3 000年历史的各种不同文化后，他们归纳出6个不同文化都认可的拉近幸福的美德：智慧（知识）、勇气、仁慈（仁爱）、正义、克己（节制）、超然（精神卓越）。

在这里，我们需要对美德和天赋进行一个区分，尽管它们比较相似。天赋一般是天生的，如良好的乐感、姣好的容貌等。当然你可以听很多的古典音乐来增进你的乐感，或者是涂上化妆品使你看起来更美丽，不过这些改进都是非常有限的，你只能在现在的水平上再增加一点而已。但是智慧、勇气、仁慈等即使没有好的基础也可以构建出来，只要有足够的练习、良好的教导、全身心的投入，再加上坚持，你就可以获得这些美德。

天赋一般比较自动化，你想要考虑的是把它们发挥出来还是隐藏不露，不存在有没有的问题。而美德是有意识的，你要考虑的是什么时候用它们，以及是否需要继续加强。比如我们可以说"小明是个很聪明的人，但他却浪费了自己的天赋"，但我们不能说"小明是个很仁慈的人，但他却浪费了自己的美德"。你无法浪费自己的美德。天赋无法凭毅力获得，但只要有足够的时间、毅力和努力，每个人都可以获得美德。

（二）获得幸福的 24 个优势

要成为一个高尚的人，获得"真实的幸福"，你必须拥有上述六种美德。拥有智慧、勇气、仁慈、正义、克己、超然等六种美德有很多方法，彼得森教授把实现这些美德的途径叫作优势，这些优势是可以测量的，也是可以学会的。这六种美德有 24 种相关性优势，事实上每个人都会拥有多项优势。找到这些优势，并把它们应用到工作、学习、生活的方方面面，你就会获得幸福！

美　德	定义性特征	优　势	定义性特征	培养方式
智慧	获取并运用知识	1.创造性	能够思考出新奇和有效的方式去做事情	选一个常规任务，用全新方法去完成
		2.好奇心	对所有新事物都感兴趣	下课后换条路线回寝室，看看有什么新发现
		3.热爱学习	掌握新的技术、主题和知识	要求自己每天都能够学到新东西
		4.思想开放	能够全面透彻地思考问题，能够根据事实调整自己的思想；全面公平地衡量各种证据	想一个你特别坚持的观点，提出 5 个反对意见
		5.洞察力	能够为别人提供明智的参考意见；能够以多种方式看世界，认识自己和他人	每周至少花两天时间少说，多听，多问
勇气	顶着内外部压力完成目标的意志	6.本真	以更加诚恳的方式说出事实；不加以掩饰和伪装；对自己的感情行为负责	每周至少花一天时间，只说你真正相信的东西
		7.无畏	在威胁挑战困难或痛苦面前不畏缩；即使有反对意见存在，也能直言不讳地说出正确的东西	下次做自己害怕的事情（不是坏事），向自己承认害怕，然后完成它
		8.毅力	善始善终；即使存在艰难险阻，也要坚持完成自己的行动；享受完成任务时的愉悦感	每天列任务清单，按时完成清单任务
		9.热忱	充满激情和力量地去追求生活；做事情不半途而废或心不在焉；把生活当作历险一样；充满生机和活力	每天做一件你想做的事情，而不是你该做的事情

美　德	定义性特征	优　势	定义性特征	培养方式
仁慈	人际优势	10. 善良	助人为乐；与人为善；关心照顾别人	不图回报地帮助一个朋友或陌生人，做志愿者
		11. 爱	重视与他人之间的亲密关系，尤其是彼此之间能够分享和关照；能够亲近他人	陪朋友或伴侣，做他们真正想做的事情
		12. 社会智慧	能够感知别人和自己的意图和感受；知道在不同的社会场合应该怎样做；知道什么会使他人不悦	当某人说了让你生气的话或做了让你生气的事，不要立刻回敬，想想背后的动机或原因
正义	公民优势	13. 公平	公正公平地对待每一个人；不让个人感情影响到针对别人作出的决定；给每一个人公平的机会	当某人说的话你并不同意时，不要打断，认真倾听
		14. 领导力	鼓励团体中的每一个人把工作做好，同时促进良好的集体关系；组织集体活动并且观察活动的效果	让你所在的社交圈的某个新人或不受欢迎的人觉得受到欢迎，融入社交圈
		15. 团队合作精神	作为团队或小组中的一名成员，做好自己的工作；忠实于团队，跟团队的其他成员分享	集体活动时，提前到场，多分担一些事情
克己	预防原罪的优势	16. 宽容	原谅那些曾经做错事的人，重新给他们一次机会；不要打击报复	给对不起自己的人写原谅信，但别寄出去，每天读一次，坚持一周
		17. 谦卑／虚心	让成绩自己说话；不要过分表现自己，不要认为自己比别人都强	赞美朋友或同事在某件事情上做得比你好
		18. 审慎	慎重作出选择；不做不适当的冒险，不说以后可能后悔的话，不做以后可能后悔的事	今天，问问自己，是否值得拿健康冒险，比如吃垃圾食品或多喝两杯
		19. 自我调节	调节自己的感受和行为；遵守纪律，控制自己的欲望和情绪	今天控制自己不要说闲话

续表

美 德	定义性特征	优 势	定义性特征	培养方式
超然	让心灵与宇宙相连的优势	20.欣赏	能够在生活的所有领域，发现和欣赏美丽卓越的表现，从自然界到艺术领域以及日常生活的每一天	一天两次驻足欣赏周围的美景
		21.感恩	敏锐地观察和感激生活中发生的每一件好的事情；花时间去表达你的感恩之情	给帮助过你但从未感谢过的人写感谢信，详细描述细节
		22.希望	期待未来最美好事情的发生，并努力去达成这一愿望；相信未来的美好是能够实现的	想想某件让你失望的事，再想想这件事给你制造了什么机会
		23.幽默	给别人带来欢乐；心中充满阳光，积极地去看待事情；制造一些笑话	今天，自嘲一下
		24.虔诚/灵性	对高级的目标和宇宙的意义有内在的信念；拥有对人生价值的信念，并以此来规划自己的行为，感受生命意义的愉悦	每天冥想15分钟

（三）在工作上发挥优势与幸福

如果希望将工作转化为事业，把原本枯燥无味的工作转化为有社会性、整体性和美感的事业，我们需要找到一个方式，能够常常在工作中施展你的突出优势，你就会发现工作慢慢变成了事业。

美国心理学家希斯赞特米哈伊发现了"心流"[1]现象，而且认为工作是体验"心流"最好的场所，因为它符合心流出现的许多条件，尤其是工作的要求与你的天赋或优势旗鼓相当时。所以很多在外人看来是"工作狂"的人，其实是由于他们在工作中有较多的"心流"体验而"乐此不疲"，真是"他人笑我太疯癫，我笑他人看不穿"。出现"心流"体验毫无例外都是由于在工作中充分应用到了他们的突出优势。

1　心流：指人们从事一项任务难度与技能相当的活动时，对活动入迷、全身心投入，注意力高度集中，活动顺畅、高效，达到一种活动与意识融合，时间感消失和忘我的境界时的心理体验。

中国经济多年的快速发展，使得工作选择的考虑因素也在发生悄然变化，人们越来越多（不管是有意或是无意）地开始把工作中的"心流"体验作为工作选择的重要因素。如何去选择及如何转化工作以产生最多的心流并没有什么神秘感，当工作中的挑战与你的能力旗鼓相当时，心流就会产生。马丁·塞利格曼给出的方式是：

●找出你自己的优势。

●选择可以每天让你使用到这些优势的工作。

●转化你目前的工作，使你的优势可以发挥出来。

生涯故事会

大胆实践——走出课本，打开格局

我坚信将理论与实践相结合才是我们认识世界并改变世界的途径。因此在学习之余，我多次参与创新创业大赛，拟创办了多家企业，涉及传媒、校园服务和材料喷涂等许多领域，并在各企业中负责市场营销和公司理财。在实践中使我的思维更加活跃，做事更加严谨，也让我收获了不菲的成绩："创青春"重庆市铜奖、校级金奖；两次获得"理工杯"创业大赛校级一等奖等。

我更是坚信未来我们终将成为这个社会的中流砥柱，我们有责任也有义务关心社会热点问题。在环境问题日益显著的今天，我和我的团队成员一起积极探讨，并成功申报一项国家级创新创业项目《中国上市公司环境信息披露的经济后果研究——基于投资者决策行为的探讨》。

科研和实践让我不再局限于课本，而是将目光放在了更加宽广的世界；让我不再纠结于日常的琐事，而是用一种更加开阔的胸怀去包容身边的人和事。

（秦婧：女，中共预备党员，经济与贸易学院2013级学生。平均学分绩点4.15，单科最低绩点2.5，荣获国家奖学金一次、校级甲等奖学金两次。曾获全国大学生英语竞赛三等奖、2014年创青春全国大学生创业大赛重庆赛区铜奖、第四届理工杯创业大赛校级一等奖等奖项。曾担任校科协学术竞赛部副部长和校报记者团美编部部长，多次参加创新创业竞赛并取得优异成绩，且拥有一项国家级创新创业项目。）

为什么欣赏如此重要呢

第一，欣赏与伴侣之间的关系会促使我们从中获取最大程度的满足感，使人们对它心存感激，反复品味并体会这种关系，不再把它视作理所当然。

第二，我们会对自己有更积极的感觉，觉得与他人的联系更加紧密。

第三，对欣赏与感激的表达会促使双方付出更多努力来经营这段关系。

第四，欣赏与感激可以防止我们被"宠坏"，防止我们太在意社会比较（例如，朋友的丈夫不像我丈夫那么懒，会做家务），并产生嫉妒感。换句话说就是，学会欣赏婚姻中的积极面，重新把它们看成生活的馈赠或赐福，能够促使我们关注当下所拥有的，而不去在意他人有什么或我们希望拥有什么。

（选自索尼娅·柳博米尔斯基《幸福的神话》第 17 页）

幸福的神话

作者：[美] 索尼娅·柳博米尔斯基（Sonja Lyubomirsky）
出版社：浙江人民出版社
翻标题：关于幸福的10个误解
原作名：THE MYTHS OF HAPPINESS：What Should Make You Happy, but Doesn't , What Shouldn't Make You Happy, but Does
译者：黄珏苹
出版年：2013-6
页数：220
定价：42.90元
装帧：平装
ISBN：9787213054600

豆瓣评分
8.3 ★★★★★
32人评价

5星	31.2%
4星	56.2%
3星	9.4%
2星	3.1%
1星	0.0%

我的闪光时刻

一、请写下大学中让你难忘的十个瞬间：

1. _____

2. _____

3. _____

4. _____

5. _____

6. _____

7. _____

8. _____

9. _____

10. _____

二、这十个瞬间你的感受（或体验）是：

_____

_____

二、幸福人生的 PERMA 法则

马丁·塞利格曼教授有一个宏大的愿望，就是到 2051 年，全世界的成年人中，有 51% 的人可以实现蓬勃的人生（flourish life），他称之为积极心理学的"登月计划"，这个目标也被称为"51"。马丁·塞利格曼教授在他的新作《持续的幸福》（Flourish）中文版序中指出：到 2051 年，全世界人口 20% 的成年人是中国人，因此，要实现"51"目标，不能没有中国的参与。

全球华人积极心理学协会主席、剑桥大学幸福研究院亚太主任苏德中博士的研究团队在中国的初步实证研究发现，中国成年人实现蓬勃人生的比例不超过 15%。看来，提升我们的幸福指数还有很大的空间，有很多工作可以做。一个人要想达到蓬勃的人生，就必须有足够的 PERMA。这五个字母分别代表幸福人生的 5 个元素。

P＝积极的情绪（positive emotion）

E＝投入（engagement）

R＝人际关系（relationships）

M＝意义（meaning）

A＝成就感（accomplishment）

马丁·塞利格曼教授指出，每个元素都有准确定义，而且可以精确测量。更重要的是，每个元素都可以通过学习来加强。你可以在生活中有更多的积极情绪；你可以在工作中、与你爱的人在一起时更投入；你可以有更好的人际关系；你可以有更多的人生意义；你可以取得更多成就。

（一）积极的情绪

积极情绪是快乐（或愉悦）的元素，也就是我们的感受，包含了主观幸福感的所有常见因素：高兴、狂喜、舒适、温暖等。

（二）投入

投入与心流有关，指的是完全沉浸在一项吸引人的活动中，就像积极情绪一样，它也只能靠主观的评估。（"有没有感觉到时间停止？""你完全沉浸在任务中了吗？""你忘了自我吗？"）积极情绪和投入是两个靠主观来评估的元素。处于心流状态时，通常没有思想和感情，我们只会在回顾时说"那真好玩"或者"那真棒"，因此，对快乐的主观感受是在现在，而对投入的主观感受只能靠回顾。

（三）人际关系

有人曾经要求积极心理学的创始人之一——克里斯托弗·彼得森（Christopher Peterson），用两个字来描述积极心理学讲的是什么，他回答说："他人。"积极很少见于孤独的时候。你上一次开怀大笑是什么时候？上一次喜不自禁是什么时候？上一次感觉到深刻的意义和目的呢？上一次因为成就而极端自豪呢？这些感受都与他人有关。积极的人际关系可以对幸福带来深刻的正面影响，而缺失时会带来极大的负面影响，这两个方面都是在理论和实证上得到充分证实了的。

（四）意义

意义指归属和致力于某样你认为超越自我的东西。意义有主观成分（"昨夜宿舍里有通宵畅谈难道不是最有意义的吗？"），因此它有可能被纳入积极情绪。人们对自己的快乐、狂喜或舒适不会感觉错。你觉得是什么，就是什么。不过，意义则不是这样的：你可能认为这个通宵卧谈会非常有意义，但是当多年以后重新想起它来，也许你就会认识到它很显然只是青春的呓语。

（五）成就

有心理学家认为，有人为了成功、成就、胜利、成绩和技艺本身而追求它们，这往往是一种终极追求，哪怕它不能带来任何积极情绪、意义、关系。成就的定义不仅是行动，还必须是朝固定、特殊的目标前进。

文学追梦者

考上了重庆理工大学后，他没有闲着。陆游有句名言叫"汝果欲学诗，工夫在诗外"，虽然黄虎山不是文学科班出生，但经济学专业的课程丰富了他的思维，后来他还将一些经济学的原理也运用到小说中。此外，利用重庆理工大学图书馆的丰富资源，他开始对自己的小说进行全面修改，经过8年创作打磨，小说稿终于在2011年定稿。

大学毕业后，黄虎山又写了两部长篇小说，第二部小说只耗时几个月的时间。三部小说合起来，字数已经超过了100万。他去年开始创作的商战小说《皇冠大使》已经和出版社签约，估计在今年年底或明年年初将会上市。黄虎山介绍到，他还构思了一部以求学时代为背景的青春类小说，描写从小学到大学期间的故事，希望能够成书。

文学曾经一度是黄虎山最大的梦想。《鹃血啼魂》出版之后，他最初的梦想实现了。"对我来说，现在已经没有'文学追梦'一说。文学是我的兴趣爱好、精神食粮，我也会继续砥砺前行。"对于"文学追梦者"的称呼黄虎山这样解释。

（黄虎山：重庆理工大学经贸学院校友）

流畅的经历

米哈里认为幸福的生活离不开"流畅"做事的经历。创造"流畅"经历的关键是找到技能与挑战之间的平衡。无论你是在攀岩、做手术，还是在整理税务、驾驶，如果事情带给你的挑战远远超过你自身的技能，你必然会感到焦虑与受挫。如果是另一种情况，即你所做的是一件轻而易举的事情，那么你必然会感到厌倦。而可以吸引你，让你"流畅"地从事的事情应该是在两者之间：既不让你感到焦虑也不让你感到厌倦。如果你能找到两者之间的平衡，你就能体会到"流畅"的幸福了。

其实，"流畅"的经历可以是我们做的任何一件事。虽然有些事情表面上看很单调或者很机械，但是对个人来说它就可能是一次"流畅"的经历，有时我在分析数据时就有"流畅"的感觉，5个小时过去了，可是我感觉就像5分钟一样快，同样，有些事看起来应该很刺激或者很好玩，如航海、看动作电影或者舞蹈排练，但是有人就是没有享受的感觉，也许反而感到厌倦或焦虑，如果我们能够学会训练自己，去挖掘生活中可以让我们"流畅"地去做的事情，我们的生活无疑会更加幸福。

（选自索尼亚·柳博米尔斯基《幸福多了40%》第124页）

幸福多了40%

作者：索尼亚·柳博米尔斯基
出版社：华东师范大学出版社
原作名：The How of Happiness
译者：闻莘
出版年：2009年5月
页数：215
定价：29.80元
丛书：大喜心理·心理诊室
ISBN：9787561770177

豆瓣评分
8.2 ★★★★☆
80人评价

5星		38.8%
4星		42.5%
3星		16.2%
2星		1.2%
1星		1.2%

互动与分享

我的感恩信

_____

_____

_____

_____

......

三、工作的三个阶段

（一）内职业生涯发展和外职业生涯发展

彼得原理（The Peter Principle）是美国学者劳伦斯·彼得在对组织中人员晋升的相关现象研究后得出的一个结论：在各种组织中，由于习惯于对在某个等级上称职的人员进行晋升提拔，因而雇员总是趋向于被晋升到其不称职的地位。这是在人力资源管理领域的一个非常理论。这个理论从职业发展的视角来看，实际上就是著名职业生涯规划专家、新精英生涯创始人古典老师在《你的生命有什么可能》一书中提到的个人"外职业生涯"发展和"内职业生涯"发展的矛盾。

外职业生涯是指从事某种职业的时间、地点、单位、内容、职位、工资等外显因素的变化，其特点是：

（1）跳跃前进：往往在外人看来是一鸣惊人，似乎得来全不费工夫。

（2）迭代效应：前面职业发展的进展较慢，越到后面资源越密集，发展越快。

内职业生涯是指从事某种职业的知识、观念、技能、才干、经验和资源等因素的发展变化，其特点是：

（1）稳重潜行：在上升之前，需要一个漫长的积累期，才有可能跃升一个台阶。

（2）主要靠前期积累：内功的修炼越靠前越重要，越到后面跳跃的周期越短，越缺少机会积累。

当外职业生涯微微超前内职业生涯时，大多数人感到的是明确的目标和"动力"；而如果外职业生涯超前内职业生涯一大截时，大多数人会焦虑和有"压力"；当外职业生涯远远超前内职业生涯时，会压力巨大，感到"无力"应对。因此有时候年轻时事业发展太快会"欲速则不达"。

当然，也不是内职业生涯越超前越好。一般而言，当内职业生涯超前外职业生涯一步，这样的状态往往会感到"舒心"；内职业生涯超前外职业生涯一大段时，则容易出现职业倦怠，会比较"虐心"；而内职业生涯超前外职业生涯太多时，这种情况实际上是员工和组织的"双输"，员工可能对别的组织"动心"而跳槽。

个人的职业发展过程实际上就是外职业生涯和内职业生涯相互作用的结果。内职业生涯是外职业生涯的前提，而内职业生涯对外职业生涯具有明显的带动作用。两者需要协同发展。

（二）工作、职业和事业

积极心理学之父马丁·塞利格曼在《真实的幸福》一书中提到，工作有三种不同的层次：工作（job）、职业（career）和事业（calling）。

（1）工作：主要目的是获得薪水，人们是为了薪水（经济回报）做这份工作的，并不期待从中得到其他东西，工作只是达到目的的手段，没有薪水人们就肯定不干了。

（2）职业：对这份工作有更深的投入，人们不仅通过金钱来显示自己的成就，也通过升迁来彰显成功。每一次升迁不仅薪水会增加，也会带来更多的权力、被认同和被尊重感。在这个层次，"升迁"非常重要，当"升迁"停止时，人们便会开始去别的地方寻找满意和意义。

（3）事业：事业是对这份工作本身充满热情，事业导向的人认为工作本身就有价值，能够给他们带来满足感，就算没有薪水或升迁无望，工作仍然能进行。把工作当事业的人工作是为活出自我，实现自己对世界的价值。乔布斯说，"活着就是为了改变世界"，苹果就是他的事业！

工作的三个层次并无高下之分，分别代表着工作带给人的三种意义：生存、尊重和自我实现。我们当然期望获得一份完美地包含这三个部分的工作：有不菲的收入，让人尊敬，还能实现自我和社会的价值。一些成功人士的说法也印证似乎存在这样的工作。巴菲特就说，当他早上拿着咖啡去上班时，他的心情高兴得想在电梯里跳舞！但问题是大多数的人，尤其是职场新人你不可能找到（准确地说是得到）这样一份工作！

刚入职场时，我们首先需要一份工作获得收入，因为这个阶段生存是第一位的；慢慢的，我们开始有了自己的职业发展，职位不断升迁，收入也不断增加；随着职业发展的逐步稳定，我们越来越关心工作的价值，不仅希望通过工作换来体面的生活、受人尊敬，还期待工作本身给我们带来意义和价值，能发挥我们的天赋。工作、职业和事业不能截然分开，但在不同的人生阶段又各有侧重。我们把工作、职业和事业称为工作的三个阶梯的意思就是，对于大多数人而言，工作、职业和事业是人生不同阶段的主要任务，不能轻易逾越，但又要相互守望。

古典老师有一句名言：做现实的理想主义者。这句话告诉我们，人生永远既要怀揣梦想，仰望星空，知道我们要去的远方，寻求生命的意义；又要立足当下，脚踏实地，把生命中每一个阶段的事做好。

古典老师还在《你的生命有什么可能》里面提出了"现实的理想主义者"四法则：

（1）自我实现是一个渐进的过程，要走过生存、发展和实现三个阶段。生存、发展和自我实现很难一步到位，而是分阶段实现的。阶段可以加速，但无法跨越。

（2）发展好当下的职业是自我实现的重要手段。发展好当下的职业会带给你进入事业所需要的能力、资源及平台。如果你还没有遇见自己的理想，至少可以让自己为抓住它作好准备。

（3）控制欲望也是自我实现的重要手段。很多人不是找不到事业，而是无力逃脱现实。控制住自己的欲望，能让你保持自由与灵活。你占有的东西，同时也在占有你。

（4）世上没有现成的梦想，如果想要，自己造一个。所有的事业都不是找到的，而是在职业中通过自我修炼、思考、经历和观察而"发展出来的"，与其等待，不如现在就出发。

传统观念认为，事业往往是非常有地位的工作，如大法官、医生、教师、科学家等。但最近的研究表明：任何工作都可以成为事业，而任何事业也都可以变成工作。一位医生如果只对赚钱感兴趣，那他就是把行医当成了工作；而一位医院的清洁工如果将自己的工作界定为保护病人的健康，并设法用美丽去填充病人在医院的艰难时光，那他就是把平凡的工作转化为高尚的事业。马丁·塞利格曼在《真实的幸福》中就讲述了这样一位医院勤杂工，他不仅做好清洁工作，还自带图片，认真地挂在病房显眼的位置。他做这一切为的是让手术后的病人醒来一睁眼就能看到美丽的东西！

生涯故事会

永远保持一个积极向上的心态

李邦兴博士毕业后成为重庆理工大学光电信息学院应用物理系的一名教师，现正在香港教育学院交流学习。提到自己所从事的职业时，他说："我的职业发展和所有老师一样，为学生排忧解难，上好每一堂课。职业发展的努力方向就是把该做的事情做好。"

正因怀有一颗热爱奉献的心，李邦兴在潜心钻研后毅然选择了教师这个平凡而又伟大的职业。一支粉笔，三尺讲台，回到母校继续教书育人的他在采访中说道："现在回到母校工作了，但愿自己的努力能为母校的发展作一点点贡献。"一句朴实的话却道出了对母校深切的情感。他还提道，"作为一名大学教师，对待事业肯定是不能有任何怠慢和松懈。认真负责地对待工作是首要的，其次要有自己的思想。"

对于"重理工精神"，李邦兴的理解是"百折不挠，永远保持一个积极向上的心态"。针对在校大学生应该为将来的事业和人生积累什么这一问题，李邦兴答道："作为老师，以我个人的观点，学生在校期间首先应该学会如何做人做事，如何以一个积极的心态去面对遇到的任何困难。"

（李邦兴：重庆理工大学光电信息学院 2004 级优秀毕业生，先后在四川大学攻读完硕士和博士学位后毅然回到了母校，成为重庆理工大学光电信息学院应用物理系的一名教师）

名作推介

评估你的优势

● 真实感及拥有感（这是真正的我）。

● 当你展现你的某个优势时，你很兴奋，尤其是第一次。

● 刚开始练习这个优势时，有快速上升的学习曲线。

● 会不断学习新方法来加强你的优势。

● 渴望有别的方式去展现自己的优势。

● 在展现优势时有一种必然如此的感觉。

● 运用这个优势时，会越用情绪越高昂，而不是越用越疲倦。

● 个人追求的目标都是围绕这个优势的。

● 在运用这个优势时，你会感到欢乐、热情高涨甚至是狂喜。

每一天，在不同场合尽量展现你的突出的优势，以得到最多的满足与真正的幸福。

（选自马丁·塞利格曼《真实的幸福》第 166 页，有删减）

真实的幸福

作者：【美】马丁·塞利格曼（Martin E.P. Seligman）
出版社：万卷出版公司
译者：洪兰
出版年：2010.8
页数：280
定价：45.00元
装帧：平装
丛书：湛庐文化·心视界
ISBN：9787547010792

豆瓣评分
8.3 ★★★★☆ 1167人评价

5星 39.0%
4星 41.7%
3星 16.5%
2星 1.7%
1星 1.1%

生命之花 4——我的幸福之轮

请在下面的生命之花里写下你觉得幸福的八件事。

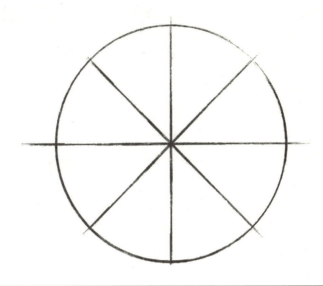

学习收获

1. 了解你突出的优势

（1）＿＿＿＿＿＿＿＿＿＿＿＿＿＿＿＿＿＿＿＿＿＿＿＿

（2）＿＿＿＿＿＿＿＿＿＿＿＿＿＿＿＿＿＿＿＿＿＿＿＿

（3）＿＿＿＿＿＿＿＿＿＿＿＿＿＿＿＿＿＿＿＿＿＿＿＿

2. 幸福人生的 PERMA 法则

（1）＿＿＿＿＿＿＿＿＿＿＿＿＿＿＿＿＿＿＿＿＿＿＿＿

（2）＿＿＿＿＿＿＿＿＿＿＿＿＿＿＿＿＿＿＿＿＿＿＿＿

（3）＿＿＿＿＿＿＿＿＿＿＿＿＿＿＿＿＿＿＿＿＿＿＿＿

3. 工作的三个阶梯

（1）＿＿＿＿＿＿＿＿＿＿＿＿＿＿＿＿＿＿＿＿＿＿＿＿

（2）＿＿＿＿＿＿＿＿＿＿＿＿＿＿＿＿＿＿＿＿＿＿＿＿

（3）＿＿＿＿＿＿＿＿＿＿＿＿＿＿＿＿＿＿＿＿＿＿＿＿

1. 阿甘正传（Forrest Gump，1994）

剧情简介：阿甘是个智商只有75的低能儿。在学校里为了躲避别的孩子的欺侮，听从朋友珍妮的话而开始"跑"。他跑着躲避别人的捉弄。在中学时，他为了躲避别人而跑进了一所学校的橄榄球场，就这样跑进了大学。阿甘被破格录取，并成了橄榄球巨星，受到了肯尼迪总统的接见。

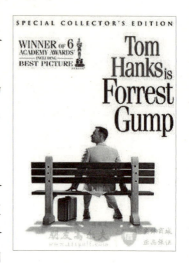

在大学毕业后，阿甘又应征入伍去了越南。在那里，他有了两个朋友：热衷捕虾的布巴和令人敬畏的长官邓·泰勒上尉。这时，珍妮已经堕落，过着放荡的生活。阿甘一直爱着珍妮，但珍妮却不爱他。在战争结束后，阿甘作为英雄受到了约翰逊总统的接见。阿甘经历了世界风云变幻的各个历史时期，但无论何时，无论何处，无论和谁在一起，他都依然如故，淳朴而善良。

在隐居生活中，他时常思念珍妮。而这时的珍妮早已误入歧途，陷于绝望之中。终于有一天，珍妮回来了。她和阿甘共同生活了一段日子，但不久又悄然离去。之后，阿甘突然开始奔跑。他跑步横越了美国，又一次成了名人。

在奔跑了许久之后，阿甘停了下来，开始返回故乡。在途中，收到了珍妮的信。他立刻去见她。在公交站台候车时，阿甘向他人讲述了他之前的经历。于是他又一次见到了珍妮，还有一个小男孩，那是他的儿子。这时的珍妮已经得了不治之症。阿甘和珍妮母子一同回到了家乡，一起度过了一段幸福的时光。珍妮过世了，他们的儿子也已到了上学的年龄。阿甘送儿子上了校车，坐在公共汽车站的长椅上，回忆起了他一生的经历。

推荐理由：人生就像一盒巧克力，你永远不知道下一块会是什么味道。

推荐指数：☆☆☆☆☆

2. 当幸福来敲门（The Pursuit of Happyness，2006）

剧情简介：克里斯·加德纳（威尔·史密斯饰），生活在旧金山的黑人男青年，靠做推销员养着老婆还有幼子。克里斯从没觉得日子过得很幸福，当然也没很痛苦，就跟美国千千万万普通男人一样过着平淡的生活，直到有一天，一系列突如其来的变故才让克里斯知道，原来平淡的日子有多珍贵。

首先，他丢了工作，公司裁员让他丢了饭碗，妻子因忍受不了长期的贫困生活愤而出走。克里斯不仅要面对失业的困境，还要独立抚养儿子，克里斯从此遭遇了一连串重大打击。没过多久，克里斯因长期欠交房租被房东赶出家门，带着儿子流落街头。在接下来的两三年，这对苦命父子的住所从纸皮箱搬到公共卫生间。克里斯坚强面对困境时靠打散工赚钱，同时也努力培养孩子乐观面对困境的精神，父子俩日子虽苦，但还是能快乐生活。

一次偶然的机遇，让克里斯决定自己要做一个出色的股票经纪人，和儿子过上好日子。完全没有股票知识的克里斯靠着毅力在华尔街一家股票公司当上学徒，头脑灵活的他很快就掌握了股票市场的知识，随后开上了自己的股票经纪公司，最后成为百万富翁。

一路上克里斯经历了不少挫折，但是年幼的儿子每次都能给予他最大的鼓励，两父子相互扶持最终完成了又一个美国梦。

推荐理由：其实幸福不会来敲门，真正能打开幸福大门的是对职业的坚持。

推荐指数：☆☆☆☆☆

拓展阅读

1.《持续的幸福》马丁·塞利格曼著，浙江人民出版社

内容简介：作者马丁·塞利格曼是"积极心理学之父"。塞利格曼不再关注传统心理学注重的"如何减轻人们的痛苦"，专注于如何建立人们的幸福感，并让幸福感持续下去。

一句话书评：关于幸福的科学模型。

2.《认识自己，接纳自己》马丁·塞利格曼著，万卷出版社

内容简介：本书将颠覆你以往深以为是的观点。节食能达到减肥的效果吗？

戒烟、戒酒能成功吗？你从这本书中可以清楚地知道自己哪些方面是可以改变的，而哪些方面却无法改变，是自己必须接受的。塞利格曼博士从改变的可能性和生物局限性出发，帮助你把有限的时间和精力集中在那些能够改变的特性上，并在此基础上找到一条自我提升的最有效途径。

一句话书评：认识与接纳是走向智慧的道路。

3.《积极情绪的力量》芭芭拉·弗雷德里克森著，中国人民大学出版社

内容简介：要想获得完满的人生，你必须借助积极情绪的力量。积极情绪会扩展我们的思维和视野，构建帮助我们成功的各项资源。积极情绪为我们带来健康，让我们更加坚韧，并抑制无端的消极情绪。最重要的是，我们都可以通过努力来提高自身的积极情绪。你是欣欣向荣，还是衰败凋零？这完全取决于你内心由衷的积极情绪。积极情绪不是越多越好，消极情绪也不是越少越好。要想实现美好的人生，最佳的积极情绪与消极情绪的配比为 3：1。芭芭拉通过多年的研究告诉我们，可以通过 7 种方法降低消极情绪，10 种方法提升积极情绪。

一句话书评：积极情绪是实现美好人生的保障。

4.《创造力》米哈里·希斯赞特米哈伊著，浙江人民出版社

内容简介：本书是"心流之父"、积极心理学大师希斯赞特米哈伊历时 30 年潜心研究的经典之作。他访谈了包括 14 位诺贝尔奖得主在内的 91 名创新者，分析他们的人格特征，以及他们在创新过程中的"心流"体验，总结出创造力产生的运作方式，提出了令每个人的生活变得丰富而充盈的实用建议。

一句话书评：每个人都拥有创造力。

5.《幸福超越完美》泰勒·本·沙哈尔著，机械工业出版社

内容简介：在过去 10 年中，泰勒·本·沙哈尔博士在哈佛大学排名第一的课程"积极心理学"的教学中，以及在全世界各地的讲座中，一直在教授"幸福"。在接触了数以千计压力巨大的学生、父母和职场人士后，他发现，绝大多数人追求的生命不仅是要幸福的，而且还要是完美的——而这正是大多数人不幸福的原因。在《幸福超越完美》这本书中，泰勒提供了一套切实可行的方法来应对完美主义。他应用积极心理学的重要原则，区分了两种截然不同的生活方式和行为模式——"完美主义"和"最优主义"，这两者在每个人身上都同时存在。这种区分能有效帮助我们清楚和准确地理解什么是成功和自我实现。

一句话书评：接纳不完美的自己。

6.《撞上幸福》丹尼尔·吉尔伯特著，中信出版社

内容简介：这个人就是被称为"幸福教授"的哈佛大学社会心理学家吉尔伯特。他摒弃了有关幸福的传统观念，从科学的角度为我们上了一堂新颖生动的幸福课。作者关于幸福最鲜明的观点是：人类与其他动物的根本区别在于人类可以预见未来，因此，人类也就有了区别于其他所有动物的幸福感；但是，人类对于未来自己的情感预期，往往和实际有着很大的"预测偏差"。《撞上幸福》一书列举了大量怪诞的实验，引用了大量的心理学和行为科学方面的研究成果，证明了这样一个事实：你以为中大奖可以让你幸福无比，被解雇会让你一蹶不振，但事实上，中奖的幸福感远没有你预期的那样强烈持久，被解雇的失落感也远没有你想象的那么痛苦万分。我们都有一个与生俱来的"幸福基础值"，生活中的成就与挫折，往往只是短暂地改变我们的幸福水平。很快地，我们就会回归自己的"幸福基础值"。

一句话书评：一本充满机智和风趣的书。

生涯读书会

《真实的幸福》

一、活动主题：积极的心态

二、活动时间：＿＿＿＿＿＿＿＿＿＿＿＿＿＿＿＿

三、活动地点：＿＿＿＿＿＿＿＿＿＿＿＿＿＿＿＿

四、活动负责人：＿＿＿＿＿＿＿＿＿＿＿＿＿＿＿

五、活动的参与者：＿＿＿＿＿＿＿＿＿＿＿＿＿＿

六、活动感悟：＿＿＿＿＿＿＿＿＿＿＿＿＿＿＿＿

线上资源

一、网站

1. 豆瓣阅读 https://read.douban.com/

2. 果壳任意门 http://gate.guokr.com/

3. 墨加 http://www.mojiax.com/

4. 知乎 http://www.zhihu.com/

5. 视觉同盟 http://www.visionunion.com/

二、微信公众号

1. 互联网创业最前线

2. 中国经济网

3. 每天一读

4. 互联网那些事

5. 国医名家

课外实践

"创青春"全国大学生创业大赛（原"挑战杯"）

1. 大赛简介：

"创青春"全国大学生创业大赛是由共青团中央、教育部、人力资源和社会保障部、中国科协、全国学联和地方省级人民政府主办，工业和信息化部、国务院国有资产监督管理委员会、中华全国工商业联合会支持的一项具有导向性、示范性和群众性的创业竞赛活动，每两年举办一届。

2. 大赛章程（删减版）：

第一条　"创青春"全国大学生创业大赛是由共青团中央、教育部、人力资源和社会保障部、中国科协、全国学联和地方省级人民政府主办，工业和信息化部、国务院国有资产监督管理委员会、中华全国工商业联合会支持的一项具有导向性、示范性和群众性的创业竞赛活动，每两年举办一届。

第二条　大赛的宗旨：培养创新意识，启迪创意思维，提升创造能力，造就创业人才。

第三条　大赛的目的：引导和激励高校学生弘扬时代精神，把握时代脉搏，将所学知识与经济社会发展紧密结合，培养和提高创新、创意、创造、创业的意识和能力，促进高校学生就业创业教育、创业实践活动的蓬勃开展，发现和培养一批具有创新思维和创业潜力的优秀人才，帮助更多高校学生通过创业创新的实际行动为实现中国梦贡献力量。

第四条　大赛的内容：下设大学生创业计划竞赛（即"挑战杯"中国大学生创业计划竞赛）、创业实践挑战赛、公益创业赛等3项主体赛事。

第五条　大赛的基本方式：大学生创业计划竞赛面向高等学校在校学生，以商业计划书评审、现场答辩等作为参赛项目的主要评价内容；创业实践挑战赛面向高等学校在校学生或毕业未满5年的高校毕业生，且应已投入实际创业3个月以上，以盈利状况、发展前景等作为参赛项目的主要评价内容；公益创业赛面向高等学校在校学生，以创办非盈利性质社会组织的计划和实践等作为参赛项目的主要评价内容。全国组织委员会聘请专家评定出具备一定操作性、应用性以及良好市场潜力、社会价值和发展前景的优秀项目，给予奖励；组织参赛项目和成果的交流、展览、转让活动。

在符合大赛宗旨、具有良好导向的前提下，可根据实际需要设立专项赛事，具体规则另行制订和颁布。

3.大赛官网：www.chuangqingchun.net

参考文献

[1] 金树人. 生涯咨询与辅导 [M]. 北京：高等教育出版社，2007.

[2] Robert D. Lock. 把握你的职业发展方向 [M].5 版. 钟谷兰，译. 北京：中国轻工业出版社，2006.

[3] 钟谷兰，杨开. 大学生职业生涯发展与规划 [M]. 武汉：华东师大出版社，2008.

[4] 罗伯特·C. 里尔登. 职业生涯发展与规划 [M]. 北京：中国人民大学出版社，2010.

[5] 周文霞. 职业生涯管理 [M]. 上海：复旦大学出版社，2012.

[6] 彭聃龄. 普通心理学 [M]. 北京：北京师范大学出版社，2012.

[7] 俞国良. 社会心理学 [M]. 北京：北京师范大学出版社，2006.

[8] 林崇德. 发展心理学 [M]. 北京：人民教育出版社，2009.

[9] 黛安娜·苏柯尼卡，丽莎·劳夫曼，威廉·本达特. 职业规划攻略 [M]. 北京：化学工业出版社，2014.

[10] 钟思嘉. 生涯咨询实战手册 [M]. 北京：中国轻工业出版社，2010.

[11] Norman C. Gysbers，Mary J. Heppner / Joseph A. Johnston. 职业生涯咨询——过程、技术及相关问题 [M]. 侯志瑾，译. 北京：高等教育出版社，2007.

[12] 王丽，朱宝忠. 大学生职业生涯规划训练手册 [M]. 北京：北京理工大学出版社，2014.

[13] 理查德·格里格，菲利普·津巴多. 心理学与生活 [M]. 北京：人民邮电出版社，2003.

[14] 方伟. 大学生职业生涯规划咨询案例教程 [M]. 北京：北京大学出版社，2008.

[15] 张志. 不要等到毕业之后 [M]. 南京：江苏文艺出版社，2013.

[16] 覃彪喜. 读大学，究竟读什么 [M]. 广州：南方日报出版社，2012.

[17] 古典. 你的生命有什么可能 [M]. 湖南：湖南文艺出版社，2014.

[18] 苏文平. 赢在第四起跑线 [M]. 北京：机械工业出版社，2011.

[19] 朱若霞. 如何掌控自己的人生 [M]. 北京：新世界出版社，2010.

[20] 徐小平. 图穷对话录 [M]. 长沙：湖南文艺出版社，2002.

[21] 鲍金勇. 原来大学可以这样读 [M]. 上海：上海交通大学出版社，2013.

[22] 卡尔·纽坡特. 如何在大学里脱颖而出 [M]. 深圳：海天出版社，2005.

[23] 摩根. 重新定义工作 [M]. 北京：人民邮电出版社，2015.

[24] 杰夫·科尔文. 哪来的天才 [M]. 北京：中信出版社，2009.

[25] 泰戈尔. 不必火星撞地球 [M]. 北京：机械工业出版社，2006.

[26] 荣格. 心理的类型 [M]. 北京：北京理工大学出版社，2016.

[27] 大卫·凯尔西. 请理解我 [M]. 北京：中国城市出版社，2011.

[28] 贾杰. 活得明白 [M]. 北京：北京大学出版社，2015.

[29] 斯科特·普劳斯. 决策与判断 [M]. 北京：人民邮电出版社，2004.

[30] 丹尼尔·卡尼曼. 思考，快与慢 [M]. 北京：中信出版社，2012.

[31] 理查德·尼尔森·鲍利斯. 你的降落伞是什么颜色 [M]. 北京：中国华侨出版社，2010.

[32] 杨萃先,张有明,万泓楷,等. 这些道理没有人告诉过你 [M]. 北京：北京联合出版社，2007.

[33] 索尼娅·柳博米尔斯基. 幸福的神话 [M]. 杭州：浙江人民出版社，2013.

[34] 索尼娅·柳博米尔斯基. 幸福多了40%[M]. 上海：华东师范大学出版社，2009.

[35] 马丁·塞利格曼. 真实的幸福 [M]. 沈阳：万卷出版社，2010.

[36] 马丁·塞利格曼. 持续的幸福 [M]. 杭州：浙江人民出版社，2012.

[37] Holland, J.L.（1997）.Making vocational choices: A theory of vocational personalities and work environments（3rd ed.）.Odessa, FL: Psychological Assessment Resources, Inc.

[38] Maslow, A.H.（1970）.Motivation and personality（2nd ed）.New York: Harper&Row.

[39] Peterson, G.W, Sampson, J.P&Reardon, R.C（1991）.Career development and services:a congnitive approach.Pacific Grove, CA:Brooks / Cole.

[40] Super, D.E.（1970）.Work value inventory. Boston: Houghton Mifflin.

[41] Janis, I.L.&Mann, L.（1977）. Decision making: a psychological analysis of conflict, choice, and commitment. New York: Free Press（Macmillan）.